Jahrbuch Nachhaltigkeit 2019

Jahrbuch Nachhaltigkeit 2019

Nachhaltig wirtschaften: Einführung, Themen, Beispiele

Bibliografische Information der Deutschen Nationalbibliothek
Die Deutsche Nationalbibliothek verzeichnet diese Publikation
in der Deutschen Nationalbibliografie; detaillierte bibliografische
Daten sind im Internet über *http://dnb.dnb.de* abrufbar.

Mehr Bäume.Weniger CO₂

metropolitan – ein Imprint des Walhalla Fachverlags

1. Auflage 2019
© Walhalla u. Praetoria Verlag GmbH & Co. KG, Regensburg
Alle Rechte, insbesondere das Recht der Vervielfältigung und Verbreitung
sowie der Übersetzung, vorbehalten. Kein Teil des Werkes darf in
irgendeiner Form (durch Fotokopie, Datenübertragung oder ein anderes
Verfahren) ohne schriftliche Genehmigung des Verlages reproduziert oder
unter Verwendung elektronischer Systeme gespeichert, verarbeitet,
vervielfältigt oder verbreitet werden.
Produktion: Walhalla Fachverlag, 93042 Regensburg
Printed in Germany
ISBN 978-3-96186-032-6

Inhalt

Vorwort: Analoger Austausch in einer digitalen Welt 7

ASPEKTE DER NACHHALTIGKEIT

Rohstoffverbrauch 4.0 15
Digitalisierung und Nachhaltigkeit: Triebkräfte für den Wandel? 24
Digitalisierung in der Wasserwirtschaft 31
Arbeit 4.0 40
Arbeitsmarkt: „Unterm Strich geht das Spiel positiv aus" 43
Verkehrswende: „Wir müssen wieder Platz gewinnen in der Stadt" 52
So nachhaltig kann Mobilität sein 64
Bertelsmann Stiftung: Regionales Engagement von Unternehmen 73
Kooperationen: Nur klare Vorgaben helfen der Umwelt 83
NABU: „Wir wollen Unternehmen auf ihrem Weg zu mehr
    Nachhaltigkeit begleiten" 87
Was kommt nach CSR? 91
Wenn die Pflicht zur Kür wird: Befunde und Beobachtungen nach
    dem ersten Zyklus der CSR-Berichtspflicht in Deutschland 100

BEST PRACTICE – NACHHALTIGKEITSMANANGEMENT IN DER PRAXIS

ForestFinance: Dem Wald einen Wert geben 111
ForestFinance: „Unser Produkt ist Wald" 118
Rinn Beton: Unternehmerische Verantwortung vom ersten bis
    zum letzten Schritt 125
Nachhaltigkeitsmanagement bei der Stadtreinigung Hamburg 133
Symrise: Nachhaltigkeit leben 143
Veolia: „Ich beschreibe meine Rolle manchmal als interne NGO" 153
Wilkhahn: 30 Jahre Verantwortung für das Ganze 162

[INHALT]

INITIATIVEN, VERBÄNDE UND ORGANISATIONEN

B.A.U.M. – feste Wuzeln, breites Dach 175
Bündnis für nachhaltige Textilien: sozial und ökologisch auf dem Weg .. 179
Chemie³: Die Nachhaltigkeitsinitiative 184
CSR-Kompetenzzentrum Rheinland: Unternehmen übernehmen
    Verantwortung 190
DGCN: Nachhaltige und verantwortungsvolle Unternehmensführung –
    weltweit 195
Deutsches Netzwerk Wirtschaftsethik 201
Handwerk mit Verantwortung 206
Klimaschutz-Unternehmen: Vordenken, vorleben, vorangehen! 210
Energieeffizienz als Nachhaltigkeitsaspekt im Handwerk:
    Die MIE und ihre zentralen Werkzeuge 214
UnternehmensGrün: Bundesverband der grünen Wirtschaft 222
Wirtschaftsinitiative Nachhaltigkeit (WIN) 226

WETTBEWERBE & AWARDS

Deutscher Nachhaltigkeitspreis 235
CSR Preis der Bundesregierung 238
Deutscher CSR Preis 240
EMAS Umweltmanagement 242
Deutscher Innovationspreis für Klima und Umwelt (IKU) 244
Deutscher Umweltpreis 246
B.A.U.M. Umweltpreis 248
Nachhaltigkeitswettbewerbe für Start-ups und Gründer 250
Weitere Preise 252

FACHMESSEN – GLOSSAR – REGISTER

Fachmessen/Termine/Veranstaltungen 257
Glossar wichtiger Begriffe 267
Register 276

[VORWORT]

Analoger Austausch in einer digitalen Welt

Ob solcherart Text bald von Algorithmen geschrieben wird? Schon heute werden ja Sport- und Börsennachrichten automatisiert verfasst. Warum also nicht auch Editorials? Schätzungen zufolge soll die Künstliche Intelligenz, kurz KI, in naher Zukunft 90 Prozent aller Zeitungsartikel übernehmen können. Von Menschenhand (und Menschengeist) geschaffener Journalismus also bald perdu? Roboter übernehmen Fabriken, Postboten werden durch Drohnen ersetzt, Bus- und Brummifahrer durch selbstfahrende Autos. Durch die Digitalisierung stehen allerorten Jobs auf dem Spiel. Es gibt so gut wie keine traditionellen Branchen, in der nicht bereits Arbeitsplätze verschwunden sind oder für die das prophezeit wird. Auch der routinierten Schreibtischarbeit im Büro droht die Rationalisierung.

Laut einer Umfrage des Branchenverbandes Bitkom aus dem Jahr 2017 sieht sich hierzulande durch das Zusammenspiel von Datenerfassung, Vernetzung, KI und Robotik jedes vierte Unternehmen mit mehr als zwanzig Mitarbeitern in seiner Existenz bedroht. Wie ein ganzer Wirtschaftszweig bereits in die Knie gegangen ist, beschreiben die beiden Berliner Wissenschaftler Steffen Lange und Tilman Santarius in ihrem Buch „Smarte Grüne Welt?" sehr anschaulich anhand der Fotoindustrie. Kaum noch jemand kauft sich heutzutage eine Kamera, weil deren Funktion das Smartphone übernommen hat. Dessen geschossene Fotos lässt auch kaum noch jemand in Fotoläden oder Drogerien entwickeln. Vielmehr bleiben sie oftmals Bits und Bytes, wandern ins Internet und werden bei Instagram eingestellt. Oder in geringem Maße daheim ausgedruckt. Die Folge: Eine ganze Industrie und viele Arbeitsplätze, die noch in den 1990er Jahren an der Entwicklung der Bilder hingen, sind im Zuge der Digitalisierung verloren gegangen. Doch Arbeit 4.0 bedeutet ja nicht automatisch Jobvernichtung, sondern eben auch das Gegenteil: Das Entstehen neuartiger Tätigkeiten im Umgang mit Rechnern. Beispielsweise in der Programmierung, Konstruktion und Instandhaltung.

Wie reagieren die Unternehmen darauf? Viele harren offenbar der Dinge, die da kommen. „Wir haben einen ganz großen Anteil von Unternehmen, die momentan

[VORWORT]

die Digitalisierung eher verschlafen", sagt Arbeitsmarktforscherin Melanie Arntz (siehe das Interview auf Seite 50). Um Digitalisierung umzusetzen, sagt die Wissenschaftlerin vom Zentrum für Europäische Wirtschaftsforschung (ZEW), müsse man gerade in einem mittelständischen oder kleineren Unternehmen bereit sein, „sich noch mal neu zu definieren, weil diese Prozesse manches auf den Kopf stellen".

Doch kann die Digitalisierung auch zu mehr Nachhaltigkeit im Unternehmen beitragen? Können Computeralgorithmen der Transformation der Gesellschaft auf die Sprünge helfen und die Welt von morgen sozial gerechter und ökologisch nachhaltiger machen? Da mag es noch endlos viele Fragezeichen geben, zumindest soviel ist klar: Ohne Bits und Bytes geht es nicht.

Um beispielsweise den Umstieg auf 100 Prozent nur schwankend verfügbare erneuerbare Energien zu ermöglichen, sind digitale Tools unverzichtbar. Und auch die ressourcenschonende „Sharing Economy", also Carsharing, Bikesharing, Ridesharing (Fahrgemeinschaften mit privatem Pkw), Couchsurfing (kostenlose Unterkunft auf Reisen) oder Foodsharing würden ohne Digitalisierung ja nicht funktionieren.

Von einem gelungenen Beispiel im Bäckereihandwerk, wie nämlich eine einfache IT-Lösung den täglichen Brot- und Backwarenabfall gering hält, berichtet unser Autor Bernward Janzing (siehe seinen Beitrag auf Seite 18): „Das Programm greift auf 400 historische Verkaufstage der einzelnen Filialen zurück und bezieht zahlreiche Einflussfaktoren, wie auch das Wetter und Feiertage, mit ein. So ergeben sich Prognosen des Warenbedarfs, die besser sind als jedes Bauchgefühl eines Disponenten." Indem also Produktion und Verkauf besser aufeinander abgestimmt werden, können hohe Retourquoten gesenkt werden. Es gebe Bäcker, die damit von zwanzig auf nur noch zwölf bis fünfzehn Prozent Brotüberschuss runterkommen, heißt es beim Softwareanbieter Sancofa. Entsprechende Programme nutzten unter den fast 11.700 Bäckereien hierzulande bisher allerdings erst 50 Betriebe, schätzt die Firma.

Ein anderes Beispiel ist die Wasserwirtschaft. Für das in Deutschland am besten kontrollierte Lebensmittel sind rund 6.000 Unternehmen zuständig, in der Mehrzahl im Regie- und Eigenbetrieb der Kommunen. Diese Unternehmen seien „an sich schon sehr digital unterwegs", heißt es im Beitrag der Zuse-Gemeinschaft (siehe Seite 34/35), „denn in ihrer täglichen Arbeit haben sie es aufgrund notwendiger Qualitätskontrollen mit einem hohen Datenaufkommen und dessen Verarbeitung zu tun, etwa bei der Messung von Temperaturen, Drücken und Wasserqualitäten". Zwar warnt die Wasserwirtschaft wegen des Zustands des Kanalnetzes immer wieder davor, Wasser zu sparen. Doch zumindest die smarte Welt muss auch suffizient gelingen. Sonst lassen sich die Effizienzpotenziale nicht heben. Und das meint nun mal: weniger verbrauchen!

[VORWORT]

Dazu gehört beispielsweise auch, möglichst wenig Filme und Songs zu streamen. Lieder, die man häufiger hört, sollte man besser downloaden und lokal speichern, schreiben Lange und Santarius: „Viele Apps greifen ständig auf Clouds zurück, würden aber offline ähnlich gut funktionieren." Sie sehen die Gefahr, dass wir den vermeintlichen Segen der Digitalisierung, eben mehr Zugang zu Informationen und auch mehr Zeitersparnis, wieder zunichte machen durch Mehrkonsum, mehr Verkehr und mehr Energieverbrauch. Deshalb, empfehlen sie, sollte auch für Bits und Bytes immer gelten: So wenig Digitalisierung wie möglich, so viel wie nötig.

Der Mensch kann vieles besser als Algorithmen. „Wir können uns Zukünfte ausdenken, die allen bisherigen Erfahrungen widersprechen", sagt der Technikfolgenabschätzer Armin Grunwald. Schließlich stammten alle Daten, die ein Algorithmus analysiert, aus der Vergangenheit. Überdies können Menschen aus einer Routine ausbrechen. Grunwald nannte der ZEIT folgendes Beispiel: „Wenn ein Botenroboter eine kollabierte Person auf dem Weg wahrnimmt, fährt er drum herum; ein menschlicher Postbote würde aber zu helfen versuchen und den Notarzt rufen." Der Singer-Songwriter Nick Cave sagt das so: KI habe nicht die Fähigkeit, ein Lied zu erzeugen, in dem wir „die menschliche Begrenztheit hören und den Wagemut, sie zu überschreiten". Denn Menschen bleiben selbst in der Wunderwelt der Digitalisierung analoge Lebewesen, die in einem analogen Austausch mit Naturressourcen existieren. Die Digitalisierung sei ja keine Naturgewalt, betonen auch die wissenschaftlichen Regierungsberater vom WBGU, sondern eine von Menschen vorangetriebene Entwicklung.

Tim Bartels

TIM BARTELS
ist seit der Jahrtausendwende Chefredakteur der UmweltBriefe. 2016 entwickelte der studierte Biologe, Ökotoxikologe und Wissenschaftsjournalist das Nachhaltigkeitsmagazin N-Journal. Für das Jahrbuch führte er vier Experteninterviews.

[17 ZIELE FÜR NACHHALTIGE ENTWICKLUNG DER UN]

[17 ZIELE FÜR NACHHALTIGE ENTWICKLUNG DER UN]

Quelle: https://sustainabledevelopment.un.org

Aspekte der Nachhaltigkeit

Rohstoffverbrauch 4.0

Die Digitalisierung passt nicht immer zum Ziel der Nachhaltigkeit. Manchmal aber doch – eine Gesellschaft auf der Suche nach den ökologischen Leitplanken für den digitalen Wandel

BERNWARD JANZING

Wer einfache Antworten sucht, steht bei diesem Thema auf verlorenem Posten: Die Frage, ob Digitalisierung zu mehr Nachhaltigkeit in Unternehmen und auch dem gesamten Wirtschaftssystem führt, lässt sich nicht einfach mit ja oder nein beantworten. Für beide Positionen gibt es viele Beispiele – eine differenzierte Betrachtung tut also Not.

Denn einerseits gibt es zahlreiche Möglichkeiten, mit Algorithmen Abläufe in Wirtschaft und Gesellschaft im Sinne einer effizienten Ressourcennutzung zu optimieren: Geräte, die bedarfsgerecht gesteuert werden, sind ein bekanntes Beispiel. Ein weiteres ist eine ausgeklügelte Transportlogistik, die dafür sorgt, dass Ladekapazitäten von Lieferfahrzeugen optimal ausgenutzt werden, oder dass durch eine regionale Bedienung von Kunden Ferntransporte von Waren reduziert werden. Auch jede Reise, die durch eine Video-Konferenz verzichtbar wird, spart Geld und Rohstoffe ein. Ähnliches gilt für den Austausch von Dokumenten auf digitalem Wege. Viele Kuriertransporte sind durch den Siegeszug der elektronischen Kommunikation längst überflüssig geworden. Klar, dass der Branchenverband Bitkom betont: „Wir müssen im Kampf gegen den Klimawandel noch stärker als bisher digitale Innovationen nutzen."

Ein wichtiges Feld ist auch die gemeinsame Nutzung von Gütern, die heute mit dem Begriff der „Sharing Economy" umschrieben wird. Diese lässt sich durch den Einsatz digitaler Systeme optimieren, weil Anbieter und Nutzer von Produkten oder Dienstleistungen schneller zusammenfinden. Bekanntestes Beispiel ist das Car-Sharing, das zwar schon in den achtziger Jahren populär wurde, sich aber erst mit

Aufkommen des Smartphones in großem Stil in den Städten durchsetzte. Jedes Car-Sharing-Auto kann viele Privat-Pkw ersetzen, die ansonsten gebaut und bezahlt werden müssten und permanent Stellflächen bräuchten. Nutzen statt besitzen ist zum Schlagwort der modernen Gesellschaft geworden.

Aber das ist eben nur die eine Seite der Digitalisierung. Andererseits ist die Informations- und Kommunikationstechnik in den vergangenen Jahren zu einem veritablen Rohstoff- und Stromverbraucher geworden. Nach Zahlen des Borderstep Instituts für Innovation und Nachhaltigkeit in Berlin benötigten im Jahr 2017 die Rechenzentren in Deutschland 13,2 Milliarden Kilowattstunden Strom – ein Anstieg um 21 Prozent binnen fünf Jahren. Die Summe entspricht inzwischen dem jährlichen Stromverbrauch von Berlin.

Die Mengen dürften sogar noch weiter steigen, wie das Umweltbundesamt (UBA) prophezeit: „Hierzu tragen auch die stärkere Nutzung zentraler IT-Ressourcen, Cloud Computing sowie soziale Netzwerke bei." Das Fraunhofer IZM in Berlin schätzt, dass der jährliche Stromverbrauch deutscher Rechenzentren bis zum Jahr 2025 auf 16,4 Milliarden Kilowattstunden ansteigen wird. Das sind dann bereits rund drei Prozent des gesamten Stromverbrauchs in Deutschland.

Hinzu kommt: Nicht alleine der Energieverbrauch hinterlässt ökologische Spuren, auch der Bedarf an unterschiedlichsten, oft seltenen Rohstoffen. „Droht der Ressourcenfluch 4.0?" fragte bereits der Deutsche Naturschutzring (DNR), der Dachverband der deutschen Natur-, Tier- und Umweltschutzorganisationen. Denn die Digitalisierung schaffe einen „ganz eigenen, spezifischen Rohstoffbedarf". Zahlreiche dieser Rohstoffe würden in den Ländern des globalen Südens gewonnen: „Schon jetzt leiden diese Staaten unter dem Ressourcenfluch: Ihr Rohstoffreichtum kommt nicht der Bevölkerung vor Ort zu Gute, sondern stabilisiert Diktaturen und korrupte Regime." Ein komplexes Thema also, im globalen Kontext ohnehin.

Die vielschichtige Ökobilanz am Beispiel des 3D-Drucks

Aber selbst wenn man die Digitalisierung nur auf Basis der Umweltauswirkungen im eigenen Land betrachtet, ist deren Bewertung nicht leicht. Exemplarisch zeigen sich die gesamten Argumente – die ökologischen Gewinne, wie die Risiken für die Umwelt – bei der Technik des 3D-Drucks, die sich nicht nur in Firmen, sondern auch im privaten Umfeld zunehmend etabliert. Das Umweltbundesamt hat im vergangenen Jahr einen „Trendbericht zur Abschätzung der Umweltwirkungen" dieser neuen Entwicklung verfasst – und muss sich am Ende (natürlich) darauf beschränken, beide Seiten des 3D-Drucks darzustellen, weil eine eindeutige Ökobilanz unmöglich ist. Es sind zu viele Betrachtungen, zu viele Annahmen, die in die Rechnungen eingehen.

So zieht das UBA nur ein allgemeines Fazit: „Das Belastungs- wie Entlastungspotential der Technologie ist unter anderem abhängig von dem verwendeten Druckverfahren, den eingesetzten Materialien, dem Anwendungsfeld beziehungsweise gedruckten Objekt jeweils im Vergleich zu anderen Produktionsverfahren."

Schließlich gibt es für beide Sichtweisen starke Argumente. Eines zugunsten des 3D-Drucks ist die Möglichkeit, Ersatzteile zu produzieren und bestehende Produkte zu reparieren. So könne die Lebensdauer von Gütern verlängert werden, betont das UBA. Ersatzteile könne man künftig in einzelnen 3D-Druckzentren produzieren, oder dezentral mit „Stadtteil"-3D-Druckern. Aber die andere Seite hat eben auch Gewicht. „Der 3D-Druck wirft auch aus Sicht der Kreislaufwirtschaft Probleme auf", schreiben die Umweltwissenschaftler. Dies betreffe den anfallenden Abfall und die Recyclingfähigkeit der Druckmaterialien. Zudem hätten 3D-Drucker einen hohen Energiebedarf. Dieser variiere zwischen den einzelnen Verfahren und auch je nach Anwendungsgebiet. Entscheidend ist hier jeweils der Vergleich mit konventionellen Produktionsmethoden.

Das Fazit? Die Fachbehörde empfiehlt abschließend, dass „eine gesellschaftliche Debatte zu den Umweltauswirkungen des 3D-Drucks anzustoßen" sei: „Im Sinne einer transformativen Umweltpolitik sollte nun wiederum der Blick auf die Gesellschaft zurückgehen und es sollten Initiativen in die Gesellschaft hinein ergriffen werden, um den 3D-Druck nachhaltig zu gestalten." Denn – soviel macht das UBA klar – es ist nicht die Technik selbst, die ökologisch positiv oder negativ wirkt, es ist der Umgang der Gesellschaft mit ihr.

Heizung steuern und Brotbedarf prognostizieren

Eine entsprechende Erkenntnis zieht sich wie ein roter Faden durch alle Aspekte der Debatte: Wo auch immer man ansetzt, aus Sicht einer nachhaltigen Wirtschaftsweise steht die Digitalisierung stets im Spannungsfeld von durchaus attraktiven Vorteilen und gleichzeitig erheblichen sozialen und ökologischen Begleiterscheinungen. Daher bilanziert der DNR: „Ohne klare Leitplanken und Zielsetzungen führt die Digitalisierung zu einer Umweltzerstörung 4.0." Aber auch der DNR ist davon überzeugt, dass die Digitalisierung gleichermaßen Chancen für Klima- und Umweltschutz bietet: „Sie kann beispielsweise zum erfolgreichen Gelingen der Energiewende beitragen, indem über digitale Kommunikationsplattformen Nutzungsdaten für einen optimalen Ausgleich zwischen Stromangebot und -nachfrage herangezogen werden."

Oder die Technik perfektioniert Abläufe, die umsichtige Nutzer – aber eben nur solche – bisher manuell steuern. Die vorausschauende Steuerung einer Gebäudeheizung ist so ein Beispiel. Hat die Leittechnik der Heizung Zugriff auf die lokale Wetterprognose, und ist am Morgen klar, dass ein wolkenloser Tag bevorsteht, kann die Heizung rechtzeitig ihre Wärmeerzeugung drosseln, weil später die Sonne die Räume ohnehin erwärmen wird. Vor allem in Kombination mit einer solarthermischen Anlage kann der Betrieb der Zusatzheizung optimiert werden; denn warum soll man am Morgen den gesamten Wasserspeicher aufheizen, wenn am Vormittag ausreichend Wärme vom Dach bereitgestellt wird?

Es gilt sie also zu suchen, genau diese Ansätze der Digitalisierung, deren Folgen für die Umwelt positiv sind oder es zumindest sein können. In diesem Sektor gibt es viele, oft individuelle und mitunter kleinteilige Ansätze. Von einem solchen berichtet der Umweltverband WWF: Die Bäckerei Schwarze in Bennewitz bei Leipzig zum Beispiel setzte sich zum Ziel, ihre Retourenquote zu senken. Denn unverkauftes Brot kostet Geld, die Reste sind zudem verschwendete Rohstoffe. Bis Oktober 2016 schwankte die Retourenquote der Bäckerei, zu deren Sortiment Brot, Brötchen und eine große Auswahl an Kuchen gehören, zwischen 18 und 19 Prozent. Mit einer lernenden Software gelang es der Bäckerei, die Retourenquote auf 12 bis 15 Prozent zu senken. Das Programm greift auf 400 historische Verkaufstage der einzelnen Filialen zurück und bezieht zahlreiche Einflussfaktoren, wie auch das Wetter und Feiertage mit ein. So ergeben sich Prognosen des Warenbedarfs, die besser sind als jedes Bauchgefühl eines Disponenten.

Entsprechend differenziert sehen Umwelt- und Menschenrechtsorganisationen das Thema Digitalisierung. Die Wirkungen von neuen Technologien könnten positiv oder negativ sein, bilanziert auch die Organisation Germanwatch, die für sich in Anspruch nimmt, „die Herausforderungen jenseits von Techno-Fatalismus und Techno-Utopismus konstruktiv" anzugehen. Germanwatch benennt ein weiteres Beispiel, das die Notwendigkeit einer nüchternen, unideologischen Betrachtung darlegt. In der Landwirtschaft bringe die Digitalisierung den Nutzern erhebliche Vorteile, etwa durch neue Direktvermarktungschancen, effizientere Warenwirtschaftssysteme und eine verbesserte Kontrolle der Lebensmittelkette. Auch der Anbau kann durch die Nutzung von Geoinformationen – etwa automatisierte Düngung je nach lokaler Bodenqualität – effizienter werden. Andererseits aber bedeute die Digitalisierung der Landwirtschaft auch, dass Sämaschinen, Düngerstreuer, Mähdrescher und vielleicht auch Melkmaschinen digitalisierte Informationen über die Ertragspotentiale jedes Feldes und jeder Rinderzuchtlinie an große Hersteller sendeten, merkt Germanwatch an. Die Organisation moniert: „Bislang exklusives Bauernwissen gelangt ins Netz und könnte zur handelbaren Ware werden." Fazit: „Für das digitale Wirtschaften fehlen bislang demokratisch erwirkte Rahmensetzungen."

Zehn Organisationen aus der Netz-, Umwelt- und Entwicklungspolitik haben daher im vergangenen November auf einer Konferenz für Digitalisierung und Nachhaltigkeit in Berlin (Titel: Bits & Bäume) gemeinsame Forderungen erhoben. Wesentlicher Aspekt: „Die Gestaltung der Digitalisierung soll dem Gemeinwohl dienen." Sie dürfe „nicht einseitig auf die Förderung einer wirtschafts- und wachstumspolitischen Agenda abzielen", sondern sie müsse „auf sozial-, umwelt-, entwicklungs- und friedenspolitische Ziele ausgerichtet" sein. Sehr greifbar sind die Forderungen dort, wo es um die schlichte Konstruktion und Konzeptionierung von Hard- und Software geht: „Elektronische Geräte müssen reparierbar und recyclebar sein – geplante Obsoleszenz darf es nicht geben." Dafür müssten Garantiefristen massiv ausgeweitet werden; Hersteller müssten verpflichtet werden, Ersatzteile, Reparaturwerkzeug und Know-how für alle anzubieten und langfristig vorzuhalten. Software müsse unterdessen selbstbestimmt nutzbar und reparierbar sein. Sie müsse „langfristig instand gehalten werden können, so wie es Open-Source-Software bereits verwirklicht". Hersteller müssten daher beispielsweise Sicherheitsupdates für die Hardware-Lebensdauer von Geräten bereitstellen und nach Ende des Supports den Quellcode als Open-Source-Variante freigeben, statt „Software Locks" einzubauen. Und auch die Finanzierung sei klar zu regeln: „Öffentliches Forschungsgeld darf es nur für Open-Source-Produkte geben."

Die Gefahr von Rebound-Effekten

Tilman Santarius vom Institut für Berufliche Bildung und Arbeitslehre an der Technischen Universität Berlin hat ein Buch geschrieben mit dem Titel „Smarte Grüne Welt – Digitalisierung zwischen Überwachung, Konsum und Nachhaltigkeit". Er spricht ein weiteres Problem der Effizienzsteigerung an: die Gefahr von Rebound-Effekten. Weil der Einkauf, die Mobilität und die Kommunikation effizienter würden, bleibe mehr Geld, Zeit, und mitunter gar gutes Gewissen für mehr Konsum. Auf mögliche Rebound-Effekte weist auch Hermann Ott vom DNR hin. Die angebliche Tendenz zum papierlosen Büro als Folge der Computerisierung etwa habe nichts daran geändert, dass der Papierverbrauch massiv gestiegen sei. Und auch dort, wo Papier tatsächlich durch E-Reader oder Tablets eingespart werde, würden andere Rohstoffe umso stärker beansprucht. „Weltweit lagern schon jetzt allein in

Tablets 40 Tausend Tonnen Aluminium, 30 Tausend Tonnen Kupfer und 11 Tausend Tonnen Kobalt", rechnet Ott vor.

Noch sehen die Unternehmen vor allem die Vorteile, zumal die Digitalisierung auch neue Geschäftsmodelle hervorbringt. So ist zum Beispiel Lastmanagement in industriellen Prozessen zunehmend wichtig, um den Strom aus erneuerbaren Energien optimal nutzen zu können. Diese Praxis wird auch als Demand-Side-Management (DSM) oder Demand-Response bezeichnet. Spezialisierte Energiedienstleister helfen dabei, indem sie Marktdaten auswerten und entsprechende Steuersignale an die Anlagen liefern. Sie poolen die Anlagen, um an den Energiemärkten agieren zu können. Ein Beispiel ist ein Kühlhaus, das die Kälte über Tage hinweg speichern kann und daher vor allem dann die Kühlaggregate laufen lässt, wenn es den Strom am Spotmarkt günstig beziehen kann. Auch in der chemischen Industrie, deren energieintensive Vorprodukte oft lagerfähig sind, lässt sich auf schwankendes Angebot und entsprechend schwankende Strompreise mit Anpassung der Produktionsmenge reagieren.

Die Digitalisierung erleichtert auch die Wartung von Maschinen, indem eine Vielzahl von Sensoren die Technik überwacht. Bauteile müssen nicht mehr blind nach einer bestimmten Laufzeit ersetzt werden, sondern entsprechend des konkreten Verschleißes. Solche Condition Monitoring Systeme sind zum Beispiel in Windkraftanlagen zunehmend Stand der Technik. Versicherungen, die den Maschinenausfall absichern, kommen den Betreibern durch günstigere Policen entgegen, da beginnende Schäden rechtzeitig anhand der Sensordaten erkannt werden. Sowohl für die Hersteller der Sensoren als auch für die Unternehmen, die aus den Messdaten die richtigen Schlüsse ziehen müssen, ergibt sich ein wachsender Markt. Vor allem die Analyse der vielfältigen Daten ist ein wichtiges Feld für die Zukunft, denn in den Auswerte-Algorithmen steckt noch viel Potenzial.

Die Unternehmen gehen das Thema nun vermehrt an. Nach Zahlen von IW Consult in Köln haben die KMU in den Jahren 2013 bis 2016 gut 9 Prozent ihrer Umsätze in Digitalisierungsprojekte investiert. Sie tun dies in der Regel, weil sie unternehmerische Effizienzgewinne erwarten. An der Sensibilität für ökologische Aspekte fehlt es hingegen oft in den Unternehmen, das Wissen um die Energieeffizienz ist noch stark ausbaufähig: „85 Prozent der IT-Entscheider kennen den Energiebedarf ihres Rechenzentrums nicht", sagt Marina Köhn von der Beratungsstelle nachhaltige Informations- und Kommunikationstechnik beim UBA. Die Fachbehörde arbeitet daran, das zu ändern. Auch, indem das bekannte Umweltzeichen Blauer Engel jetzt auch für Unternehmen vergeben wird, die eine „langfristige Strategie zur Erhöhung der Energie- und Ressourceneffizienz ihres Rechenzentrums in Bezug auf die zu erbringende IT-Dienstleistung" entwickeln. Das UBA geht davon aus, dass „nach den Erfahrungen von Pilotprojekten und guten Praxisbeispielen" in den Rechenzentren „große Einsparmöglichkeiten zwischen 40 und 50 Prozent vorhanden sind".

Eine Variante der Einsparung ist jene, die das Dresdner Unternehmen Cloud& Heat Technologies entwickelt hat, das sich auf die Fahnen schreibt, das „energieeffizienteste Rechenzentrum der Welt" zu betreiben. Dieses soll in Frankfurt stehen, auf den Flächen der ehemaligen EZB, in einem als Eurotheum bezeichneten Hochhaus. Moderne Server werden dort mit ihrer eigens entwickelten Heißwasserkühlung betrieben. „Das Kühlsystem nutzt bis zu 90 Prozent der von der Hardware produzierten Wärme und speist sie in den Heißwasserkreislauf des Eurotheums ein" erläutert die Firma. Bei vollem Ausbau produzierten die Server auf jeder Etage „bis zu 300 Kilowatt Abwärme, die dank des hocheffizienten Direktkühlsystems direkt vor Ort zum Beheizen der ansässigen Büro- und Konferenzräume, Hotellerie und Gastronomie genutzt werden kann". Firmenchef Nicolas Röhrs sagt: „Dadurch können sowohl die jährlich anfallenden Kosten für Heizenergie im Hochhaus um bis zu 40.000 Euro reduziert als auch zusätzliche 30.000 Euro pro Jahr an Kühlkosten für das Rechenzentrum im Vergleich zur konventionellen Luftkühlung eingespart werden."

Doch das sind bislang noch Einzelfälle in einer Gesellschaft, die noch versucht zu verstehen, welche ökologischen Folgen die Digitalisierung haben könnte und haben sollte. Um neue Einblicke in das Thema zu erlangen, arbeitet zum Beispiel die grün-schwarze Landesregierung in Baden-Württemberg unter dem Titel digital@bw an einer Digitalisierungsstrategie. Ziel sei es, Vorschläge zu erarbeiten, wie der digitale Wandel auch nachhaltig gestaltet werden kann.

Der DNR moniert unterdessen, dass es bisher nicht einmal eine einheitliche Definition des Begriffs gebe. Stattdessen sei Digitalisierung „insbesondere in politischen Diskussionen eine inhaltsleere Floskel, die fehlende Infrastrukturen, technische Möglichkeiten oder einen ganz allgemeinen Modernisierungsbedarf adressiert". Eine tatsächliche Auseinandersetzung über die Chancen und Risiken sowie die konkrete politische Ausgestaltung der Digitalisierung finde hingegen nur langsam statt. Der öffentliche Digitalisierungsdiskurs werde stark durch Industrieinteressen geprägt: „Hier geht es vor allem um Schaffung optimaler Rahmenbedingungen für ein schnelles Wachstum der digitalen Wirtschaft – darunter fällt der beschleunigte Breitbandausbau genauso wie der Abbau rechtlicher Vorgaben etwa beim Datenschutz oder im Arbeitsrecht." Aktuell führten digitale Technologien vor allem zu einer Dynamisierung von Wirtschafts- und Konsumweisen. Wenn Unternehmen von Digitalisierung sprächen, meinten sie vor allem die sogenannte Industrie 4.0, die digital vernetzte und weitestgehend selbstorganisierte sowie automatisierte Produktion.

[ASPEKTE DER NACHHALTIGKEIT]

Beispiel von Energievergeudung: der Bitcoin

Dort, wo gigantische Energieverbräuche von Rechnernetzen sogar untrennbar zum System gehören, wird die Situation geradezu grotesk: Die virtuelle Währung Bitcoin verbrät enorme Mengen an Strom, weil das Zahlungsmittel aufwendigste Algorithmen nutzt, die nur mit Hochleistungsrechnern gelöst werden können.

Bitcoin ist die bedeutendste unter den Kryptowährungen (Kryptographie ist die Wissenschaft der Verschlüsselung von Informationen). Anders als normale Währungen wird dieses Zahlungsmittel nicht von einer Zentralbank ausgegeben, sondern von den Teilnehmern selbst. Der enorme Stromverbrauch liegt bei Bitcoin im System begründet: Es müssen komplizierte kryptografische Aufgaben gelöst werden, ein enormer Rechenaufwand, der sicherstellen soll, dass niemand das Netzwerk unter seine Kontrolle bringen kann. Nach Schätzungen des Digitalverbandes Bitkom verbraucht das Generieren eines einzigen Bitcoins zwischen 7.000 und 36.000 Kilowattstunden. Diese Strommenge würde ausreichen, um zwei bis zehn Durchschnittshaushalte in Deutschland ein Jahr lang zu versorgen. Den weltweiten Stromverbrauch beim Schöpfen von Bitcoins bezifferte das Portal Digiconomist Anfang 2019 auf rund 47 Milliarden Kilowattstunden im Jahr. Das entspricht fast zehn Prozent des Jahresverbrauchs in Deutschland oder 0,21 Prozent des weltweiten Verbrauchs.

Zwar schlägt der Stromverbrauch bei Übertragung eines Bitcoins von einem Käufer an einen Zahlungsempfänger weniger zu Buche als die Herstellung, das sogenannte Mining. Doch Informatiker kalkulieren gerne den Wert, der sich ergibt, wenn man den Stromverbrauch des gesamten Bitcoin-Netzwerks auf die einzelne Transaktion umlegt. Digiconomist bezifferte diesen zuletzt auf rund 500 Kilowattstunden. Um diesen Wert anschaulich zu machen, vergleicht das Portal ihn mit dem Verbrauch eines anderen Zahlungsmittels, nämlich dem Visa-Netzwerk. Die Energie, die für eine Bitcoin-Transaktion nötig ist, reiche für fast 300.000 Transaktionen per Visa. Je höher der Kurs des Bitcoins steigt, desto höher steigt der Stromverbrauch. Denn die Produktion der Coins ist eine Art Wettbewerbsmarkt: Sie lohnt sich, solange die Kosten des Rechenaufwandes (ökonomisch präzise: die Grenzkosten) niedriger sind als der Wert des erzeugten Produktes. Und da die Grenzkosten fast ausschließlich auf Stromkosten basieren, lohnt sich das sogenannte Mining, solange der verbrauchte Strom pro erzeugter Geldeinheit weniger als dieser Betrag kostet. So gesehen war der Preiseinbruch beim Bitcoin Ende 2018 aus ökologischer Sicht eine gute Entwicklung, weil viele Bitcoin-Schöpfer aufgeben mussten.

Was dann mal wieder zeigt: Es sind vor allem die ökonomischen Rahmenbedingungen, die entscheiden, wo sich digitale Lösungen durchsetzen und wo nicht. Soll

[DIGITALISIERUNG UND NACHHALTIGKEIT]

die Digitalisierung in der Praxis tatsächlich auch Aspekte der Nachhaltigkeit berücksichtigen, wird die Politik also nicht umhinkommen, durch entsprechende Rahmenbedingungen – etwa eine CO_2-Steuer – die Anreize zu setzen, dass die Digitalisierung die Energieeffizienz verbessert. Und dass sie nicht nur neue Verbraucher schafft.

Über den Autor

BERNWARD JANZING
arbeitet seit Mitte der 1990er Jahre als freier Journalist und Buchautor in Freiburg. Er hat Geographie, Geologie und Biologie in Freiburg und Glasgow studiert, und sich mit diesem Fachhintergrund früh auf das Thema Umwelt und Nachhaltigkeit spezialisiert. Heute nehmen Themen aus der Energiewirtschaft und der Energietechnik in seinem Spektrum den größten Raum ein. Er schreibt für Tageszeitungen, Fachzeitschriften und Publikumszeitschriften. Seine jüngsten Bücher handeln von der Historie der modernen Solarenergie sowie vom Aufstieg und Niedergang der Atomkraft im deutschsprachigen Raum.

[ASPEKTE DER NACHHALTIGKEIT]

DIGITALISIERUNG UND NACHHALTIGKEIT
Triebkräfte für den Wandel?

TILMAN SANTARIUS, STEFFEN LANGE

Energie-, Verkehrs- und Wachstumswende: Der Megatrend Digitalisierung birgt einige Chancen für eine sozial-ökologische Transformation von Wirtschaft und Gesellschaft. Doch zwischen Möglichkeiten und Realität klafft eine tiefe Schlucht.

Alan Turing war ein einflussreicher Theoretiker der frühen Computerentwicklung. Berühmt ist etwa seine „Turing-Maschine", mit der die Arbeitsweise eines Computers modelliert und Algorithmen und Programme mathematisch fassbar gemacht werden können. Rund 70 Jahre nach Turings Schaffen ist die Entwicklung digitaler Hard- und Software weit fortgeschritten. Das viel diskutierte Phänomen der Digitalisierung – allgemein verstanden als Einzug unzähliger Geräte und Anwendungen der Informations- und Kommunikationstechnologien in unterschiedliche Lebens- und Wirtschaftsbereiche – bewirkt grundlegende Veränderungen in der Kommunikation, Ressourcennutzung, Entscheidungsfindung und Steuerung vielfältiger gesellschaftlicher Bereiche. Diese reichen von der Art, wie wir mit unseren Freund*innen interagieren, bis hin zur Frage, wie industrielle Branchen und sogar ganze Volkswirtschaften ihr Gesicht verändern. Doch kann die Digitalisierung auch dazu beitragen, die sozial-ökologische Transformation der Gesellschaft zu beflügeln und die Welt von morgen sozial gerechter und ökologisch nachhaltiger zu machen?

Die Vorstellung der sozial-ökologischen Transformation basiert auf der Einsicht, dass inkrementelle Veränderungen des derzeitigen Status quo nicht ausreichen werden, um die bedrohliche Übernutzung lokaler Ökosysteme und planetarer Belastungsgrenzen wie auch die gravierenden inter- und intranationalen Ungerechtigkeiten ausreichend zu verringern. In der langen Tradition der Nachhaltigkeitsbewegung werden die nötigen Richtungswechsel in diversen gesellschaftlichen Bereichen als „Wenden" oder englisch „Turnarounds" beschrieben. In dem Buch „Die große Transformation" identifiziert der Wirtschaftswissenschaftler Uwe Schneidewind sieben Wenden als Arenen der sozial-ökologischen Gesellschaftstransformation; darunter etwa die Wachstumswende, Ressourcenwende oder auch die Energie- und die Verkehrswende.[1] Wenn Digitalisierung einen Beitrag zu diesen Turnarounds leisten soll, dann erfordert die Diskussion ihrer Potentiale und Risiken keine Turing- sondern eine wahre „Turning-Maschine": Wie kann die Digitalisierung eine Triebkraft für die nachhaltige Wende von Wirtschaft und Gesellschaft werden?

Anders konsumieren

Werfen wir den Blick auf einige der nötigen Wenden, zunächst auf die Konsumwende. Erforderlich ist zum einen eine absolute Senkung des Konsumniveaus der kaufkräftigen, transnationalen Konsument*innenklasse und zum anderen ein Wechsel von konventionell zu nachhaltiger erzeugten Produkten und Dienstleistungen. Tatsächlich bieten digitale Tools vielfältige Chancen, um beides zu fördern: Die einschlägigen Gebrauchthandels-Plattformen wie Ebay & Co. machen es kinderleicht, auf einen Neukauf zu verzichten. Über Peer-to-Peer Sharing lassen sich Rasenmäher, Autos, Wohnraum, aber auch Nachbarschaftshilfe teilen. Dank Digitalisierung können Menschen zu sogenannten Prosument*innen werden – zu Konsument*innen, die gleichzeitig Produzent*innen sind –, um etwa selbstgenähte Kleidung, privat angebaute Tomaten oder auf dem eigenen Dach erzeugten Solarstrom feilzubieten. Und schließlich ist der Einkauf von nachhaltigen Waren – ob nun zertifizierte Möbel oder faire Kleidung – genauso leicht per Mausklick möglich wie der Erwerb der nicht nachhaltigen Mainstream-Produkte. Für alle, die nachhaltiger konsumieren möchten, macht die Digitalisierung das Leben somit deutlich leichter.

Trotz dieser Potenziale lässt sich leider ein mächtiger Gegentrend beobachten. Die E-Commerce-Umsätze verzeichnen jedes Jahr zweistellige Wachstumsraten in Deutschland. Und das, obwohl die Umsätze des stationären Einzelhandels bislang nicht zurückgehen. Das Geschäftsfeld der großen Plattformanbieter wie Facebook, Google, Amazon und anderen ist darauf ausgerichtet, den Massenkonsum ohne Rücksicht auf steigende Ressourcenverbräuche anzukurbeln. Über die kommerzielle Auswertung persönlicher Informationen untergraben diese Firmen daher nicht nur die Demokratie und Meinungsfreiheit, sondern tragen auch zum Verschleiß des Planeten bei.

Digitalisierung bringt also keineswegs automatisch die nachhaltige Konsumwende. Es bedarf einer Richtungsveränderung, wie die Digitalisierung beim Konsum Anwendung findet. Eine solche neue Dynamik kann jedoch nicht von den etablierten Akteur*innen – namentlich den transnationalen IT-Riesen – ausgehen. Denn ihr Interesse ist es, durch effektive Werbung Geld zu verdienen. Stattdessen benötigen wir eine aktive Gestaltung durch Konsument*innen, Politiker*innen und progressive Unternehmer*innen, um das Internet als „öffentliche Allmende" zu schützen, Datenmissbrauch für Shopping-Zwecke einzudämmen und zugleich nachhaltige und kooperativ organisierte Plattformen zu fördern, die den Interessen der Allgemeinheit und der Umwelt eine Stimme geben.

Von multimodaler Mobilität und Robo-Chauffeuren

Auch bei der Mobilitätswende schlummern digitale Chancen, doch ebenso lauern Risiken. Die Nachhaltigkeitsziele lauten hier vor allem: Fade-out des Verbrennungsmotors, Umstieg vom motorisierten Verkehr zu nutzungsgeteilten und öffentlichen (Massen-)Verkehrsmitteln und eine kluge Raum- und Mobilitätsplanung, um Verkehrsströme insgesamt zu verringern, insbesondere die des Flugverkehrs. Die Nutzung öffentlicher Verkehrsträger – Busse, Sammeltaxen, Bahnen – sowie das Teilen von Fahrrädern, Autos oder Mitfahrgelegenheiten kann dank Digitalisierung so einfach, günstig und lässig werden, dass sie dem Privatwagen als „Bequemlichkeitsobjekt Nr. 1" den Rang abläuft. Warum noch zigtausend Euro in die Anschaffung eines „Stehzeugs" investieren, mühsam einen Parkplatz suchen und sich zeitaufwendig um Wartung und Reparaturen kümmern müssen, wenn uns ein Leihrad zur nächsten öffentlichen Haltestelle bringt, wir von dort per ÖPNV durch die Stadt brausen können und uns sodann ein Carsharing-Auto für die letzte Meile bis ans Ziel bringt? Die Entwicklung von integrierten Plattformen, um multimodale Mobilität per Mausklick und „on-the-go" zu ermöglichen, könnte einen wahren Frühling für die ökologische Verkehrswende bedeuten. Solche Plattformen kann die Politik von der kommunalen bis zur nationalen Ebene vorantreiben. Ferner würde eine bessere Bündelung von Warentransporten – sowohl durch optimierte Logistik als auch durch intelligent organisierte Lieferverkehre statt vielen Einzelfahrten zur Shopping-Mall – sowie eine Dezentralisierung von Wertschöpfungsketten dazu beitragen, bestimmte Verkehrsströme überflüssig zu machen.

Allerdings ist diese Vision leider weder die einzige noch die dominante in der gegenwärtigen Debatte über digitale Mobilitätsstrategien. Mächtige Akteurinnen und Akteure hantieren mit ganz anderen Leitbildern. Die Automobilindustrie befindet sich derzeit in einer existenziellen Krise: Grenzwerte für Luftverschmutzung, kostensteigernde Klimaschutzpolitiken und die jüngste Serie von Betrugsskandalen erschüttern die bisherige zentrale Rolle des Automobils in unserer Gesellschaft. Zudem wandeln sich die Präferenzen bei jüngeren Menschen, die sich flexible und multimodale Verkehrslösungen wünschen, möglichst wenige Verpflichtungen eingehen möchten und daher beginnen, sich vom lange Zeit weitverbreiteten Traum des eigenen Autos zu verabschieden. Doch statt die Situation für eine echte Mobilitätswende zu nutzen, bedient die Politik das Spiel der Automobilkonzerne. Diese aber preisen die Aussicht auf den Luxus, von Robotern chauffiert zu werden – ein attraktives Narrativ, das die ökologisch und sozial verhängnisvolle „Liebe zum Automobil" in der Gesellschaft neu entfachen könnte. Ungeachtet der Tatsache, dass in technisch orientieren Kreisen äußerst ambivalent diskutiert wird, ob das selbstfahrende Auto in der Breite jemals kommen wird, treibt das Bundesverkehrsministerium den 5G-Mobilfunkstandard und das „Testfeld digitale Autobahn" voran. Stattdessen wäre zuvörderst zu klären, ob die Optimierung des Straßenverkehrs durch vernetztes Fahren eigentlich Fluch oder Segen für eine nachhaltige Verkehrswende darstellt.

Wie bei der Konsumwende lässt sich ein Zwischenfazit ziehen: Nur wenn Konzepte für eine smarte Mobilität von einer durchdachten, weitsichtigen und auf sozial-ökologische Ziele ausgerichteten Politik gerahmt werden, können die technischen Innovationen auch zu sozialen und systemischen Innovationen führen. Dies würde das Verhältnis von Digitalisierung und Verkehrspolitik vom Kopf auf die Füße stellen: Derzeit geht es darum, wie sich digitale Möglichkeiten innerhalb des bestehenden, ökologisch desaströsen Verkehrssystem nutzen lassen. Stattdessen benötigen wir Strategien, wie die Digitalisierung zum Durchbruch der dringend nötigen Mobilitätswende beitragen kann.

Postwachstum ist das Gebot der Stunde

Nehmen wir als drittes Beispiel die Wachstumswende in den Blick. Ein kontinuierlich wachsender Output der (Welt-)Wirtschaft und eine steigende Kaufkraft der Konsument*innen sind zentrale Triebfedern für steigende Energie- und Ressourcenverbräuche. Die Rede vom sogenannten grünen Wachstum ist keine nachhaltige Option, da eine hinreichend rasche Entkopplung des Bruttoinlandsprodukts (BIP) vom Naturverbrauch nicht absehbar ist. Um innerhalb der international vereinbarten Zwei-Grad-Grenze zu bleiben, müsste sich die Geschwindigkeit der Dekarbonisierung der Ökonomie weltweit mehr als verdreifachen. Daher ist eine Abkehr vom Wirtschaftswachstum und die Etablierung von nicht wachsenden Ökonomien – sogenannten Postwachstumsökonomien – nötig.

Digitalisierung birgt vielfältige Potenziale, die Wirtschaft ökologisch effizienter zu gestalten – sei es durch optimierte Logistik, effizientere Robotik oder die Ermöglichung der Energiewende. Darüber hinaus lässt sie sich nutzen, um ökonomische Strukturen wachstumsunabhängiger zu gestalten – etwa durch Entkommerzialisierung und Entflechtung: Digitale Tools ermöglichen neue Kommunikationsweisen, die dezentrale Organisationsformen erleichtern und eine regionale respektive lokale Produktion attraktiver und auch kostengünstiger machen. Durchaus ambivalent wird dabei diskutiert, ob die Blockchain-Technologie mehr Potenziale als Risiken birgt. Doch diese Ansätze verblassen in der Nische, schaut man sich die Entwicklungen der digitalen Ökonomie der letzten Jahrzehnte an.

Zunächst bedeutet die Anwendung digitaler Geräte, dass Ressourcen und Energie für ihre Herstellung, Nutzung und Entsorgung gebraucht werden – oft mit katastrophalen ökologischen und sozialen Auswirkungen, insbesondere in den Ländern des Globalen Südens. Die effizienteren Technologien führen unter anderem durch Rebound-Effekte zu höherer Produktion, wodurch die ökologischen Einsparpotenziale wieder zunichte gemacht werden. Auch findet beileibe keine Dezentralisierung der Ökonomie statt. Sechs der zehn größten Konzerne der Welt sind inzwischen digitale Player – neben dem bekannten Giganten Microsoft seit nunmehr einigen Jahren auch Apple, Google, Facebook, Amazon und der chinesische Konzern Tencent. Deren Geschäftsstrategien sind aggressiv auf Wachstum ausgerichtet – teils sogar mit volkswirtschaftlichen Effekten: So hat der Verkauf des Apple iPhones zeitweise zu 0,25 Prozent Wachstum des US-amerikanischen BIP geführt.

Gerechte Teilhabe sicherstellen

Eine sozial-ökologische Transformation beinhaltet über die beschriebenen Wenden hinaus eine gerechtere Verteilung von Arbeit und Einkommen. Denn die Neuausrichtungen in Konsum, Mobilität, Wachstum und anderen gesellschaftlichen Bereichen setzt eine gerechte Teilhabe der gesamten Bevölkerung voraus – nur so werden sie legitim und können auf breite Unterstützung hoffen. Digital erzielte Produktivitätszuwächse ließen sich statt für weiteres Wachstum für Arbeitszeitverkürzungen oder eine Orientierung hin zu Guter Arbeit nutzen. Algorithmen und

Roboter können partiell Tätigkeiten übernehmen und sie könnten teilweise helfen, Arbeit angenehmer zu gestalten.

Die realen Veränderungen sehen leider deutlich anders aus und es steht zu befürchten, dass die Digitalisierung bestehende negative Entwicklungen noch verschärft. So ist bedeutsam, dass viele jener Arbeitsplätze, die im Zuge der Digitalisierung neu entstehen, prekär und schlecht bezahlt sind. Dies ist einer der Gründe für die kontinuierlich wachsenden Einkommensungleichheiten in fast allen OECD-Ländern. In Deutschland haben die 40 Prozent der Menschen mit den niedrigsten Einkünften in den letzten 20 Jahren real an Einkommen verloren. Dieser Trend geht mit der Digitalisierung einher und dürfte von ihr noch forciert werden. Denn wenn Tätigkeiten von Robotern und Algorithmen übernommen werden, bleiben die Einnahmen zunehmend bei den Besitzer(inne)n eben dieser Technologien hängen. Insbesondere jungen Menschen, die auf den Arbeitsmarkt kommen, bleibt nichts anderes übrig, als sich in schlecht bezahlten Dienstleistungssektoren zu verdingen.

Politik und Gesellschaft müssen handeln

Nationale Regierungen und Parlamente sollten der digitalen Wirtschaft deswegen soziale und ökologische Leitplanken setzen – vor allem in Bezug auf die hohen Energie- und Ressourcenverbräuche, die beispiellose Anhäufung von Finanzkapital, Marktmacht und Daten sowie die Verteilung der Automatisierungsgewinne. Genau wie der Manchester-Kapitalismus im 19. Jahrhundert oder das Rockefeller-Imperium zu Beginn des 20. Jahrhunderts rigorose Regulierung erforderlich gemacht hatten, müssen nun die richtigen Rahmenbedingungen für die digitale Ökonomie des 21. Jahrhunderts gestaltet werden. Hierzu zählt eine Reform des Monopol- und Kartellrechts, die der Datenakkumulation Rechnung trägt, genauso wie eine Steuerreform, die die hohen Unternehmensgewinne und die Wertschöpfung aus Datenanalysen zum Beispiel zur verstärkten Förderung personennaher Dienstleistungen (Care-Ökonomie) und von Bildungsmaßnahmen nutzt. Um der Politik Beine zu machen, damit Digitalpolitik tatsächlich transformativ wirkt, sind zivilgesellschaftliche Akteurinnen und Akteure zentral. Denn in der Vergangenheit hat sich gezeigt, dass es Druck aus der Gesellschaft braucht, damit sich Politik verändert.

Auch für die weiteren Arenen der sozial-ökologischen Transformation – Energiewende, Ressourcenwende, industrielle Wende, Ernährungswende – bietet die Digitalisierung Chancen und Risiken. Insgesamt steht die Forschung zum Thema Digitalisierung und Nachhaltigkeit noch ganz am Anfang. Aber schon jetzt ist deutlich geworden: In allen Feldern muss Digitalisierung erst aktiv gestaltet werden, um tat-

[ASPEKTE DER NACHHALTIGKEIT]

sächlich zu einer „Turning-Maschine" für die Wende zur Nachhaltigkeit zu werden. Um das zu erreichen, muss Tempo herausgenommen werden. Eine nachhaltige Digitalisierung wird keine disruptive Digitalisierung sein. Und eine zukunftsfähige Gestaltung technischer Entwicklung wird nicht nach dem simplen Slogan „Digitalisierung first, Bedenken second" handeln. Statt in der Politik auf „Gas geben" und die zweifelhaften Folgen „digitaler Disruptionen" zu setzen, plädieren wir für eine sanfte Digitalisierung. Nur eine sanfte Digitalisierung bietet die Voraussetzungen, dass die Gesellschaft von morgen zugleich freier, gerechter und umweltfreundlicher wird.

---

[1] (1) Schneidewind, Uwe (2018): Die Große Transformation. Eine Einführung in die Kunst gesellschaftlichen Wandels. Frankfurt am Main.

Der Artikel erschien erstmals in: politische ökologie, Band 155: Smartopia. Geht Digitalisierung auch nachhaltig? S. 20–27. Hg. v. oekom e.V. – Verein für ökologische Kommunikation. München 2018.

Über die Autoren

TILMANN SANTARIUS
ist Sozialwissenschaftler und lehrt an der TU Berlin und am Einstein Center Digital Future.

STEFFEN LANGE
ist Volkswirt und Postdoc am Institut für ökologische Wirtschaftsforschung.

Beide sind Mitglieder der Forschungsgruppe „Digitalisierung und sozialökologische Transformation".

Kontakt

Prof. Dr. Tilman Santarius
Technische Universität Berlin
E-Mail: santarius@tu-berlin.de

Dr. Steffen Lange
Institut für ökologische
Wirtschaftsforschung (IÖW)
E-Mail: steffen.lange@ioew.de

[DIGITALISIERUNG UND NACHHALTIGKEIT]

Digitalisierung in der Wasserwirtschaft
Forschungsinstitute der Zuse-Gemeinschaft bieten Lösungen

ALEXANDER KNEBEL

Es ist ein Tag mit strahlend blauem Himmel über der Ruhr. Draußen auf dem Wasser setzt sich langsam ein Katamaran in Bewegung. Die Elektromotoren bringen das Boot sicher voran. Zwischen den schwarzen Rümpfen sitzt leuchtend sein ovales, orangenes Herz: Eine Metallkammer, gespickt mit Technik. Das River Boat ist wieder unterwegs. Der Katamaran ist kein Ausflugsdampfer und keine Yacht, auf der Freizeitkapitäne in NRW das Wochenende verbrächten. Das River Boat ist ein autonomer Messkatamaran des Forschungsinstituts für Wasser- und Abfallwirtschaft an der RWTH Aachen (FiW) und Herzstück des Projekts River View.

River View bietet viele Vorteile: Ob in Uferzonen, in der Strömung eines Flusses, in der Mitte eines Stausees oder Unterwasser: Der Katamaran kann beliebig oft an exakt denselben Positionen Messdaten einsammeln. Per Steuerung über Navigationssatelliten (GNSS) landet die autonome Messstation stets exakt an denselben Koordinaten wie bei früheren von ihr vorgenommenen Messungen. Das ist zum Beispiel von Vorteil, um Belastungsquellen von Flüssen wie Einleitungen von Schadstoffen exakt erfassen und auch über längere Zeiträume Entwicklungen objektiv beobachten zu können. In punkto Zuverlässigkeit, Genauigkeit und Flexibilität bietet das River View-Boot damit viele Pluspunkte gegenüber dem konventionellen, händischen Einholen von Daten. Die Datenanalyse mit dem unbemannten Katamaran kommt mit deutlich weniger Personal aus als das herkömmliche Vorgehen, wenn die Wasserverbände oder -versorger persönlich vor Ort den Zustand des Wassers messen. Weil das autonom manövrierende Boot ihnen Arbeit abnimmt, können hoch qualifizierte Fachkräfte den Zeitaufwand ihrer Außentermine reduzieren und

[ASPEKTE DER NACHHALTIGKEIT]

die Analyse der vom Katamaran eingesammelten Daten intensivieren. Mit der Analyse von Gewässern, ihren Ufern und deren Bebauung nimmt der FiW-Katamaran nicht nur den Rohstoff der Wasserversorgung, sondern auch dessen maßgebliche Einflussfaktoren unter die Lupe und vor die Linse seiner Kameras. Als mobile Hightech-Trägerplattform mit Echolot und Kameras geht das Boot den Gewässern, ihrem Inhalt und ihrer Umgebung auf den Grund.

Durch Einsatz des Autopiloten können mit dem Katamaran Aufzeichnungen zu unterschiedlichen Zeitpunkten auf exakt gleicher Messstrecke wiederholt werden, sodass Trends und etwaige Veränderungen von Gewässern exakt nachvollzogen und dokumentiert werden können. Der River View-Katamaran nimmt die Gewässerstruktur durch eine Kombination aus optischen und akustischen Verfahren schneller, anschaulicher und kostengünstiger auf, als es konventionelle Verfahren tun können. Für River View spricht zudem die große Anschaulichkeit von Darstellungen der diversen Kameras an Bord. Die Verarbeitung von 360-Grad-Über- und Unterwasseraufnahmen zu einer Rundumbildwelt mit Virtual-Reality-Elementen sowie ausdruckbare 3D-Modelle der Gewässersohle können River View zu einem wichtigen Hilfsmittel für Ingenieure und kommunale Entscheider machen, wenn es um das Monitoring der Gewässergüte oder auch die Auswirkungen gewässerbaulicher Maßnahmen geht.

Das River Boat ist ein autonomer Messkatamaran des Forschungsinstituts für Wasser- und Abfallwirtschaft an der RWTH Aachen (FiW); Foto: © FiW

[DIGITALISIERUNG UND NACHHALTIGKEIT]

Den Katamaran mit seinem eiförmigen Herz aus Metall zwischen den Rümpfen lässt sich als Sinnbild für die Chancen der Digitalisierung in der Wasserwirtschaft deuten: Die Digitalisierung in der Wasserwirtschaft bietet die Möglichkeit, dass wir trotz des demografischen Wandels genügend Arbeitskräfte vorhalten können, um die in den kommenden Jahren und Jahrzehnten auf die Branche zukommenden Aufgaben mit innovativer Technik zu meistern, die dem Menschen und der Natur dient.

Schaut man auf gängige Erhebungen in der Wasserbranche, sollte River View einen Nerv treffen. So befragte die German Water Partnership (GWP), ein Zusammenschluss von Experten aus Unternehmen und Wissenschaft, ihre Mitglieder 2015/16 nach den Prioritäten in Sachen Digitalisierung. Ganz oben in der Umfrage rangierten die Aspekte Visualisierung und Ressourcenoptimierung, letzteres mit Blick auf Zeit, Personal und Investitionen. Es folgen Prozessautomatisierung sowie die Erhöhung von Prozess- und Systemverständnissen. „Digitalisierung steht vor allem für das Management von Daten, dem Überführungsprozess von der analogen zur digitalen Welt sowie der Vernetzung von Systemen, Geräten oder Anlagen. Dadurch erhofft man sich in erster Linie eine Verbesserung bei Qualität, Service und Ressourceneffizienz. Häufig nutzen private und kommunale Unternehmen die Digitalisierung bereits zur Entwicklung neuer Geschäftsmodelle", heißt es im Strategiepapier Wasser 4.0 der German Water Partnership.

Sehr heterogene Branche

Eine Herausforderung für die Digitalisierung in der Wasserwirtschaft liegt darin, dass sie eine sehr heterogene Branche ist. Vom Management der Gewässer in ländlichen und städtischen Regionen über die Wasserbereitstellung für Privathaushalte und Gewerbe bis zur Abwasserbehandlung und von der Aufbereitung des Brauchwassers in Kläranlagen bis zur Frage der Verwertung von Klärschlämmen, die dort entstehen, hat die Wasserwirtschaft viele Aufgaben zu erfüllen, die in den Städten und Gemeinden nicht selten in der Hand verschiedener Unternehmen liegen. In Deutschland gibt es allein in der Wasserversorgung rund 6.000 Unternehmen, größtenteils handelt es sich um Regie- und Eigenbetriebe von Kommunen. Gemessen am Wasseraufkommen stellen die öffentlich-rechtlichen Organisationsformen laut BDEW-Branchenbild 2015 (www.bdew.de/media/documents/Branchenbild_Wasserwirtschaft_2015.pdf) einen Anteil von 40 Prozent, die privatrechtlichen einen Anteil von 60 Prozent der BDEW-Wasserstatistik 2012, die 78 Prozent des Wasseraufkommens in Deutschland repräsentierte. Das Hin und Her um die Privatisierung und Rekommunalisierung von Unternehmen wie den Berliner Wasserbetrie-

[ASPEKTE DER NACHHALTIGKEIT]

ben zeigt schlaglichtartig, welchen politischen Trends und Spannungen eine Branche ausgesetzt ist, deren Investitionen in Kanalnetze, Trinkwasseraufbereitung und Abwasserbehandlung Jahrzehnte überdauern müssen.

Die oft auf viele Schultern verteilten Verantwortlichkeiten spielen sich ab in einem Dreieck nicht immer gleichgerichteter Ziele aus ökonomischen Erwägungen, umweltpolitischen Fragen und sozialen Verpflichtungen der Unternehmen. So hat der letzte Sommer mit seiner langen Hitze- und Trockenperiode sowie niedrigen Flusspegeln die Menschen spüren lassen: Eine sichere Wasserversorgung ist keine Selbstverständlichkeit. Intelligentes Wassermanagement rückt angesichts zunehmend schwankender Niederschläge in Deutschland und den Herausforderungen des Klimawandels für immer mehr Kommunen und Unternehmen in den Fokus. Andererseits wird in der Wasserwirtschaft vor einer Fortsetzung des jahrzehntelangen Trends sinkender Wasserverbräuche gewarnt, so für den Zustand der Kanalnetze. Gleichzeitig sind die Ausgangsbedingungen in den Bundesländern zum Teil sehr unterschiedlich, wie ein Blick auf die Wassergewinnung zeigt: Laut den jüngsten vom Statistischen Bundesamt Mitte Dezember veröffentlichten Daten stammten 2016 im Bundesschnitt rund 61 Prozent des gewonnenen Wassers aus Grundwasser, knapp 39 Prozent aus Oberflächengewässern. Dabei bestehen große regionale Diskrepanzen. Beispielsweise wurden in Berlin über 57 Prozent des Wassers aus Uferfiltrat gewonnen. In Sachsen trug Oberflächenwasser zu mehr als drei Vierteln zum gewonnen Wasser bei. Hingegen stammt in Bremen, Hamburg und Schleswig-Holstein die öffentliche Wasserversorgung praktisch komplett aus Grundwasser.

Die große Bandbreite der Ausgangsvoraussetzungen macht es schwer, ein Patentrezept für die mit der Digitalisierung ins Haus stehenden Aufgaben zu entwickeln. Eine Bestandsaufnahme und Analyse der Digitalisierung in der Wasserwirtschaft hat jedoch ein Verbundprojekt unter Mitwirkung des FIR e.V. an der RWTH Aachen, einem Mitgliedsinstitut der Zuse-Gemeinschaft, geleistet. Der Abschluss des vom DVGW geförderten Projekts ist im ersten Quartal 2019 vorgesehen.

Reifegradmodell übertragen

Die Wissenschaftler übertrugen das in der produzierenden Industrie vom FIR erfolgreich eingesetzte „Reifegradmodell", den Industrie 4.0 Maturity Index, auf die Wasserwirtschaft. Mit diesem Modell bekommen Unternehmen aus der Branche ein Werkzeug an die Hand, um ihre eigenen Fähigkeiten und ihre Fortschritte in Sachen Digitalisierung zu messen und zu strukturieren. „Die Unternehmen der Wasserversorgung sind an sich schon sehr digital unterwegs, denn in ihrer täglichen Arbeit haben sie es aufgrund notwendiger Qualitätskontrollen mit einem hohen Datenaufkommen und dessen Verarbeitung zu tun, etwa bei der Messung von Temperaturen, Drücken und Wasserqualitäten. Schließlich gilt Wasser als das am besten kontrollierte Lebensmittel in Deutschland", konstatiert Lucas Wenger vom FIR, der das Projekt für das Aachener Forschungsinstitut leitete.

Während der Umgang mit großen Datenmengen, wie er die Digitalisierung prägt, in Kernbereichen der Wasserbranche schon länger zum Alltag gehört, sieht es laut Wenger in „vor- und nachgelagerten Bereichen" vom Wasserschutz bis hin zum Dienstleistungsangebot für die Kunden teilweise anders aus. Als technisches Beispiel nennt er die Suche nach Leckagen im Wassernetz. Wenger: „Hier könnte durch den Einsatz vermehrter integrierter Messpunkte und geeigneter Kombination verschiedener Sensorarten wie Druck-, Durchfluss- und Körperschallmessung eine durchgängige datenbasierte Transparenz geschaffen werden, die eine erhöhte Versorgungssicherheit bei höherem Arbeitskomfort effizienter gewährleistet."

Übersicht über die Reifegradstufen

Computerisierung	Für einzelne Prozesse der Wasserversorgung werden isoliert Informationssysteme und -technologie eingesetzt, sodass repetitive Aufgaben effizienter gestaltet werden können.
Konnektivität	Informationssysteme und -technologie werden in Teilen strukturiert mit den Prozesskomponenten der Wasserversorgung verknüpft. Der Wasserversorger erlangt durch mit Datenübertragung verknüpften Schnittstellen Informationen und Zugriff auf bestimmte Prozesse.
Sichtbarkeit → Was passiert? („Sehen")	Prozesse der Wasserversorgung werden von Anfang bis Ende unternehmensweit erfasst. Die gewonnenen Daten stehen dem Wasserversorger zentral zur Verfügung und erlauben die Generierung eines digitalen Unternehmensabbilds in Echtzeit (digitaler Schatten).
Verständnis → Warum passiert es? („Verstehen")	Historische und Echtzeitdaten werden im jeweiligen Kontext analysiert und in Wirkzusammenhänge gebracht. Es können neue Erkenntnisse abgeleitet werden, welche dem Wasserversorger zur Unterstützung bei komplexen Entscheidungen dienen.
Prognosefähigkeit → Was wird passieren? („Vorbereitet sein")	Aufbauend auf der Analyse erfasster Daten können wahrscheinliche Zukunftsszenarien in Echtzeit für Ereignisse simuliert werden, welche es dem Wasserversorger ermöglichen vorausschauende Entscheidungen zu treffen.
Adaptierbarkeit → Wie kann autonom reagiert werden? („selbst-optimierend")	Prozesse der Wasserversorgung sind, wo sinnvoll, vollständig automatisiert. Die IT-Systeme des Wasserversorgers können auf akute und potentielle zukünftige Ereignisse autonom reagieren und sich selbst optimieren.

Tabelle © FIR e.V.

Losgelöst von solchen konkreten Themen vor Ort ging es für das FIR und seine Partner bei der Übertragung des Reifegradmodells auf die Wasserwirtschaft darum, ein möglichst allgemeingültiges und praktikables Werkzeug für Unternehmen zu entwickeln.

Vier Themenfelder

Das auf die Wasserwirtschaft übertragene Reifegradmodell richtete sich an den für die Digitalisierung relevanten vier Themenfeldern Ressourcen, Informationssysteme, Organisationsstruktur und Unternehmenskultur aus. Jedes der Themenfelder wird durch notwendige digitale Fähigkeiten für Unternehmen näher beschrieben. Diese müssen sich an sechs identifizierten Reifegradstufen für die Digitalisierung messen lassen und ergeben aggregiert die Reifegradstufe des übergeordneten Themenfelds (siehe Grafik). Diese mit Erläuterungen hinterlegten digitalen Fähigkeiten dienen den beteiligten Unternehmen als Grundgerüst, um sich in ihrer Arbeit der Digitalisierung zu stellen. „Wir verstehen das Reifegradmodell als Werkzeug, mit denen Unternehmen eine Selbsteinschätzung vornehmen können sowie weiterführend eine gesamte Digitalisierungs-Roadmap gemeinsam entwickelt werden kann", berichtet Wenger.

Im letzten Projektschritt geht es bei dem bis Anfang 2019 laufenden Projekt um die Erprobung bei neun beteiligten Wasserversorgern in ganz Deutschland. Jetzt testen die Praxispartner das Reifegradmodell auf seine Tauglichkeit. Danach könnte es zu einer breiten Anwendung kommen.

Dass Digitalisierung in der Wasserwirtschaft nicht als disruptiver, sondern auch als organischer, dynamischer Prozess verstanden werden kann, zeigt das Institut für Automation und Kommunikation (ifak) aus Magdeburg. Mit der im ifak entwickelten Simulationssoftware SIMBA kann schon seit dem Jahr 1994 das dynamische Verhalten von Kläranlagen und Abwassersystemen analysiert werden. Computersimulation komplexer technischer Systeme wird zunehmend zum Standardwerkzeug zur Verfahrensoptimierung, zur ganzheitlichen Bewertung und zur frühzeitigen Einbeziehung der Automatisierung dieser Prozesse.

Simulationsmodell vom ifak als digitaler Zwilling

Mit SIMBA lassen sich u. a. Abläufe in Kläranlagen simulieren, die sowohl die Verfahrenstechnik, Maschinentechnik als auch die Automatisierung abbilden. Damit kann das Simulationsmodell einer Anlage als digitaler Zwilling aufgefasst werden,

[DIGITALISIERUNG UND NACHHALTIGKEIT]

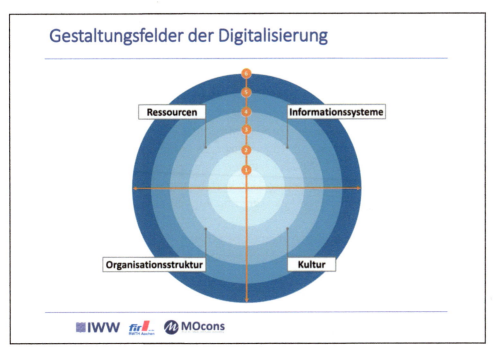

mit dem insbesondere auch die virtuelle Inbetriebnahme der Automatisierungstechnik umgesetzt werden kann.

SIMBA ermöglicht eine ganzheitliche Analyse von Kanalnetz, Kläranlage, Schlammbehandlung, Fließgewässer und Automatisierung. „Alle erforderlichen Komponenten für eine fundierte Analyse der Teilsysteme als auch des Zusammenspiels aller Systeme sind in einem Simulationssystem vereint", sagt Dr. Jens Alex, Abteilungsleiter Geschäftsfeld Wasser und Energie im ifak. Mit SIMBA lassen sich ihm zufolge verschiedenste Anwendungen aus der Ingenieurpraxis sowie aus Forschung und Lehre realisieren. Diese umfassen beispielsweise den Entwurf von Anlagen, Prozessen und Regelungskonzepten, die Optimierung der Verfahrensgestaltung und die Entwicklung von Konzepten zum Energiemanagement von abwassertechnischen Anlagen.

Mit SIMBA lassen sich folgende Aufgaben bearbeiten:
- Auslegung von Kläranlagen unter Einbeziehung zahlreicher Verfahrensoptionen inklusive Steuerung und Regelung
- Optimierung von Verfahrensgestaltung und Betriebsführung existierender Kläranlagen
- Analyse von Abflussgeschehen in urbanen Gebieten
- Entwicklung und Test von Strategien zur Kanalnetzbewirtschaftung oder Kanalnetzsteuerung
- Untersuchungen des Zusammenwirkens von Abwasserabfluss, Abwasserreinigung, Schlammbehandlung und Gewässergüte
- Analyse von Prozesswasserbewirtschaftung, Schlammbehandlung und Energieverbrauch

Bei allen Fortschritten, von denen Institute der Zuse-Gemeinschaft mit Blick auf ihre Projekte und Produkte berichten können, gibt es in der deutschen Wasserwirtschaft in Sachen Digitalisierung ganz offenbar Nachholbedarf. So heißt es im erwähnten Papier Wasser 4.0 der German Water Partnership: „Die Kunden außerhalb Europas scheinen (...) bereits wesentlich digitaler zu sein und formulieren Anforderungen, die (noch) nicht von den deutschen Betreibern von Wasser- und Abwasseranlagen gefordert werden."

Festzuhalten bleibt: Als häufig kommunal geprägte Dienstleistung ist die Wasserwirtschaft als Teil der Daseinsvorsorge in Sachen Digitalisierung besonders gefordert. Denn von Kunden und Auftraggebern bestehende Bedürfnisse an die Sicherheit und Zuverlässigkeit ihrer Dienstleistung muss sie ebenso gerecht werden wie Zielsetzungen ihrer Eigentümer in Sachen Effizienz. Die Digitalisierung der Wasserwirtschaft ist keine Frage des Ob, sondern des Tempos. Die Wasserwirtschaft darf nicht zum Getriebenen werden, sondern sollte die Entwicklung gestalten. Die praxisnahe, anwendungsorientierte Forschung aus den Reihen der Zuse-Gemeinschaft bietet aktuelle ebenso wie schon seit längerem aus ihren Reihen hervorgegangene Lösungen für konkrete Anforderungen der Unternehmen.

Über den Autor

ALEXANDER KNEBEL

ist Sprecher der Zuse-Gemeinschaft. In der PR wie auch als Journalist hat er sich langjährig mit Themen rund um Forschung, Umwelt, Energie, Welthandel und Landwirtschaft befasst. Er wohnt und arbeitet in Berlin.

Die Zuse-Gemeinschaft

Die Zuse-Gemeinschaft vertritt die Interessen unabhängiger privatwirtschaftlich organisierter Forschungseinrichtungen. Dem technologie- und branchenoffenen Verband gehören bundesweit mehr als 70 gemeinnützige Forschungsinstitute an. Die 2015 gegründete Zuse-Gemeinschaft versteht sich neben den Großforschungsverbünden und den Hochschulen als dritte Säule in der deutschen Forschungslandschaft. Im 18-köpfigen Senat, dem zentralen Beratungsgremium des Verbandes, sitzen Vertreter aus Wirtschaft, Wissenschaft und Politik, darunter Prof. Dr. Peter Bofinger, Prof. Dr. Horst Zuse sowie die fünf Bundestagsabgeordneten Dr. Matthias Heider (CDU), Yasmin Fahimi (SPD), Nicola Beer (FDP), Dr. Petra Sitte (Die Linke) und Claudia Müller (Bündnis 90/Die Grünen). Als praxisnahe und kreative Ideengeber des deutschen Mittelstandes übersetzen die Institute der Zuse-Gemeinschaft mit ihren rund 6.000 Mitarbeitern die Erkenntnisse der Wissenschaft in anwendbare Technologien.

Kontakt

Deutsche Industrieforschungsgemeinschaft Konrad Zuse e.V.
Geschäftsstelle
Invalidenstraße 34
10115 Berlin
Tel.: 030/555 736 98
E-Mail: knebel@zuse-gemeinschaft.de
www.zuse-gemeinschaft.de

[ASPEKTE DER NACHHALTIGKEIT]

Arbeit 4.0

TIM BARTELS

In Deutschland geht die Angst um vor der Digitalisierung. Die Rede ist von anderthalb Millionen verloren gehenden Jobs bis 2025. Durch die wachsende Automatisierung sollen aber auch ähnlich viele neue Arbeitsplätze entstehen, z. B. in der Programmierung, Konstruktion und Instandhaltung. Einige 10.000 Stellen werden allerdings ersatzlos entfallen. Als augenfälligstes Beispiel gelten Taxi-, Bus- und Lkw-Fahrer. Ihre Tätigkeiten fallen durch selbstfahrende Autos weg. Dass diese Berufsgruppe der Fahrer von heute auf morgen zu Computerexperten umgeschult wird, hält man für ausgeschlossen.

Ohnehin scheint ein knappes Drittel der Deutschen von der Komplexität und Dynamik der Digitalisierung überfordert zu sein. Das zeigt der jährliche D21-Digitalindex, eine Untersuchung, die das Bundeswirtschaftsministerium fördert und die die Lage der digitalen Gesellschaft widerspiegelt. Demnach gelten immer noch zehn Millionen Deutsche ab 14 Jahren als „digital abseitsstehend", sie haben kaum Berührungspunkte mit der vernetzten Welt und zeigen daran angeblich auch wenig Interesse. Und wie ist die Stimmung unter Deutschlands Unternehmen? 2017 sah sich nach einer Bitkom-Umfrage noch jede vierte Firma mit mehr als 20 Mitarbeitern durch die Digitalisierung in ihrer Existenz bedroht.

Noch dramatischer fällt ein zwar schon sechs Jahre altes, aber am häufigsten zitiertes Szenario von Carl Frey und Michael Osborne aus, die 42 Prozent der Arbeitsplätze in Deutschland (und 47 Prozent in den USA) von der Digitalisierung bedroht sehen. Darunter sicherlich jede Menge Schreibtischjobs mit einem hohen Anteil an Routinetätigkeiten.

Zu einer eher moderaten Vernichtung von Arbeitsplätzen, nämlich „nur" zwölf Prozent, kommt dagegen das Zentrum für Europäische Wirtschaftsforschung (ZEW). Wie das? Melanie Arntz und ihr Team berücksichtigen keine homogenen Berufsgruppen wie Frey/Osborne, sondern konkrete Tätigkeiten. „Berufsbilder befinden sich in einem ständigen Anpassungsprozess", so die ZEW-Wissenschaftlerin (siehe Interview). Es gebe unterschiedliche Nischen, in die sich ein Beruf entwickeln könne. „Jeder spezialisiert sich innerhalb desselben Berufsfeldes." Und diese Vielfalt an Tätigkeiten sei wichtig, sagt Arntz.

Digitale Disruption

Auch das Institut für Arbeitsmarkt- und Berufsforschung (IAB) hält eine Automatisierungswahrscheinlichkeit von 42 oder 47 Prozent aller Berufe für unrealistisch. „Nicht Berufe, nur Tätigkeiten sind ersetzbar", sagte Britta Matthes vom IAB bei einer Anhörung der Enquête-Kommission „Berufliche Bildung in der digitalen Arbeitswelt". Der IAB-Untersuchung zufolge könnten Tätigkeiten im Bank- und Versicherungswesen zu rund 40 Prozent ersetzt werden. Das Controlling könne gar zu 70 Prozent von Algorithmen übernommen werden. Ein noch höheres Substituierbarkeitspotenzial habe die Lager- und Transportarbeit, bei der bereits jetzt 86 Prozent der Tätigkeit durch technische Möglichkeiten ersetzt werden können. „Wir erwarten die stärksten Veränderungen in Verkehrs- und Logistikberufen", so Matthes.

Für Berufe, die mit der Digitalisierung Schritt gehalten hätten, etwa in der Krankenpflege, hat das IAB beobachtet, „dass die Veränderungen nicht zur Erhöhung der Potenziale beigetragen haben". Bereits 2013, berichtete Britta Matthes, seien 15 Prozent der Arbeitnehmer in Berufen tätig gewesen, in denen 70 Prozent der Tätigkeit durch Maschinen erledigt werden könnten. Dieser 15-Prozent-Wert habe nur drei Jahre später schon bei 25 Prozent gelegen. Es zeige sich insgesamt „ein großes Spektrum von weitgehend digitalisierten Wirtschaftszweigen bis hin zu wenig von der Digitalisierung berührten Wirtschaftsbereichen", konstatiert Hubert Ertl vom Bundesinstitut für Berufsbildung (BIBB). Dabei beschleunige die Digitalisierung den Strukturwandel hin zu einer Dienstleistungsgesellschaft, sagt der BIBB-Forschungsdirektor: „Natürlich wird es aber einen großen Umschwung auf dem Arbeitsmarkt geben."

Nicht zuletzt entstehen durch die Digitalisierung ja auch neue Jobs, zum Beispiel für Systemprogrammierer oder Software-Entwickler. Eine Studie im Rahmen der BIBB-IAB-Qualifikations- und Berufsfeldprojektionen kam 2016 zu dem Ergebnis, dass allein in der Industrie in Deutschland rund 500.000 Arbeitsplätze wegfallen, zugleich aber an anderer Stelle 430.000 neue hinzukämen.

Digitale Zeitgeschenke

„Aber selbst, wenn nur zehn Prozent durch Roboter wegfallen, wäre das ein großes soziales Problem", meint der Professor für Nachhaltige Digitalisierung, Tilman Santarius. Das benötigte Wachstum, um genügend neue Arbeitsplätze zu schaffen, sei weder absehbar, noch wäre es nachhaltig. „Wer seinen Job verliert oder weniger verdient, der wird weniger bereit sein, in seinem Alltag in die ökologische Transformation zu investieren." Aber ließe sich das nicht auch positiv wenden?, fragt der Nachhaltigkeitsforscher an der TU Berlin. „Könnten wir nicht mehr Zeit für Familie, Hobbys, Kunst, Bildung und soziales Engagement jenseits der Lohnarbeit gewinnen? Könnte uns also die Digitalisierung nicht ein Zeitgeschenk bescheren und somit einen wichtigen Beitrag zu einer sozialökologischen Transformation der Gesellschaft leisten?"

Dass die Maschinen die Arbeit übernehmen, könnte doch „etwas Wunderbares sein", sagt auch David Graeber, der mit seinem Buch „Bullshit Jobs" vergangenes Jahr Furore machte. „Wir könnten zu einer Freizeitgesellschaft werden und eine 24-Stunden-Woche einführen", so der amerikanische Anthropologe. Stattdessen sei man dazu verdammt, die meiste Zeit bei der Arbeit zu verbringen und Dinge zu tun, „von denen wir den Eindruck haben, dass sie der Welt keinen Nutzen bringen". Um mehr Freizeit, aber vor allem auch mehr ehrenamtliche Sorgearbeit zu gewährleisten, schlagen Graeber genauso wie der Bitkom-Präsident Achim Berg eine Politik des bedingungslosen Grundeinkommens vor. Nachhaltigkeitsexperten wie Santarius empfehlen zudem dort, wo menschliche Arbeit durch Algorithmen und Roboter ersetzt wird, die Digitalisierungsgewinne zu besteuern. Damit ließen sich dann öffentliche Ausgaben und personennahe Dienstleistungen finanzieren. Denn „bei aller Begeisterung für die Digitalisierung", sagt die Suffizienz-Expertin Angelika Zahrnt, „muss es doch möglich sein, weniger digital vernetzt zu sein und dabei trotzdem ein gutes Leben führen zu können".

[DIGITALISIERUNG UND NACHHALTIGKEIT]

INTERVIEW

„Unterm Strich geht das Spiel positiv aus"

DAS INTERVIEW FÜHRTE TIM BARTELS MIT MELANIE ARNTZ,
ZENTRUM FÜR EUROPÄISCHE WIRTSCHAFTSFORSCHUNG (ZEW)

Die Arbeitswelt befindet sich im Umbruch. In der öffentlichen Debatte werden Befürchtungen geäußert, dass der technologische Wandel und insbesondere die Digitalisierung zu Arbeitsplatzverlusten führen. Ist diese Sorge berechtigt? Oder bringt die „Arbeitswelt 4.0" sogar neue Jobs und mehr Wohlstand? Was versteht man überhaupt unter Arbeit 4.0? Die Ökonomin Melanie Arntz vom Zentrum für Europäische Wirtschaftsforschung (ZEW) in Mannheim sieht vor allem einen massiven Strukturwandel als Folge der Digitalisierung.

Frau Professorin Arntz, Diskussionen über „Arbeit 4.0" zeigen immer wieder, wie unterschiedlich dieser Begriff verstanden wird. Wie umreißen Sie dieses Schlagwort?
Ich glaube tatsächlich, dass der Begriff nicht klar umrissen ist. Es hängt davon ab, ob man mit Arbeit 4.0 nur die Veränderung der Art und Weise, wie wir arbeiten, meint – im Zuge der Wirtschaft 4.0. Oder ob man Arbeit 4.0 auch als Begriff versteht, der tatsächlich diese Wirtschaft 4.0 beinhaltet, also die dahinter stehenden Prozessveränderungen. Wenn man sagt, Arbeit 4.0 bezieht sich vor allem auf die veränderte Weise, wie wir arbeiten, sei es im Homeoffice, entgrenzt und ständig digital vernetzt, dann finde ich, dass man heute vielfach schon so arbeitet, wie Arbeit 4.0 auch in fünf Jahren sein wird. Dann natürlich noch mal ein bisschen weiterentwickelt. Aber diese Grundstruktur der Art und Weise, wie wir arbeiten, sehr interaktiv, sehr interdisziplinär – das ist, glaube ich, jetzt schon angelegt.

[ASPEKTE DER NACHHALTIGKEIT]

Und wie verhält sich Arbeit 4.0, wenn man sie mit der Industrie 4.0 und der Wirtschaft 4.0 koppelt?

Dann kommen da natürlich noch mal ganz andere Fragen hinzu, wie sich unsere Jobs den damit einhergehenden Veränderungen anpassen. Zum anderen die Frage, was passiert, wenn Maschinen bestimmte Dinge übernehmen, die wir vorher gemacht haben – mit all den disruptiven Momenten, die das hat für diejenigen, die davon betroffen sind. Aber ich glaube, dass die Anpassungsprozesse, die wir in der Wirtschaft haben, viel, viel stärker und besser sind, als wir so denken. Das, was jeder Einzelne als „disruptiv" empfindet, wenn sein Arbeitsplatz betroffen ist, kann tatsächlich disruptiv sein. Das aufzufangen und berufliche Wege neu zu gestalten, ist Aufgabe der Politik. Aber in der Gänze einer Volkswirtschaft sind zahlreiche Mechanismen wirksam, die dazu führen, dass am Ende insgesamt vermutlich mehr Beschäftigung entstehen wird, und auch die Chance auf qualitativ bessere Jobs im Raum steht. Daher sehe ich das nicht so ausschließlich pessimistisch von der disruptiven Seite her.

Sie sind demnach der Meinung, dass Arbeit 4.0 schon stattfindet?

Wir haben im Jahr 2016 eine Erhebung gemacht zur Verbreitung solcher Technologien in der Wirtschaft. Da sieht man eine ganz klare Zweiteilung: Zwanzig Prozent der Unternehmen stützen sich voll auf diese Technologien. Aber fast 50 Prozent der Betriebswirtschaftler sagen, hab' ich noch nie gemacht, nicht mal drüber nachgedacht. Und dann gibt es auch noch die traditionell funktionierenden Bereiche, die mit Digitalisierung noch gar nichts am Hut haben. Aber auf jedem Fall ist das auf dem Vormarsch, die Entwicklung geht ganz klar dahin. Die Frage ist, ob die Betriebe oder Unternehmen, die das bislang gar nicht machen, irgendwann aufholen. Oder werden die durch die Marktprozesse am Ende einfach auch raussortiert? Antwort: teils, teils.

Machen Sie das doch bitte einmal an einem ganz konkreten Beispiel fest?

Die Technologien?

Ja, die auch, aber vor allem am Beispiel eines Arbeitsplatzes. Nehmen Sie sich da ein bestimmtes Berufsbild vor und beobachten, wie sich das verändert hat im Laufe der Zeit und wie es sich möglicherweise in der Zukunft verändern wird?

Es gibt durchaus Forschung dazu, wie sich Berufsbilder verändern. Das ist aber nicht mein Hauptfokus. Wir betrachten eher, wie sich Tätigkeitsstrukturen verändern. Was wird wichtig, was wird weniger wichtig, in Berufen, über Berufe hinweg? Und das immer eher so in der Gesamtperspektive der gesamten Wirtschaft. Wenn

[DIGITALISIERUNG UND NACHHALTIGKEIT]

Sie da in ein bestimmtes Berufsbild reinzoomen wollen, um das im Detail aufzuarbeiten, dann müssen Sie einen Betriebswirt fragen.

Ein Mitglied der Leopoldina-Kommission „Wissenschaftsethik", Sebastian Graf von Kielmansegg, warnt davor, immer nur auf Arbeitsplatzverluste zu schauen. Gern zitiert wird dabei immer die Studie des Ökonomen Carl Benedikt Frey und des Informatikers Michael Osborne aus dem Jahr 2013, wonach 42 Prozent der Jobs in Deutschland durch Digitalisierung und Automatisierung ersetzt würden, in den USA sogar 47 Prozent. Sie haben dieser Studie im Jahr 2016 eine eigene entgegengehalten und sehen in Deutschland nur rund jeden zehnten Arbeitsplatz von Automatisierung bedroht. Wie kommen solche unterschiedlichen Werte zustande?

Das kommt durch unterschiedliche Annahmen zustande, wie das nun mal in der Wissenschaft immer so ist. Frey und Osborne nahmen an, dass Berufe homogen sind. Das heißt: Alle Beschäftigten in einem Berufsfeld haben eine bestimmte Tätigkeitsstruktur. Diese vorausgesetzt, kommen sie dann zum Ergebnis: 47 Prozent sind ersetzbar. Oder potenziell ersetzbar. Die Annahme dagegen, die wir getroffen haben, ist: Nein, es gibt auch innerhalb von Berufen ein ganz weites Spektrum. Denn Berufsbilder befinden sich in einem ständigen Anpassungsprozess. Das, was

Ist jeder zweite Arbeitsplatz durch die Digitalisierung bedroht? Nein, sagt Melanie Arntz. Die Arbeitsmarktforscherin am ZEW sieht vielmehr Tätigkeitsverschiebungen innerhalb eines Berufsbildes. © Fotolia, fotohansel

ein Automechaniker früher gemacht hat, heutzutage als Mechatroniker, unterliegt ja permantem Wandel.

Was ist ein Mechatroniker?
Der Nachfolger vom Automechaniker.

Und was macht der jetzt anders als sein Vorgänger?
Grundsätzlich ist es ja so, dass uns viele Dinge von Maschinen abgenommen werden. Beispielsweise läuft immer mehr Diagnostik digital. Deshalb braucht der Mechatroniker, wie in anderen Berufsfeldern genauso, nun viel mehr kommunikative Elemente, um dann Probleme, die die digitalen Maschinen ihm anzeigen, überhaupt lösen zu können.

Da im Auto also mittlerweile so viel Elektronik drinsteckt, die anzeigt, wenn etwas kaputt ist oder falsch läuft, muss der Mechatroniker das lesen können, um zu wissen, wo er anzusetzen hat.
Genau. Er muss viel mehr aus der Makroperspektive überblicken können.

Er ist kein reiner Schrauber mehr ...
Ja, auch diese eher handwerklichen, manuellen Jobs werden immer analytischer und immer interaktiver. Und das ist in ganz vielen Berufsfeldern der Fall.

Ist es aber nicht so, dass es den Schrauber, der sich unters Auto schiebt, noch genauso geben muss, wie jetzt zusätzlich denjenigen, der an den Computern sitzt.
Das werden mittlerweile ein und dieselben Leute machen. Der Punkt ist, dass es unterschiedliche Nischen gibt, in die sich dann ein Beruf entwickeln kann. Jeder spezialisiert sich innerhalb desselben Berufsbildes. Und diese Vielfalt an Tätigkeiten innerhalb eines Berufes, die ist wichtig. Und das haben wir in unserer Studie berücksichtigt. Wir haben die Analyse von Frey/Osborne auf der individuellen Ebene wiederholt – also mit eingepreist, dass jeder etwas anderes macht in dieser Welt –, indem wir eine andere Datenbasis benutzt haben. Und dann kommt eben auch etwas anderes raus. Das Interessante ist, dass wir die Ergebnisse von Frey und Osborne replizieren können, sobald wir für die Berufe nur Durchschnitte verwenden. Es liegt also nicht daran, dass wir andere Daten haben oder eine andere Methodik, sondern es liegt an der Frage: Lass ich diese Vielfalt an Tätigkeiten zu und benutze sie in der Analyse oder nicht? Das ist der Unterschied. Und ein Hinweis darauf, dass sich Berufe eben anpassen, dass man innerhalb eines Berufsfeldes X, sagen wir Mechatroniker, dass es da unterschiedliche Nischenausprägungen gibt.

[DIGITALISIERUNG UND NACHHALTIGKEIT]

Und die zeigen uns, inwiefern Leute zu den Maschinen, die sie zum Teil ersetzen, oder bestimmte Tätigkeiten ersetzen, „komplementär" werden, also sich mit diesen ergänzen.

Muss man im Fall der 42 oder 12 Prozent Arbeitsplatzverluste nicht auch dazu sagen, dass auch neue Berufsfelder hinzukommen?

Das ist keine Frage, diese 12 Prozent sind eine reine Abschätzung eines Automatisierungspotenzials, ein rein technisches Potenzial. Das hat mit Umsetzung noch überhaupt nichts zu tun. Erstens ist dieser Weg zu diesen 12 Prozent ein ganz weiter. Dafür müssen die Unternehmen das ja erst mal alle umsetzen und umsetzen wollen. Das sind betriebswirtschaftliche Entscheidungen, da gibt es Hürden zu überwinden, bevor das passiert. Und selbst wenn dann von den 12 Prozent ein Teil ersetzt würde, dann kommen noch makroökonomische Anpassungsmechanismen mit rein: Lohnanpassungsprozesse, die Tatsache, dass Firmen das ja machen, um produktiver zu werden, um am Ende des Tages mehr von ihren Produkten zu verkaufen – und dadurch wieder mehr Arbeit nachfragen. Unterm Strich geht das Spiel aus meiner Sicht positiv aus. Was aber nicht heißt, dass der einzelne nicht dennoch hart getroffen sein kann.

Also positiv im Sinne von: Es wird schon jeder wieder eine Arbeit bekommen?

So würde ich das nicht sagen, sondern: Es wird potenziell genug Arbeit für jeden geben. Aber es bleibt die Frage, ob die Jobs, die nachgefragt werden, und die Fähigkeiten der Leute, die sie mitbringen, eins zu eins zusammenpassen.

Nehmen wir mal den Extremfall, dass es tatsächlich in einigen Jahren möglich sein wird, Laster autonom fahren zu lassen, also den ganzen Bereich des Transports. Die Lastwagenfahrer – und das sind eine ganze Menge – werden wir jetzt nicht alle zu IT-Spezialisten umschulen.

Das heißt: Ich will nicht ausschließen, dass es nicht für einzelne spezifische Berufsbilder sehr wohl ganz große Anpassungsnotwendigkeiten geben wird. Und wo man sich dann sehr gut überlegen muss, auch von politischer Seite: Wie kann man solchen Berufsfeldern wirklich sinnvolle Wege aufzeigen? Weil, wie gesagt, IT-Spezialisten werden sie vermutlich nicht mehr. Also muss man überlegen, was haben die denn bisher gemacht für Tätigkeiten, inwiefern kann man etwas finden, wo nach wie vor Nachfrage besteht, wo man sie auffangen kann. Das sind wichtige Gestaltungsaufgaben.

Für den Online-Handel gilt ja momentan noch, dass die Transporte eher zunehmen, da immer mehr online bestellt wird und somit auch immer mehr Ausfahrer benötigt werden.

Das ist genau der Punkt: Der Einzelne wird aufgrund der Technologie immer produktiver. Eigentlich bräuchte ich dann also weniger von denen. Gleichzeitig entsteht aber eine Wahnsinnsnachfrage nach diesen Leistungen, und dadurch brauchen wir noch mehr von diesen Leuten.

Erst wenn also alle Transporter wirklich autonom fahren und Pakete per Drohne verschickt werden, brauchen wir den Ausfahrer nicht mehr.
Dann brauchen wir keine Fahrer mehr, aber dann brauchen wir Leute, die dieses System managen. Und dann stellt sich wieder die Frage: Passen Fähigkeiten und nachgefragte Fähigkeiten zusammen? Das werden dann wahrscheinlich nicht dieselben Leute sein. Insofern besteht diese wichtige Gestaltungsaufgabe der Bildung und Weiterbildung, im Sinne von: Wie kann ich Leute schon jetzt auf die künftige Welt vorbereiten? Und zwar auch solche, die noch im Beruf sind, bevor sie ihren Job verlieren. Man muss also Weiterbildungs- und Schulungsprogramme aufsetzen, die wirklich zielgerichtet sind.

Was lernt man aus Ihrer Studie? Was für Konsequenzen hat es, wenn man diese 12 Prozent vor Augen hat. Was ist zu tun?
Die eine Konsequenz hat mit dem Bildungsbereich zu tun, einerseits also die neue Generation darauf vorzubereiten. Wobei man sich darüber streiten kann, was das bedeutet. Zum anderen natürlich diejenigen mitzunehmen, die jetzt im Berufsprozess sind. Da würde ich zwei Gruppen unterscheiden: Die einen sind die, die immer schon gelernt haben. Und ohnehin Berufe ausüben, in denen sie immer lernen mussten. Um die mache ich mir wenig Sorgen. Weil das eigentlich die Kerneigenschaft ist, die man für diese Welt braucht: Lernbereitschaft.

Lebenslanges Lernen?
Lebenslanges Lernen, ja, aber das hat sehr viel auch damit zu tun, wie leicht es einem fällt zu lernen. Leuten, denen das Lernen sehr schwer fällt, die sozusagen sehr hohe Kosten des Lernens haben, für die ist das eine enorme Hürde. Kommen wir zum Lastwagenfahrer zurück, der eher nicht bildungsnah ist. Für die ist es enorm schwierig, sich plötzlich wieder in einen Schulungsraum zu setzen und etwas komplett Neues zu erlernen. Das ist eine Gruppe, da kann man sich schon fragen: Was soll aus denen werden? Auf der anderen Seite muss man sagen: Wir beobachteten in den vergangenen Jahren, dass gar nicht mal so sehr der Niedriglohnbereich wegbricht. Was leidet, ist eher die Mitte der Lohnverteilung, also die einfachen Dienstleistungen, bei denen Maschinen noch gar nicht konkurrenzfähig sind. Das, was der Mensch kann, dieses situative Handeln oder feinmotorische Dinge, da

[DIGITALISIERUNG UND NACHHALTIGKEIT]

sind Maschinen nach wie vor nicht gut. Und selbst wenn sie gut wären, gegeben, dass die Löhne in diesen Bereichen ziemlich gemäßigt sind, ist der Mensch da, glaube ich, noch über lange Zeit wettbewerbsfähig.

Das erklären Sie mit den interaktiven Fähigkeiten des Menschen: also Präsentieren, Darstellen, Texte lesen und verstehen?
Nein, das sind ja schon Nicht-Routine-Aufgaben – und zwar kognitive Nicht-Routine-Aufgaben. Was ich meine, sind manuelle Nicht-Routine-Aufgaben. Nehmen wir mal den Friseur: Dessen Aufgabe wird über kurz oder lang keine Maschine übernehmen. Gleichzeitig ist es aber so, wenn Sie in einer Wirtschaft leben wie der EU und am oberen Ende der Lohnverteilung viel Geld verdienen, weil Sie mit diesen Technologien sehr produktiv werden, fragen Sie üblicherweise auch sehr viele Dienstleistungen nach, zum Beispiel Gesundheitsdienstleistungen oder Mobilitätsdienstleistungen. Und der damit einhergehende Multiplikatoreffekt, der ist stark. Der hängt aber auch davon ab, ob die Gewinne, die mit neuen Technologien erzielt werden, auch in Form steigender Löhne bei den Beschäftigten ankommen. Wenn ja, kann das auch wieder Nachfrage auf dem lokalen Arbeitsmarkt, in Form von lokalen Dienstleistungen erzeugen, sodass diese dann indirekt auch davon profitieren. Diese Multiplikatoreneffekte sind sehr wichtig.

Sie sagen, dass ganze Berufsfelder nicht verschwinden werden, sondern dass es eher Tätigkeitsverschiebungen sind.
Absolut. Zum großen Teil.

Was genau meinen Sie mit Tätigkeitsverschiebungen?
Das bedeutet einfach, dass Berufe nicht per se verschwinden, aber das, was in jedem Beruf geleistet wird an Tätigkeiten, sich einem ständigen Wandel unterzieht. Das macht den Großteil der Anpassung aus. Also dass ganze Berufsbilder verschwinden, ist eigentlich die Ausnahme.

Es gibt für gefährdete und ungefährdete Berufe je eine Top-ten. Alle sozialen Berufe, Erziehung, Kinderbetreuung, Kranken- und Altenpflege sind demnach ungefährdet ...
Es wird natürlich so sein, dass bestimmte Berufe schrumpfen und andere deutlich wachsen. Aber dass das Berufsbild komplett verschwindet, ist einfach selten. Selbst in Berufen, die weder schrumpfen noch wachsen, passieren sehr, sehr viele Anpassungsprozesse. Weil wir uns natürlich mit veränderten Produktionsmöglichkeiten und Arbeitsweisen ständig neu definieren in der Art, wie wir arbeiten. Das ist ein völlig normaler Prozess.

Nun sind Sie der Meinung, dass Unternehmen teilweise nicht innovativ genug sind, um Arbeit 4.0 umzusetzen.

Es gibt innovative Firmen, keine Frage, die gibt es in Deutschland auf jeden Fall. Aber wir haben auch einen ganz großen Anteil von Unternehmen, die momentan die Digitalisierung eher verschlafen.

Und das sind eher kleinere Betriebe, habe ich bei Ihnen gelesen.

Ja, es sind eher die kleineren Betriebe, aber das ist nicht allein mit Größe erklärbar. Da spielt auch ein persönlicher Faktor eine Rolle. Ich glaube, dass die Führungsmannschaft eines Unternehmens da entscheidend ist, also im Sinne: Lässt man sich auf so was ein oder nicht? Man muss, um Digitalisierung umzusetzen, gerade in einem Unternehmen, das nicht sehr groß ist, also mittelständisch oder kleiner, bereit sein, sich noch mal neu zu definieren. Weil diese Prozesse manches komplett auf den Kopf stellen. „Out of the box" zu denken, ist in kleineren Unternehmen schwieriger, weil die gar nicht die Strukturen haben, solche Denkprozesse anzustoßen.

Meinen Sie deswegen, dass eine Innovation immer auch eine soziale sein muss?

Technologische Innovationen fallen ja nicht vom Himmel. Technologische Innovationen sind immer getrieben durch Nachfrage und Bedürfnisse. Nehmen Sie das Smartphone. Das ist doch nicht erfunden worden, weil irgendjemand es lustig fand, das Smartphone zu erfinden, sondern weil es das inhärente Bedürfnis des Menschen nach Vernetzung gibt. Und diese Technologie wirkt sich dann natürlich auch auf unsere Arbeitswelt aus. Also ich glaube: Es gibt keine Innovation, die nicht auch eine soziale Innovation ist.

Wie wird die Arbeit 2030 aussehen?

Es wird zeitlich und räumlich noch flexibler werden. Dieses Überallerreichbarsein, daran werden wir uns gewöhnen müssen. Leider werden wir auch eine Polarisierung sehen. Einerseits also Leute, die hoch qualifiziert sind und gute Einkommen erzielen. Und auf der anderen Seite eben leider auch einen großen Niedriglohnbereich. Das ist eine große politische Aufgabe, diese Polarisierung zu kitten in der Gesellschaft, auch um den sozialen Frieden zu bewahren.

[DIGITALISIERUNG UND NACHHALTIGKEIT]

Über die Gesprächspartnerin

PROF. DR. MELANIE ARNTZ

ist stellvertretende Leiterin des ZEW-Forschungsbereichs „Arbeitsmärkte und Personalmanagement" und Leibniz-Professorin für Volkswirtschaftslehre an der Universität Heidelberg. Die studierte Diplom-Geografin beschäftigt sich mit der Frage, wie sich die zunehmende Digitalisierung und internationale Arbeitsteilung auf regionale Arbeitsmärkte sowie auf die Beschäftigung und Löhne individueller Akteure auswirken.

Kontakt

Zentrum für Europäische Wirtschaftsforschung (ZEW)
Bereich Arbeitsmärkte und Personalmanagement
L7, 1
68161 Mannheim
Tel.: 0621/1235-159
E-Mail: melanie.arntz@zew.de
www.zew.de/de/forschung/arbeitsmaerkte-und-personalmanagement/

[ASPEKTE DER NACHHALTIGKEIT]

INTERVIEW

„Wir müssen wieder Platz gewinnen in der Stadt"

DAS INTERVIEW FÜHRTE TIM BARTELS MIT
AXEL FRIEDRICH, VERKEHRSBERATER

Ist der Diesel ein Auslaufmodell? Und wenn ja, kann dessen nachhaltige Alternative dann nur das Elektromobil sein? Möchte man meinen, denn Angela Merkel hält beharrlich am Ziel fest, im Jahr 2020 eine Million Elektrofahrzeuge auf die Straße zu bringen. Auch die Grünen sehen die Zukunft des Verkehrs elektrisch und gingen in die Sondierungsgespräche mit der Forderung, Neuwagen mit Verbrennungsmotor ab 2030 die Zulassung zu verweigern. Und nicht zuletzt hält auch die Agora Verkehrswende die Elektromobilität für unverzichtbar, um die CO_2-Emissionen im Verkehr auf null zu reduzieren. Mit dieser noch jungen Denkfabrik für nachhaltige Mobilität arbeitet der internationale Verkehrsberater Axel Friedrich zusammen. Sein Credo lautet aber nicht: mehr Elektromobilität, sondern: weniger Autos.

Herr Friedrich, die Kanzlerin hat vor der Bundestagswahl immer wieder steif und fest behauptet, dass die Klimaziele nur mit dem Diesel zu erreichen seien.
Wenn ich große schwere Autos bauen will, ja, dann brauche ich den Diesel. Für kleine Autos ergibt das keinen Sinn. Die Grenze liegt bei 1.600, 1.700 Kilogramm. Darunter macht Diesel keinen Sinn, weil man das Mehrgewicht ja kompensieren muss. Ein Dieselmotor mit der gleichen Leistung ist deutlich schwerer als ein Ottomotor. Würden die Fahrzeuge insgesamt schwerer, spielte das Mehrgewicht keine große Rolle mehr. Je kleiner das Auto ist, desto wichtiger wird das Mehrgewicht. Das muss ich kompensieren durch bessere Effizienz. Und die ist beim Diesel nicht mehr so groß wie früher, weil so ein Benzin-Direkteinspritzer ja auch den Vorteil

hat, weniger CO_2-Emissionen zu ermöglichen – mit dem Nachteil allerdings, Partikelemissionen zu verursachen.

Wird der Diesel demnach im Stadtbild verschwinden?
Der wird bald weg sein, ist einfach zu teuer.

Der Diesel sei höchstens noch auf der langen Strecke nützlich, urteilt der VCD.
Auch dort kann man mit einem Hybrid schon einiges besser machen. Ich hab ja den Toyota Prius gemessen. Der ist das Maß aller Dinge – der 4er, nicht der 3er. Der 4er ist deutlich besser geworden im Realverbrauch: Das erste Auto, das ich unter 80 Gramm gemessen habe. Das nächstbeste Auto mit einem Dieselmotor liegt bei 112 Gramm.

Der Prius emittiert nur 80 Gramm Kohlendioxid pro Kilometer. Was bedeutet das für seinen Kraftstoffverbrauch?
3,3 Liter Benzin.

Und der ist damit auch im Verkaufsprospekt offiziell gekennzeichnet?
Der ist mit 3,3 Liter auch angegeben und liegt beim CO_2-Ausstoß nur um zwei Gramm daneben. Also, das ist schon erstaunlich.

Damit ist er der heimliche Gewinner auf der aktuellen VCD-Autoumweltliste, die ja erstmals keine Rangliste aufstellt, sondern nur Empfehlungen gibt.
Ich sitze im Beirat beim VCD und habe das ganze Bewertungsverfahren mit umgestellt.

Zehn Elektroautos stehen auf der Liste. Sind die nun eine ernst zu nehmende Alternative zum Diesel-Pkw? Sind Stromer das Maß aller Dinge für eine nachhaltige Mobilität?
Also: Im Jahr 2050 null CO_2-Emissionen, das ist die Basis für alle Diskussionen. Das heißt, wir müssen in den nächsten Jahren einen deutlichen Anstieg der Anteile von Fahrzeugen mit praktisch null CO_2-Emissionen auf die Straße bringen. So. Jetzt gibt es verschiedene Antriebsoptionen: Theoretisch können wir Wasserstoff machen, mit Brennstoffzelle. Wir können mit Ökostrom fahren. Oder ich kann strombasierte Kraftstoffe herstellen, ob das jetzt Gas, Benzin oder Diesel ist, ist egal. Wichtiger ist, was das für die Gesamtbilanz bedeutet: Wo habe ich die höchste Wirkung für die Volkswirtschaft? Einmal energetisch. Aber was fast genauso wichtig ist: auch finanziell. Das wird oft vergessen. Lösungen, die schön aussehen, aber finanziell nicht umsetzbar sind, werden niemals marktfähig.

[ASPEKTE DER NACHHALTIGKEIT]

Siehe Wasserstoffautos.
　Zum Beispiel Wasserstoffautos. Weil: Jede Energieumwandlung ist Geldverlust. Energiefluss heißt auch Geldverlust. Und die Vorstellung, die manche Leute haben, einfach den Überschussstrom für die Autos zu nutzen, ist unsinnig. Denn man müsste dann ja eine Anlage bauen, die nur zehn bis fünfzehn Prozent der Zeit läuft. Selbst wenn der Strom bei seiner Produktion kein CO_2 emittierte, würde es nicht funktionieren, weil die Anlage ja ihre Abschreibungskosten wieder gewinnen muss – und das klappt nicht.

Die Anlage von Audi in Werlte, wo zunächst Windstrom per Elektrolyse zu Wasserstoff und dann unter Zugabe von CO_2 zu Methan verarbeitet wird ...
　... alles Blödsinn. Anlagen, die nur zeitweise betrieben werden, können nicht marktfähig werden. Wir haben in Europa ein Verbundnetz von Portugal bis nach Russland. Das heißt, wenn hierzulande Überschussstrom vorhanden ist, dann kann man den teilen. Selbst Solarstrom lässt sich über sechs, sieben Stunden ausgleichen – einfach, indem man die vernünftigen Leitungen aufbaut. Es wird viel weniger Überschussstrom stattfinden, als die meisten glauben.

Aber das viele Abregeln der Windkraftanlagen zeigt doch Überschuss an.
　Das ist nur eine Frage der Zeit. Das Abregeln wird nur so lange gemacht, bis die entsprechenden Leitungen ausgebaut sind. Wir müssten den Strom in Spitzenzeiten noch viel besser nutzen. Beispielsweise könnte man die Kühlhäuser auf minus vierzig Grad fahren, dann brauchen die zwei Wochen lang kein Strom mehr. Wir könnten alle Kühlschränke so ausstatten, dass die Gefrieranlage auf minus 30 Grad runterfährt. Es gibt also viele Möglichkeiten, um den Strom zu speichern.

Warum kann man Elektroautos nicht als Speicher nutzen?
　Wenn man die so baut wie Tesla, also E-Autos, die 25 oder 30 Kilowatt pro 100 Kilometer und pro Stunde verbrauchen, dann geht das nicht, das kriegt man nicht hin. Wir bräuchten dann noch viel mehr Stromerzeuger. Und wenn ich strombasierte Kraftstoffe herstelle, dann brauche ich vier- bis fünfmal mehr. Es gibt eine Studie vom Öko-Institut dazu, die das schön darstellt. Jeder Energieverlust erhöht den Bedarf an erneuerbaren Energien. Und wenn ich das so mache, dass ich was umwandele, bin ich irgendwo bei 25 Prozent Wirkungsgrad. Bei Batterieautos bin ich etwa bei 85 Prozent Wirkungsgrad.

Also wenn in Deutschland nur noch Elektroautos führen, würden hiesige Erzeugungsanlagen das nicht im Geringsten leisten können?

Nein, natürlich nicht. Und zwar nicht nur wegen der Menge, das könnten wir noch irgendwie hinkriegen, sondern wegen der Spitzen. Die Leute kommen nach der Arbeit nach Hause und fangen logischerweise an, ihr Auto zu laden. Da gibt es ja schöne Überlegungen: Wir machen alles mit Windstrom. Wer segelt, weiß, wann der meiste Wind weht: nämlich am späten Nachmittag, wenn die Leute noch gar nicht zu Hause sind. Nachts, wenn die meisten Leute ihre Autos tanken wollen, ist der Wind in der Regel aber sehr gering. Warum? Weil ich nachts keine Temperaturdifferenz habe. Das heißt, da passiert nicht viel. Das sind so Überlegungen, ich hab das mal vor Jahren alles durchgespielt für Elektroautos: Fast alle fallen aus, weil sie zu wenig Strom kriegen. Wir bräuchten einfach andere Autos, andere Denkweisen mit Batterien, andere Strukturen – und vor allem: weniger Autos. Nur dann ist es umsetzbar.

„Weniger Autos" ist die Ideallösung?
Nein, das muss integriert sein in ein System. Wenn ich jetzt sehe, dass 40 Prozent weniger Autobesitz bei den Leuten von 18 bis 30 als vor zehn Jahren vorliegen – nur in Ballungsgebieten, nicht auf dem Land – , dann bedeutet das, dass die Zahl der Autos automatisch sinken wird. Diese neuen Lebensstile werden sich nicht so schnell ändern, es wird also eine andere Art der Mobilität vorherrschen.

Derzeit sind weltweit 900 Millionen Pkw angemeldet. Für das Jahr 2050 geht man von zweieinhalb Milliarden Autos aus.
Da wurden viele Prognosen gemacht, die schwachsinnig sind. Wenn Sie allein nach China gucken, was da an Prognosen vorliegt, das geht technisch gar nicht. Wenn Sie da mal ein Verkehrsmodell drüberlegen, würden Sie feststellen: Da läuft gar nichts mehr. Heute läuft ja dort schon nichts mehr. Und jetzt stellen Sie sich mal in Peking eine Verdreifachung der Autoflotte vor! Solche Prognosen sind Ärgernisse. Ich werde Ihnen ein anderes Beispiel sagen: Für den Lkw-Verkehr hierzulande gibt es Prognosen, wonach der massiv ansteigen wird. Gerade habe ich gelesen, dass man deshalb die Häfen ausbauen muss und was alles. Wenn Sie nun aber sehen, dass die Bahn bereits 20 Prozent ihrer Ersatzteile selbst herstellt, über 3D-Drucker, und die Lufthansa das Ziel hat, bis zum Jahr 2021 fünfzig Prozent ihrer Ersatzteile 3D zu drucken; auch Schuhe werden schon mit 3D-Druckern produziert. Was bedeutet das eigentlich für unsere Transportwege, wenn man nur noch das Rohmaterial benötigt? Deutlich weniger an Volumen und an Dingen, die ich sonst noch brauche. Kennen Sie irgendeine Studie, die das beinhaltet?

[ASPEKTE DER NACHHALTIGKEIT]

Die Transportwege werden also abnehmen, meinen Sie?
Die müssen abnehmen. Und dann kommt man wieder mehr zu Produkten, die mehr bahnaffin sind. Rohmaterial ist groß und schwer, das kann man gut mit der Bahn transportieren. Fertigprodukte, die leicht und empfindlich sind, sind dagegen nicht bahnaffin.

Aber kommt man dann nicht auch zu weniger E-Autos, sodass die Stromerzeuger gar nicht so zulegen müssten?
Das ist die Frage. Ich würde dazu gern eine Studie anschieben. Bisher stimmen einfach die Denkweisen nicht. Schauen Sie mal in Studien rein, da finden Sie in Szenarien für 2050 immer noch Öltransporte.

Eine Agora-Studie geht zum Beispiel davon aus, dass 2050 noch ein Drittel der Pkw Verbrennungsmotoren haben werden.
Wenn ich von den Klimazielen ausgehe und dann zurückrechne, dann geht das alles nicht. Aber es gibt noch andere Dinge, die in den Prognosen falsch sind: Wir kriegen ein anderes Verkehrsverhalten. Die Gesellschaft wird älter, und wir wissen, dass ältere Menschen anders fahren. Wir sehen Umwälzungen an vielen Stellen, gerade auch im Güterverkehr. Und die werden anders laufen, das ist für mich absolut sicher. Wir werden viele Produkte nicht mehr in der Form wie heute aus Asien importieren. Öltransporte werden verschwinden. Die müssen verschwinden! Öl wird man nur noch für Rohprodukte der chemischen Industrie brauchen. Wir haben so viele Dinge, die in den nächsten zwanzig Jahren die Welt verändern werden – was die meisten noch gar nicht verstanden haben. Viele Transportszenarien haben noch Kohletransporte drin. Das kann doch nicht sein! Jeder weiß: Die Kohle muss spätestens 2030 am Ende sein. Da erzählt man mir, die Polen werden da nicht mitmachen. Da sage ich: Die Polen haben den EU-Vertrag doch auch unterschrieben, also werden die früher oder später auch aussteigen. Ich kann daher Kohletransporte nicht mehr in ein Szenario einbauen. Man muss sich nun endlich mal an Zielen orientieren, die politisch akzeptiert sind. Deutschland hat das Paris-Abkommen unterschrieben, das heißt für das Land 2050: keine CO_2-Emissionen. Wir brauchen 90 Prozent Minderung, und zehn bis fünfzehn Prozent kann ich gar nicht beeinflussen.

Das Wesen von Szenarien ist ja eigentlich, dass sie immer daneben liegen.
Nein, sie treten deswegen nicht ein, weil man nicht grenzüberschreitend denkt. Die Leute denken sektoral. Dieses Vereinsdenken wird immer schlimmer, die Leute werden immer enger, sie gucken immer weniger nach außen.

Gut, was läuft jetzt Ihrer Meinung nach schief in der Verkehrswende?
Was die meisten nicht wissen: Elektroautos können, wenn überhaupt, nur einen Teil der Probleme lösen, nämlich nur das Thema Klima. Alle andern Probleme nicht. Das Thema Abgas kann ich konventionell lösen: Aus einem Dieselmotor mit Filter kommen hinten weniger Partikel raus als sie vorne in der Luft haben. Man kann die Abgasemissionen auf einem Niveau senken, wenn ich Geld ausgebe, dass da für die Umwelt keine Belastungen mehr entstehen. Wenn nicht betrogen worden wäre, hätten wir keine Diskussion mehr über die Abgase. Und wenn Sie bei Benzin-Direkteinspritzern Filter einbauen, was im kommenden Jahr Pflicht wird, dann kommt da auch kein Partikel mehr raus.

Mit Elektroautos schaffen wir also nur eine CO_2-Minderung?
Ja, aber nur mit dem richtigen Strom aus erneuerbaren Energien. Alle anderen Probleme, wie Lärm, Unfälle, Verlust an Biodiversität, die löse ich mit Elektroautos nicht.

Warum nicht Lärm? Elektroautos sind doch sehr leise.
Ein Auto hat heutzutage hauptsächlich Reifenlärm. Je schwerer ein Auto ist, desto höher ist der Reifenlärm. Niemand hat bisher gefordert, dass Elektroautos leicht sein müssen. Nur in ganz geringen Geschwindigkeiten ist das E-Auto leiser als ein Diesel, aber nicht leiser als ein Benzinmotor. Es gab in Bremen eine Untersuchung mit Blinden, die feststellen sollten, welcher Antrieb gerade an ihnen vorbeifährt. Die konnten Diesel, Benziner und Elektroautos nicht unterscheiden.

Warum will man dann E-Autos ein künstliches Motorengeräusch aufdrücken, um die Unfallgefahr für Passanten zu minimieren?
Ich weiß das nicht. Viele Dinge, die da ablaufen, sind irrational, die stimmen einfach nicht. Natürlich ist das ein Dilemma, wenn schwere Autos unterwegs sind, dass die Bremswege länger werden. Das haben viele noch nicht diskutiert. Wenn ich ein Auto habe, das 500 Kilogramm mehr wiegt, wie etwa eins von Tesla mit Batterie, dann haben die einen längeren Bremsweg. Das ist Physik.

Also bedeuten mehr schwere Elektroautos auf der Straße auch mehr Unfälle?
Mehr Risiken zumindest. Die Frage ist simpel: Was muss ich tun, um ein Verkehrssystem – nicht ein Autosystem – zu schaffen, das für unser Leben verträglich ist? Und da wissen wir, ab einer bestimmten Menge Autos sinkt die Kommunikation. Ab einer bestimmten Menge ist die Sperrwirkung da. Das haben wir nachgewiesen. Das heißt: Wir brauchen, um die Stadt zurückzugewinnen, um mehr Platz

[ASPEKTE DER NACHHALTIGKEIT]

zu gewinnen: wenige Autos. Egal, wie die aussehen, ob die elektrisch sind, ob gasbetrieben oder sonstwie.

Weniger Autos erzielt man durch Verkehrsberuhigung.
Genau, Berlin ist ja auf dem Weg dahin. Wenn Sie Bilder vom Hackeschen Markt vor zwanzig Jahren und heute sehen, da liegen Welten dazwischen. Die wichtigste Stellgröße ist die Parkplatzgestaltung: Wie viele Parkplätze lasse ich zu. Zweiter Punkt: Je weniger Spuren, desto höher ist der Widerstand. Man wählt seinen Verkehrsweg nach dem Widerstand. Das ist wissenschaftlich erwiesen: Wenn Sie länger brauchen, dann fahren Sie nicht oder nehmen ein anderes Verkehrsmittel. Das haben wir in Frankfurt mal gemacht: Jeden Tag haben wir die Wartezeit vor Pförtnerampeln um eine Sekunde erhöht. Alle haben geschimpft, es gab mehr Stau, keiner wusste warum. Das führte dann zu massiven Umstiegen. Es gibt also drei Maßnahmen, mit denen man eine Stadt verändern kann: Parkplätze minimieren, Spuren einengen und Pförtnerampeln installieren. Sie erhöhen damit die Widerstände und müssen gleichzeitig die anderen Verkehrsmittel besser machen. Die jungen Leute heute fahren zu 120 Prozent mehr ÖPNV als vor zehn Jahren, 90 Prozent mehr Fahrrad. Wie bereitet sich der ÖPNV auf diesen Ansturm vor?

Wem gehört der Platz in der Stadt? Mehr Raum für Fußgänger erhöht die Lebensqualität.
Foto: © VCD/Markus Bachmann

[MOBILITÄT]

In Berlin wird es bald ein Radgesetz geben.
Das ist ein Teil der Instrumente, eigentlich bräuchte man ein ganzes Mobilitätsgesetz.

Soll ja kommen in der Hauptstadt.
Was nur wenige wissen: Berlin ist planerisch deutlich besser als andere Städte dieser Welt. Die Anzahl der Autos in Berlin ist die geringste unter allen europäischen Großstädten. Das ist kein Zufall. Man kann in der City mit Auto einfach nicht wohnen, da muss man entweder dreist sein oder sich sein Auto in die Wohnung stellen. Sie kriegen keinen Parkplatz. Das muss man verstehen und fragen: Wieviel Autos brauche ich eigentlich? So. Wer in der Uckermark wohnt, wird kaum davon zu überzeugen sein, mit dem ÖPNV zu fahren. Das ist schwierig. Alle Versuche, da mit Rufbussen zu arbeiten: ökonomisch unsinnig. Klappt nicht. Bei einer zu geringen Dichte von Personen pro Hektar kann ich keinen ÖPNV organisieren. Das ist das Problem in den USA: Die haben die Schwelle in den Vorstädten unterschritten, da geht kein ÖPNV.

Es geht also nicht nur um Elektroautos, sondern um die Umgestaltung der Städte?
Genau. Wem gehört der Platz? Das ist die entscheidende Frage. Dafür brauche ich weniger und andere Autos. Interessant ist, dass die Auto Bild fürs Goldene Lenkrad eines ihrer Bewertungsverfahren geändert hat: Als erstes Kriterium beziehen sie nun Fläche und Gewicht eines Pkw ein. Je größer die Fläche, umso weniger Punkte bekommt das Auto.

Um den Kleinwagen zu belohnen.
Natürlich, weil der Platz in der Stadt nicht vergrößerbar ist. Wenn ich jetzt sehe, das die großen Autos nicht mehr auf die alten Parkplätze passen und die vergrößert werden müssen: Das ist doch pervers!

Die Entwicklung der SUV-Zulassungen ist ja auch pervers.
Deswegen muss es Autos geben, die nicht in die Stadt reindürfen. Punkt. Es gibt Autos, die sind stadtverträglich, andere nicht. Ob das nun Elektroautos, Diesel oder Benziner sind, ist für die Stadt nicht der zentrale Punkt. Für das Klima schon, aber nicht für die Stadtverträglichkeit. Wenn also Experten und Politiker sagen, sie möchten eine Elektroautostadt haben, ist das zu kurz gedacht. Denn wie versorgt man eine Stadt mit 80 Prozent Mieteranteil wie Berlin mit Elektroladesäulen? Wenn Sie ein Hochhaus haben, müssten Sie für jeden Wagen dieser Mieter draußen eine Ladesäule bauen. Eine Ladesäule kostet etwa 10.000 Euro. Und bisher wer-

den die Parkplätze kostenlos zur Verfügung gestellt. Wieso eigentlich? Ich als Nichtautofahrer soll jetzt also die Ladesäulen mitzahlen? Dass man eine Prämie für den Kauf eines E-Autos erhält, finde ich keine gute Lösung. Dafür sollte man lieber mehr Fahrräder und einen besseren ÖPNV finanzieren. Weil das verträglicher für unser Leben ist.

Was ist also zu tun?
Zum einen natürlich den Strom auf 100 Prozent Erneuerbare umstellen. Zum anderen braucht man Autos, die effizienter sind als Elektroautos; die müssen kleiner und leichter werden. Die dürfen keine Batterien für 500 Kilometer Strecke entwickeln. Man muss Autos bauen, deren Batterien für 130 Kilometer reichen und dazu einen Range Extender.

Range Extender, wie funktioniert der?
Das ist ein kleiner Motor. Der macht Strom mit einem Generator. In dem Elektro-BMW i3 gibt es ja sowas. Nur der Aufschlag, den BMW dafür verlangt, ist pervers. Der kostet in der Anschaffung nur 350, 400 Euro. Und den brauche ich ja nicht oft. Wenn man an die Ostsee fahren will, fährt man vielleicht 100 Kilometer damit. Nur mit Batterie würde ich da ja nicht hinkommen.

Was halten Sie vom Plug-in-Hybrid?
Der ist unsinnig, denn das bedeutet, zwei Systeme an Bord zu haben: Doppelgewichte. Vom Verbrauch her, wenn sie dann nicht elektrisch fahren, ist das katastrophal. Ich muss ja die Batterie die ganze Zeit mitschleppen, auch wenn ich sie nicht brauche. Möchte ich 400 Kilo Batterie haben oder lieber nur 30 Kilo Range Extender?

Kauft denn bisher tatsächlich kaum jemand ein Elektroauto, weil man davor Angst hat, irgendwo stehen zu bleiben?
Deswegen sollte man den Range Extender einbauen, damit die Angst weg ist. Dann wissen Sie, da gehen immer noch 500 Kilometer. Und wenn sie den nachtanken, können Sie noch mal 300 Kilometer fahren. Der Aufpreis könnte gering sein. Dann wären diese Autos 2020 sogar marktfähig.

Es wäre also undenkbar, eine Batterie klein zu halten und dennoch eine hohe Reichweite zu erzielen?
Man kann sie noch verbessern, aber es gibt natürlich physikalische Grenzen. Dann kommen wir zum nächsten Problem: mit den Reserven, den Ressourcen. Es gibt Probleme mit dem Lithium, mit Coltan, mit Kobalt.

[MOBILITÄT]

Agora behauptet, diese Rohstoffe seien alle reichlich da und verfügbar.
  Aber nein. Vorhanden sind sie …

… aber nicht sozial und ökologisch.
  Und nicht ökonomisch. Der Kobaltpreis ist um 91 Prozent gestiegen. Und das wird weitergehen. Auch Lithium. Die Möglichkeiten, Lithium kostengünstig zu fördern, liegen in Chile, Bolivien und China, Tibet. Dummerweise haben wir Lithiumanstiege nicht nur im Verkehr, sondern auch im Bereich Pharmazie. Alle Antidepressiva enthalten Lithium, auch Fenster und Fette. Die Fetthersteller sind extrem nervös. Denn alle Hochleistungsfette beruhen auf Lithium. Die versuchen gerade, ob auch Aluminium funktioniert, weil sie befürchten, dass ihnen der Markt kaputtgeht. Dann haben wir auch noch andere Systeme, die Batterien und damit auch Lithium brauchen. Das heißt, der Markt steigt Jahr für Jahr. Ich könnte natürlich Lithium theoretisch auch aus Meerwasser extrahieren, nur nicht ökonomisch. Und übrigens auch nicht sozial verträglich.

Wo baut man das Lithium ab in den drei genannten Förderländern?
  Aus Salzseen, in denen das Lithium gebunden vorliegt. In der Regel sind das ökologisch sensible Gebiete. Und die Reserven, die da liegen, sind nicht groß genug. Viele von diesen Stoffen haben wir zwar in hohen Mengen in der Erdkruste. Nur: Die werden immer dünner, das heißt, man muss mehr Aufwand betreiben.

Der Salar de Uyuni in Bolivien ist der größte Salzsee der Erde und beherbergt auch eines der weltweit größten Lithiumvorkommen. Foto: © Fotolia/Carina

[ASPEKTE DER NACHHALTIGKEIT]

Für Platin etwa muss man mittlerweile anderthalb Tonnen Stein bewegen. Vor zehn Jahren war es nur eine Tonne.

So konzentriert gibt es Lithium weltweit nur in Chile, Bolivien und Tibet?
Es gibt Lithium auch in anderen Ländern, aber nicht so reichhaltig. Deswegen haben diese drei Länder ökonomische Vorteile zur Zeit. Das ist also keine Traumvorstellung, die Abhängigkeit vom Öl aus 30 Staaten an drei Länder abzugeben. Deswegen die Idee, ob man nicht andere Batterien nutzen kann: mit Zink oder Eisen. Zink ist nicht ganz so häufig wie Lithium in der Erdkruste, hat aber den Vorteil, dass es gut an vielen Stellen abbaubar ist. Und Eisen gibt es fast überall. In der Regel sind das ganze Berge mit Eisenoxid. Der Nachteil: Eisen ist schwerer als Lithium. Bei Zink ist man dran, bei Eisen noch nicht. Jetzt haben wir das Dilemma: Wir bauen eine Batteriefabrik für zwei Milliarden und die muss benutzt werden. Das sind Innovationshemmnisse, weil das investierte Geld ja wieder verdient werden muss. Und die Hersteller werden den Teufel tun, eine neue Batterie mit Zink oder Eisen auf den Markt zu bringen.

Wenn man schon mal mit Lithium angefangen hat.
Genau, das macht die Sache so schwierig. Das zweite Problem: Wir haben noch kein vernünftiges Recycling dafür. Es gibt da noch kein Verfahren. In Braunschweig läuft gerade ein Forschungsvorhaben, aber auch die haben das noch nicht geschafft.

Was heißt das für die Entsorgung der Batterien?
Zurzeit landen die alle auf Sonderdeponien. Das sind Probleme, die man noch lösen muss.

Was mich auch aufregt, wenn Sie ein E-Auto kaufen, kriegen Sie sieben Jahre Garantie auf die Batterie. Kaufen Sie ein E-Fahrrad, kriegen Sie nur ein Jahr. Das heißt, Sie haben danach effektiv Schrott. Wieso gibt es da nicht die gleiche Anforderung wir fürs E-Auto?
Nimmt man die Anzahl der E-Räder, die unterwegs sind, wäre das Millionenziel der Bundeskanzlerin ja längst erreicht. Dann hätten wir zwei, drei Millionen, ja. Elektrofahrräder haben auch die Anzahl mobiler Leute im höheren Alter erhöht.

Was halten Sie von der E-Autoquote der EU-Kommission?
Die ist Schwachsinn. Vernünftiger wären schärfere Vorgaben beim CO_2-Ausstoß, die dann dem Hersteller die Wahl lässt, was er anbietet. Ob der jetzt ein E-Auto anbietet oder ein Wasserstoffauto oder einen Tretroller, ist egal. Entscheidend ist, ob er die Ziele einhält.

Sie halten also strengere CO_2-Grenzwerte für die einzig richtige Lösung?

Natürlich. Wenn sich jemand hinstellt, wie die Grünen, und sagt: 2030 frei von Verbrennern, dann muss er erklären, wie das in der EU gehen soll. Das kann ja keine rein deutsche Lösung sein. Warum fordern die Grünen nicht, was die Verbände sagen: Dass Fahrzeuge 2030 nicht mehr als 45 Gramm CO_2 pro Kilometer ausstoßen dürfen? Das würde eine Quote im Bereich von 15 Prozent bedeuten.

Wir haben die 95 Gramm für 2021.

Aber nur auf dem Papier. Es sind eigentlich 115 Gramm. Die Autoindustrie will verhindern, dass die Kommission etwas für 2025 und 2030 vorschlägt. Die Hersteller möchten nur eine Absenkung um 20 Prozent, aber basierend auf dem alten Wert. Sie würden dann 2030 bei 95 Gramm landen, also auf dem Wert, den sie bereits 2020 hätten einhalten müssen.

Über den Gesprächspartner

AXEL FRIEDRICH

leitet seit mehr als zwei Jahren das Emissions-Kontroll-Institut (EKI) der Deutschen Umwelthilfe. Sein Testerteam misst die Abgaswerte von Dieselfahrzeugen und Benzinern – aber nicht im Labor, sondern im realen Straßenbetrieb: auf Testfahrten in der Stadt, über Land und auf der Autobahn. Bis 2008 war der promovierte Chemiker Verkehrsabteilungsleiter im Umweltbundesamt (UBA). Seitdem arbeitet der pensionierte Beamte als Sachverständiger und Verkehrsberater. Im vergangenen Jahr saß Friedrich in der Kritiker-Jury für das Goldene Lenkrad der Zeitschrift Auto Bild und testete u. a. den Elektrokleinwagen von Opel, den „Ampera e". Der Stromer siegte schließlich unter den Klein- und Kompaktwagen. Ein Signal für die Zukunft?

Kontakt
Dr. Axel Friedrich
Hertastraße 2
14169 Berlin
Tel.: 030/83200869
E-Mail: axel.friedrich.berlin@gmail.com

[ASPEKTE DER NACHHALTIGKEIT]

UNTERNEHMEN KOMMEN GRÜNER VORAN
So nachhaltig kann Mobilität sein

DR. KATHARINA REUTER, UNTERNEHMENSGRÜN

Die Mobilitätswende ist seit Jahren Sorgenkind der Nachhaltigkeit: Wie kann das Pkw-Aufkommen verringert werden, wie können CO_2- und Schadstoffemissionen gesenkt werden, wie E-Bikes noch ökonomischer und attraktiver werden?

Wir brauchen hier nicht zu betonen, wie sehr die viel beschworene Verkehrswende stockt. Das 1-Millionen-Elektroauto-Ziel ist in genauso weiter Ferne wie die bis 2020 angepeilten CO_2-Verminderungen insgesamt.

Während die Energiewirtschaft in den Kohleausstieg gezwungen wird, kann sich die Automobilindustrie seit vielen Jahren mit eher unverbindlichen Absichtserklärungen durchmogeln.

Es mag überraschend klingen, dass wir als Verband ökologisch denkender Unternehmerinnen und Unternehmer gerade in der Wirtschaft einen wichtigen Hebel sehen, um die Mobilitätswende anzustoßen. Der Vorteil ist aber, dass sich eine grüne Mobilitätspolitik für Unternehmen lohnen kann. Sie sind – eine engagierte Leitung vorausgesetzt – für Neuerungen darum vielfach zugänglicher als Privathaushalte. Gerade unter den mehr als 300 Mitgliedern von UnternehmensGrün sind viele Vorreiter, die Mobilität und Nachhaltigkeit zusammenbringen.

Zukunftsweisende Beispiele für die Mobilitätswende

Vaude etwa unterstützt seine Angestellten auf vielfältige Weise. Da gibt es ein Dienstrad-Angebot, aber auch firmeneigene E-Bikes, eine Fahrradgarage und sogar

[MOBILITÄT

Fahrrad-Stellplätze sind eine der wichtigsten Voraussetzungen für Dienstradnutzer.
Foto: Vaude, © Hilke Patzwall

eine Reparaturwerkstatt. Vaude kompensiert die gesamten CO_2-Emissionen aus dem Pendelverkehr seiner Mitarbeiter*innen. Bei längeren Strecken auf Geschäftsreisen sind Flüge immer die letzte Wahl, hier wird versucht, Bahnfahrten möglich zu machen, wo es geht und ansonsten auf Fahrgemeinschaften gesetzt.

Man würde noch weiter gehen, wenn man denn könnte: Die Dieselfahrzeuge, die Vaudes Fuhrpark im Moment noch hält, würden durch grünere Alternativen ersetzt werden, wenn solche Alternativen zur Verfügung stünden, doch die Industrie lässt leider noch auf sich warten. Die Bedürfnisse von Unternehmen (z.B. großer Stauraum, teilweise lange Strecken) werden bisher vom E-Automarkt leider noch nicht ausreichend berücksichtigt.

UnternehmensGrün-Mitglied „Ihr Bäcker Schüren", der bei seinen Auslieferungsfahrzeugen auf Elektrofahrzeuge setzt, initiierte daher die „E-Transporter Selbsthilfegruppe" und entwickelte in diesem Rahmen Europas ersten Elektro-Serien 3,5-Tonner, der im Sommer 2018 auf die Straße gebracht wurde. Ebenfalls ein bemerkenswert: Mit seinen derzeit 21 betriebseigenen Ladeplätzen in Hilden ist er Deutschlands größte öffentliche Ladestelle – das lässt die Bundesregierung nicht gut aussehen.

Die memo AG geht die Herausforderung einer umweltfreundlichen Logistik an: Für die sogenannte „letzte Meile", die Auslieferung von Gütern zum Endkunden, die als besonders schwer nachhaltig zurücklegbar gilt, setzt sie auf Elektro-Lasten-

innerhalb des Berliner S-Bahnrings arbeitet sie zum Beispiel schon seit 2016 mit Velogista zusammen. Dieses Modell, das besonders für den urbanen Raum geeignet ist, in dem die memo AG die meisten Kunden hat, wird weiter ausgebaut. 2018 sind die Innenstadtbereiche von Frankfurt am Main und Stuttgart dazugekommen. Geplant ist die Umstellung auf Elektro-Lastenräder auch für weitere Städte, aktuell zum Beispiel für Würzburg. Der Umstieg auf die Radlogistik bietet einige Vorteile: Dank Aufladung mit 100 Prozent Ökostrom ist für die memo AG eine emissionsfreie Auslieferung möglich. Lastenräder sind im Vergleich mit Lieferautos sehr viel kleiner, auf einen Pkw-Stellplatz passen vier bis sechs Lastenräder. So tragen sie auch dazu bei, Stau zu reduzieren und sind nebenbei noch deutlich leiser als Benzinautos. Zwar fahren sie langsamer als Autos, aber sie haben besonders in Städten die Vorteile, auch auf Einbahnstraßen in beide Richtungen fahren zu können sowie Busspuren und Fahrradwege benutzen zu dürfen und sind dadurch häufig sogar schneller als ein normales Paketzustellfahrzeug.

Auch in anderen Bereichen setzt memo auf grüne Mobilitätsoptionen: Da der Firmensitz ländlich gelegen und mit öffentlichen Verkehrsmitteln schlecht zu erreichen ist, gestaltet sich grüne Mobilität für die Mitarbeiter*innen weniger einfach als bei der Logistik. Dieser Herausforderung stellt man sich bei memo jedoch. So gibt es verschiedene Angebote, wie ein steuervergünstigtes Leasing-Modell für E-Bikes, mehrere Aufladestationen, an denen Mitarbeiter*innen ihre E-Fahrzeuge vergünstigt mit 100 Prozent Ökostrom aufladen können und regelmäßige kleine Prämien für Angestellte, die im Intranet besonders oft angegeben haben, mit dem Fahrrad, zu Fuß, mit öffentlichen Verkehrsmitteln oder in Fahrgemeinschaften zur Arbeit gekommen zu sein. Außerdem bietet memo regelmäßige Spritspartrainings an, für alle, die eben doch auf das Auto angewiesen sind.

Geschäftsreisen sind ebenfalls ein Punkt, an dem die Mobilität grüner werden kann. Hier setzt memo wie Vaude stark auf die Bahn. Als Geschäftskunden können die Mitarbeiter*innen, die für solche Reisen eine BahnCard haben, klimaneutral reisen. Wo Bahnreisen keine Option sind, etwa für Kundenbesuche im ländlichen Raum, hat memo einen Fuhrpark, dessen Dieselfahrzeuge nach und nach durch Elektro- beziehungsweise Erdgasfahrzeuge ersetzt werden.

Ein weiteres Mitgliedsunternehmen im ländlichen Bereich ist elobau. Als solches ist der Hersteller von Sensortechnik besonders interessiert daran, für seine Mitarbeiter*innen die Elektromobilität attraktiv zu machen. Darum bietet elobau neben Parkplatzprivilegien für Elektroautos auch allen Mitarbeitern und Gästen, die Elektrofahrzeuge nutzen, die Möglichkeit, ihre Akkus vor Ort kostenlos aufzuladen. Für Dienstwagenbesitzer gibt es erstens klare Vorgaben bei der Anschaffung (so sind SUVs beispielsweise keine Option für den Fuhrpark) und E-Fahrzeugnutzer können auf Firmenkosten für bis zu zwei Wochen ein Urlaubsfahrzeug bekommen. Als größtes Hindernis für den Ausbau der Elektromobilität nennt Nachhaltigkeitsmanager Armin Hipper den Preis: Elektroautos seien für jemanden mit einem Durchschnittseinkommen einfach noch immer nicht erschwinglich.

Seit 2014 bietet elobau auch die Möglichkeit eines Dienstrades an. Die Hoffnung Hippers, vielleicht 30 Räder zusammen zu bekommen, wurde weit übertroffen: Heute haben über 100 Mitarbeiter*innen von elobau ein Dienstrad und es werden stetig mehr.

Der erste Versuch einer Mitfahrbörse, den elobau gestartet hatte, ging zwar leider schief, doch man will sich nicht entmutigen lassen. Das Unternehmen hat ein enorm großes Einzugsgebiet mit vielen Pendler*innen und möchte nun einen zweiten Versuch, diesmal in Zusammenarbeit mit der Stadt, starten. So soll ein zentrales Mitfahrportal entstehen, über das man gemeinsame Fahrten organisieren und nicht nur Kosten, sondern auch Emissionen sparen kann.

Elobau erstellt eine detaillierte Emissionsbilanz, in welche die Mobilität der Mitarbeiter*innen miteinfließt. Fast alle Mitarbeiter*innen tragen ein, wann sie welches Verkehrsmittel genutzt haben, und wie viele Kilometer sie auf dem Weg zur Arbeit zurücklegen. Für alle Mitarbeiter*innen, die keine Angaben machen, wird der Worst Case angenommen. So wird klar, wo Erfolge erzielt wurden und wo noch Luft nach oben ist.

Der 5-Punkte-Plan für die Mobilitätswende

UnternehmensGrün hat auf Basis der Erfahrungen der Vorreiter einen 5-Punkte-Plan für die (unternehmerische) Mobilitätswende entwickelt. Er ist daran orientiert, was unsere Mitgliedsunternehmen heute schon umsetzen und wo sie auf Hindernisse stoßen. So kann er einerseits als Anregung für Unternehmen gesehen werden, wie sie jetzt schon eine nachhaltigere Mobilität umsetzen können und macht andererseits deutlich, wo noch Handlungsbedarf besteht und in welchen Fragen von der Politik noch mehr Engagement für Nachhaltigkeit nötig ist.

Punkt 1: Dienstrad und Jobticket statt Dienstwagen.

Das Modell des steuerlich und betrieblich geförderten Dienstwagen gehört längst in die Vergangenheit. Die Staubilanz steigt seit Jahren, insbesondere während der Rushhours nimmt der Autoverkehr immer weiter zu. Während es in strukturschwachen Regionen noch notwendig sein mag, den Individualverkehr mit dem Auto beizubehalten, wären innerstädtisch und für Dienstreisen zwischen Städten das Dienstrad und ein Jobticket sinnvolle und grüne Alternativen. So würden Autofahrten und Kurzstreckenflüge reduziert und der Verkehr entlastet. Dienstrad, ÖPNV-Monatskarte und BahnCard100 sind je nach Bedarf auch kombinierbar, hier gibt es bereits verschiedene Modelle, auf die Unternehmen ohne größere Hürden umstellen könnten.

Ein Hindernis ist teilweise eine konservative Unternehmenskultur, denn Diensträder sind keine schlechte Alternative zum Dienstwagen, sie parken platzsparender als Autos und Mitarbeiter*innen, die mit dem Fahrrad zur Arbeit kommen, sind gesünder und motivierter. Darüber hinaus zeigt eine Studie der TU München von 2018, dass Angestellte, die mit einem Dienstrad zur Arbeit fahren, auch in ihrer Freizeit häufiger das Rad nehmen.

Das Freiburger Unternehmen JobRad, das auf diesem Gebiet Pionierarbeit geleistet hat, ist ebenfalls Mitglied bei UnternehmensGrün und hat ein Modell geschaffen, mit dem Arbeitgeber*innen unkompliziert eine Dienstradoption anbieten können, bei der sogar der Händler frei gewählt werden kann.

Doch nicht nur von den Unternehmen, auch von der Politik ist hier ein Umdenken gefordert: Die steuerliche Förderung des Dienstwagens konterkariert das Ziel, den CO_2-Ausstoß zu senken. Zwar gibt es seit 2019 Änderungen in diesem Bereich, doch für die meisten Dienstrad-Nutzer sind diese Vorteile bisher nicht spürbar. Mutigere Schritte vom Gesetzgeber weg vom Dienstwagen generell, hin zum Dienstrad und dem Jobticket, sind nach wie vor notwendig.

Punkt 2: Logistik mit dem Lastenrad

Die memo AG zeigt, wie es gehen kann: In städtischen Gebieten sind Lastenräder eine emissionsarme, je nach Art der Aufladung sogar emissionsfreie und leisere Alternative zum Lieferwagen. Hier gibt es schon vielfältige Angebote und die Möglichkeit, mit mittelständischen lokalen Unternehmen wie Velogista, „Sachen auf Rädern" oder der Velocarrier GmbH zusammenzuarbeiten. 1,2 Lasträder ersetzen im Schnitt einen ganzen Transporter und stellen somit eine realistische Alternative dar. Besonders Handwerksbetriebe und Lieferdienste könnten davon profitieren, auf Lastenräder umzusteigen. Manche Apotheken lassen sich jetzt schon von Lastenrädern beliefern, was für ihre besonderen Bedürfnisse ideal ist.

Nicht nur im Betrieb, auch in der Anschaffung bieten die Lastenräder schon einige Vorteile: Dank Anbietern wie Punta Velo ist hier schon eine große Modell-

[MOBILITÄT]

Lastenräder sind gerade im urbanen Raum eine gute Alternative. Foto: memo AG

vielfalt gegeben und Anschaffungen sind unter 2000 Euro möglich. Mehrere Bundesländer und Städte wie Berlin, München und das Land Baden-Württemberg fördern solche Anschaffungen für die gewerbliche Nutzung mit 25–50 Prozent des Preises, Schwerlasträder können sogar über eine bundesweite Prämie von ca. 30 Prozent finanziert werden.

Zu einer maßgeblichen Verbesserung der Lastenrad-Logistik würde ein Anheben des Pedelec-Limits von 25 auf 32 km/h beitragen. Darüber hinaus ist sowohl für den beruflichen als auch für den privaten Fahrradverkehr ein Ausbau der (Schnell-)Radwegnetze dringend notwendig.

Die Logistik mit dem Lastenrad auszubauen, würde sie nicht nur unabhängiger von Staus machen, an denen die Räder einfach vorbeiziehen können, sie würde ihn aktiv reduzieren. So sinken nicht nur Emissionen und Kosten für die Unternehmen, sondern werden auch die Städte lebenswerter.

Punkt 3: erneuerbare E-Mobilität unterstützen

Im ländlichen Raum ist das Auto als Verkehrsmittel oft nicht zu umgehen. Während Elektroautos noch immer einen nicht zu unterschätzenden ökologischen Rucksack mitbringen und die Straßen genauso verstopfen wie Autos mit Verbren-

[ASPEKTE DER NACHHALTIGKEIT]

Das E-Auto der memo AG. Foto: memo AG

nungsmotoren, stellen sie doch eine sinnvolle Alternative zum Benziner dar. Der Wirkungsgrad von Elektroautos ist um ein Vielfaches höher und die Emissionen sind sogar mit dem aktuellen Strommix noch deutlich geringer. Sobald mit Grünstrom gefahren wird, amortisiert sich ein Elektroauto ökologisch mehr als doppelt so schnell, nach 21.000 km.

Doch es gibt noch massive Hindernisse, die Unternehmen daran hindern, ihre Fuhrparks nur noch mit Elektroautos zu bestücken, von denen die hohen Kosten dieser Fahrzeuge nur eines sind. So gibt es auch noch immer zu wenige Modelle, bei denen die speziellen Bedürfnisse für die gewerbliche Nutzung oft nicht mitgedacht sind und darüber hinaus fehlt ein flächendeckendes Netz von Ladestationen.

Punkt 4: Intermodalisierung – Verkehrsträger vernetzen

Eine Entwicklung, die schon heute die großen Städte erobert hat, ist die Nutzung von Apps, die verschiedene Mobilitätsangebote einbinden und so eine Übersicht schaffen, die so vorher nicht gegeben war. GPS-fähige Endgeräte und Software, die eine völlig neue Vernetzung möglich machen, könnten auch Unternehmen ohne direkte ÖPNV-Anbindung erlauben, eine grünere Mobilität für ihre Angestellten möglich zu machen.

Die Möglichkeiten sind hier längst nicht erschöpft: Car- und Bikesharing-Unternehmen, ÖPNV und Mitfahrzentralen könnten noch enger verknüpft werden und Unternehmen könnten ihren Angestellten völlig neue Möglichkeiten bieten, sich individuell und womöglich tagesaktuell einen grünen Mobilitätsplan zusammenzustellen. So würden die Alternativen zum Auto effizienter und angenehmer nutzbar gemacht.

Hier sind einerseits Verkehrsverbünde und Anbieter von Car- und Bikesharing gefragt, offene Schnittstellen für IT-Entwickler zu schaffen. Der Gesetzgeber könnte diese auch einfordern. Für hochwertige, vielleicht gar auf die Unternehmen zugeschnittene Software wäre eine Zusammenarbeit mit Mobility as a Service-Anbietern (MaaS) sinnvoll.

Punkt 5: Wege sparen und ÖPNV entlasten

Eine Möglichkeit für eine Entlastung des Berufsverkehrs wird oft gar nicht als solche erkannt, selbst wenn sie bereits genutzt wird: Nicht daran teilnehmen. Homeoffice und flexible Arbeitszeiten sind natürlich nicht für alle Unternehmen umsetzbar. Vielerorts werden aber feste Bürozeiten eingehalten, die womöglich gar nicht notwendig wären. Pendler*innen, die zu Hause arbeiten können, sollten darin unterstützt werden.

Zur weiteren Entlastung des Verkehrs wären außerdem Bürohubs in Bahnhofsnähe sinnvoll, die zumindest längere Wege in der Stadt einsparen. Für Homeoffice und Bürohubs ist flächendeckendes Internet essentiell, hier muss noch mehr Infrastruktur geschaffen werden. Durch die Flexibilisierung der Arbeitszeiten wird der Verkehr zu den Rushhours entlastet, was weniger Staus, weniger überfüllte ÖPNV und weniger gestresste Mitarbeiter*innen bedeutet.

Unsere Mitgliedsunternehmen und viele andere haben erkannt, was der 5-Punkte-Plan unterstreichen soll: Die Ziele der Mobilitätswende sind umsetzbar und mehr noch, sie versprechen neben den ökologischen und finanziellen auch viele weitere Vorteile für Unternehmen genauso wie für Angestellte.

Weniger Stau und weniger Abgase in der Luft bedeuten eine lebenswertere Stadt, Radfahrer*innen sind gesünder und motivierter, eine lastenradbasierte Logistik ist schneller und verkehrsunabhängiger. Weniger im Verkehr verbrachte Zeit bedeutet mehr Freizeit und weniger Verbrennungsmotoren bedeuten Lärm- und damit Stressreduktion im Verkehr.

Daher sollten gerade Unternehmen dem Trend zu immer mehr motorisiertem Individualverkehr entgegenwirken und den U-Turn zur Mobilitätswende starten!

[ASPEKTE DER NACHHALTIGKEIT]

Über die Autorin

DR. KATHARINA REUTER

Ist Geschäftsführerin von Unternehmensgrün. Die promovierte Agrarökonomin engagiert sich seit zwanzig Jahren für ein ökologisches und nachhaltiges Wirtschaften. Katharina hat fünf Jahre an der Humboldt-Universität in Forschung und Lehre gearbeitet, war als Unternehmensberaterin für Nachhaltigkeit tätig und verfügt über ein breites Netzwerk zu Unternehmen, Politik und Verbänden. Foto: Caro Hoene.

Kontakt

UnternehmensGrün e.V.
Bundesverband der grünen Wirtschaft
Unterbaumstraße 4
10117 Berlin
Tel: 030/325 99 683
E-Mail: info@unternehmensgruen.de
www.unternehmensgruen.org

[CSR]

BERTELSMANN STIFTUNG

Regionales Engagement von Unternehmen – Befunde, Handlungsperspektiven und Tools im Netz

CHRISTIAN SCHILCHER

Die Verflechtung von Unternehmen und Region

Regionales Engagement von Unternehmen ergibt Sinn, denn ungelöste oder größer werdende Probleme vor Ort betreffen letztlich alle in der Region: Die Leistungsfähigkeit von Politik, Verwaltung und Unternehmen und damit die Arbeits- und Lebensbedingungen der Bevölkerung. Für das Erstarken einer Region ist die Aufrechterhaltung einer funktionierenden technischen und sozialen Infrastruktur sowie die Sicherung von Produktions- und Erwerbsmöglichkeiten von grundlegender Bedeutung.

Zwischen der regionalen Entwicklung und der Entwicklung von Unternehmen bestehen vielfältige Wechselwirkungen und in gewisser Weise auch Abhängigkeiten, die zu einer Art „Schicksalsgemeinschaft" führen. So haben Wachstum, Stillstand und Verfall einer Region viele unterschiedliche Ursachen, dennoch besteht der Antrieb für räumliche Veränderungen häufig in der wirtschaftlichen Entwicklung. Ohne eine intakte und gut funktionierende Unternehmenslandschaft in einer Region fehlt es an Innovationen und Investitionen, die bestehende Arbeitsplätze und Einkommen sichern oder neue Perspektiven schaffen. Es besteht die Gefahr einer Abwärtsspirale, die ihren Ausgangspunkt in einer fehlenden ökonomischen Vitalität hat. Aber nicht nur für die ökonomische Entwicklung sind Unternehmen bedeutsam. Aufgrund ihrer vielfältigen Ressourcen (finanzielle Mittel, Know-how, Netzwerke etc.) besitzen Unternehmen ein großes Potenzial, gesellschaftliche Veränderungen mitzugestalten. Aber so wie die Region Unternehmen braucht, so sind die Unternehmen auch auf vitale Regionen angewiesen. Hier haben sie ihren Standort, sind nicht nur in die wirtschaftlichen, sondern auch sozialen und ökologischen Systeme integriert und benötigen angemessene harte und weiche Standortfaktoren.

Regionales Engagement ist im Interesse aller

Die Situationen der deutschen Regionen und die beschriebenen Wechselwirkungen von regionaler und wirtschaftlicher Entwicklung machen deutlich, dass sowohl die Interessen als auch die Verantwortung von Unternehmen im regionalen Kontext über das bloße Erzielen von Gewinnen hinausgehen. Der wirtschaftliche Erfolg ist zwar nicht nur für Unternehmen essentiell, sondern auch für eine Region wichtig, weil dies Arbeitsplätze und Einkommen sichert und Steuereinnahmen einbringt. Darüber hinaus nehmen verantwortungsbewusste Unternehmen sowohl ihre Mitarbeiter als auch ihr gesellschaftliches Umfeld in den Blick. Gemeinwohlorientierte Aktivitäten, die Unternehmen in ihrem Umfeld tätigen, werden auch unter dem Begriff des Corporate Citizenship gefasst. Klassische Instrumente sind Geld- oder Sachspenden, Nutzungsüberlassung, Mitarbeiterfreistellung, aber auch die Durchführung von eigenen Projekten.

Die Entwicklungen der letzten Jahre zeigen, dass Unternehmen ein wichtiger Faktor in der Regionalentwicklung sind, wenn es gilt, die Kräfte vor Ort zu aktivieren und zu bündeln. Wenn Regionalentwicklung auf endogene Ressourcen zurückgreifen will, dann sind damit konsequenterweise auch Unternehmen zu berücksichtigen und aktiv einzubinden.

Wie aber sieht es mit der Engagementbereitschaft von Unternehmen in Deutschland überhaupt aus? Und wenn Unternehmen empirisch nachweisbar ein Potenzial für Regionen darstellen, in welcher Form und zu welchen Themen bringen sich Betriebe in der Regel ein?

Einsatzbereitschaft von Unternehmen in Deutschland ist groß

Für knapp zwei Drittel der Unternehmen in Deutschland ist regelmäßiges gesellschaftliches Engagement gelebte Praxis. Doch die meisten Firmen professionalisieren ihren sozialen Einsatz nicht. Das ist eines der zentralen Ergebnisse einer repräsentativen Umfrage in der deutschen Wirtschaft, dem sogenannten CC Survey (Corporate Citizenship Survey). Das CC Survey ist eine Gemeinschaftsinitiative von

[CSR]

Abb. 1: Formen des Unternehmensengagements

Stifterverband und Bertelsmann Stiftung mit breiter Partnerstruktur und wurde 2018 durchgeführt. In der Studie wurden erstmals mehr als 100.000 zufällig ausgewählte Unternehmen zu ihrem gesellschaftlichen Engagement befragt. Mehr als 7.000 von ihnen haben geantwortet (mehr zum CC Survey unter www.cc-survey.de).

Die am weitesten verbreitete Form, sich gesellschaftlich zu engagieren, ist die Geldspende (80 Prozent). Auf Platz zwei rangieren Sachspenden (70 Prozent), gefolgt von Mitarbeiterfreistellungen (56 Prozent). Doch die Daten zeigen: Die meisten Werte halbieren sich, wenn gefragt wird, was regelmäßig passiert. Großunternehmen nutzen diese und weitere Engagementformen, wie z.B. ein eigenes gesellschaftliches Projekt unter Einbindung der eigenen Mitarbeiter. Sie engagieren sich zielorientierter als kleinere Unternehmen, und das vor allem im Bildungs- oder Wissenschaftsbereich. Bei kleineren Mittelständlern ist die Entscheidung für den gesellschaftlichen Einsatz dagegen oftmals abhängig vom Engagement der Mitarbeiter. Sie sind vor allem im Sport (z.B. Spende für den lokalen Fußballverein) oder im Bereich Freizeit und Geselligkeit (z.B. Mitarbeitereinsatz auf Bürgerfesten) aktiv.

[ASPEKTE DER NACHHALTIGKEIT]

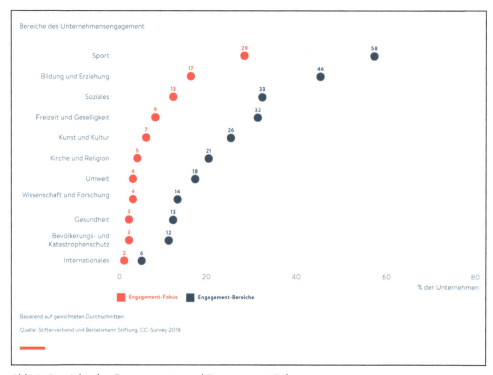

Abb. 2: Bereiche des Engagements und Engagement-Fokus

Betrachtet man die Geldspenden von Unternehmen etwas genauer, dann sind mit den Daten des CC Survey die bisherigen für Deutschland bekannten Zahlen nach oben zu korrigieren.

Unternehmen spenden mehr als bisher angenommen

Vier von fünf Unternehmen spenden Geld, fast jedes zweite (45 Prozent) tut dies sogar regelmäßig. Insgesamt gibt die deutsche Wirtschaft nach Berechnungen des CC Surveys 9,5 Milliarden Euro im Jahr für das Gemeinwohl aus. Das ist über eine Milliarde Euro mehr als bisher angenommen und übersteigt sogar die Gesamtsumme der privaten Spenden in Deutschland. Die letzten bekannten Zahlen zu Unternehmensspenden stammen aus dem ersten Engagementbericht der Bundesregierung von 2012. Zudem können wir festhalten, dass es keinesfalls nur die großen Unternehmen sind, die sich finanziell mit hohen Summen engagieren. Insgesamt rund die Hälfte (vier bis sechs Milliarden Euro) wird von Firmen aufgebracht, die weniger als zehn Mitarbeiter beschäftigen.

Spenden beschränkt sich indes nicht nur auf Geld. Mehr als jedes vierte Unternehmen (26 Prozent) stellt regelmäßig Mitarbeiter für soziale Zwecke frei. Das können zum Beispiel Notsituationen wie das Elbehochwasser, Aktivitäten wie die Organisation eines Stadtfestes oder die kostenlose Unterstützung eines IT-Projekts einer gemeinnützigen Organisation sein. Über ein Drittel der Firmen (34 Prozent) überlässt regelmäßig Sachen wie Lebensmittel oder Möbel für gemeinnützige Zwecke.

Potenziale von Unternehmensengagement sind noch nicht ausgeschöpft

Die Ergebnisse der Befragung im Rahmen des CC-Surveys zeigen aber auch, dass das Engagement der meisten Unternehmen nicht strategisch verankert ist. Selten gibt es eine wirkliche (unternehmerische) Zielsetzung mit Blick auf gesellschaftliches Engagement. Nur wenige Unternehmen wissen zudem, wie ihr Engagement wirkt: Selbst unter großen Unternehmen mit mehr als 10.000 Mitarbeitern geben nur 16 Prozent an, dass sie ihr gesellschaftliches Engagement evaluieren. Und auch hinsichtlich der Kommunikation des geleisteten Engagements sind Unternehmen eher zurückhaltend. In vielen Fällen findet Engagement außerdem nicht in kooperativen Strukturen statt, sondern als eine einzelne Entscheidung des Unternehmers. Wer regelmäßig kooperiert, tut dies mit lokalen Vereinen (48 Prozent). Die systematische Zusammenarbeit mit anderen Unternehmen findet in den seltensten Fällen statt (7 Prozent).

Kooperation ist ein Schritt zur Weiterentwicklung von Engagement

Das Agieren in Netzwerken ist jedoch ein vielversprechender Weg, um durch gemeinsames Engagement regionale Herausforderungen wirksamer anzugehen. Neben der besseren Planung und Kommunikation von Engagement bestehen hier ganz häufig noch weitere Potenziale für Unternehmen, um ihr ohnehin schon bestehendes Engagement auf eine neue Qualitätsstufe zu heben. Durch das Teilen von Verantwortung in Kooperationen und die damit einhergehende breitere Aktivierung endogener Ressourcen – die in den angelsächsischen Ländern bereits seit längerer Zeit unter dem Begriff „co-producing of public service" diskutiert wird – können Angebote zielgenauer und aufgrund breiterer gesellschaftlicher Akzeptanz tragfähiger werden und letztlich zu wirksamen Verbesserungen in Regionen führen.

Die Bedingungen für regionale Netzwerke sind vielfältig

Gutes kooperatives Agieren ist jedoch nicht voraussetzungslos, sondern abhängig von einer Reihe von Faktoren.

Ein Aspekt ist der Faktor Zeit. Professionelleres und abgestimmtes Unternehmensengagement braucht Zeit und Übung. In der Regel hilft der Einstieg über einfache Formate, um sich dann im Laufe eines Prozesses thematisch und organisatorisch zu entwickeln. Wirkungsvolles Engagement braucht zudem immer auch persönlichen Einsatz und Identifikation. Gegen eine zu starke Abhängigkeit von einzelnen Personen helfen wiederum geschaffene Strukturen, in denen Engagement innerhalb und außerhalb des Unternehmens geregelt verläuft. Hilfreich für Unternehmen und ihr Mitwirken in kooperativen Strukturen sind darüber hinaus aktive Non-Profit-Akteure mit Kenntnissen zu Engagement in der Region, z. B. Wirtschaftsförderungen, Industrie- und Handelskammern, Handwerkskammern, kommunale Stellen oder zivilgesellschaftliche Initiativen und Vereine.

Da sich jedoch die Akteure und Strukturen im Engagementbereich meist von Region zu Region anders darstellen, können Netzwerke, Beteiligte und Themen regional recht unterschiedlich sein. Die Engagement-Landschaft der Aktivitäten, Themen und Akteure vor Ort besitzt also kein vorgegebenes Muster. Deshalb ist es aus Sicht der regionalen Akteure auch nicht immer einfach, die passenden Akteure und bestehenden Aktivitäten zu identifizieren und systematisch einzubinden. Wo Aktivitäten nebeneinander herlaufen, besteht die grundlegende Herausforderung, ein Mindestmaß von Übersichtlichkeit zu erlangen, durch die Anknüpfungspunkte zwischen Akteuren sichtbar und potenziell nutzbar werden.

Hilfreich für die Weiterentwicklung von regionalem Engagement ist daher u. a. das Wissen über die lokalen Herausforderungen, über Engagementthemen und Engagementarten, über Akteure und bereits existierende Initiativen, über potenzielle Kooperationspartner und Vernetzungsmöglichkeiten, über Unterstützungsleistungen, aber auch über gute Beispiele aus anderen Regionen oder über Tools und Ansätze zur Professionalisierung von Engagement.

Eine interessante Frage hierbei ist, inwieweit bereits Plattformen im Internet zu finden sind, die für Unternehmen hilfreiche Angebote oder Möglichkeiten bieten.

Im Netz können Unternehmen interessante Plattformen finden

Plattformen wie soziale Netzwerke im Internet, Online-Bewertungsportale oder Marktplätze sind bereits in vielen Lebensbereichen zu wichtigen digitalen Infrastrukturen geworden. Diese digitalen Plattformen werden – so der Anspruch der Betreiber – die meisten Bereiche menschlicher Interaktion und Kommunikation umfangreich verändern. Als erfolgreiche Geschäftsmodelle gestalten digitale Plattformen ganze Branchen um; und das oft disruptiv.

Der Trend zu Online-Plattformen betrifft nun auch den Bereich des gesellschaftlichen Engagements und zwar sowohl das Engagement von Privatpersonen und gemeinnützigen Organisationen als auch das von Unternehmen. Denn das Finden passender Informationen oder die Auswahl geeigneter Projekte und Kooperationspartner ist für Unternehmen in einem fragmentierten Markt der Möglichkeiten nicht einfach. Dieser Bedarf wird von einer wachsenden Zahl an digitalen Engagementplattformen erkannt. Diese Plattformen verbinden Menschen und Organisationen und fördern den Austausch von Informationen. Sie vermitteln Anbieter von Engagement oder CSR-Maßnahmen (z. B. Unternehmen) mit gemeinnützigen Institutionen (z. B. Vereinen) oder vernetzen Engagierte untereinander. So ergänzen sie die Infrastruktur für gesellschaftliches Engagement, die sonst traditionell z. B. durch Vereine oder Initiativen „offline" bereitgestellt wurde.

Mit der Studie „We have better Tools ... Engagement in digitalen Zeiten: Welche Plattformen finden Unternehmen im Netz?" (2018) hat die Bertelsmann Stiftung einen Beitrag zur Erkundung der digitalen Engagement-Landschaft geleistet. Ziel der Studie ist es, eine Einschätzung zum Status quo der digitalen Engagementplattformen für Deutschland zu gewinnen und diese beispielhaft darzustellen. Der Bericht findet sich unter: www.bertelsmann-stiftung.de/de/publikationen/publikation/did/we-have-better-tools. Der Fokus liegt dabei auf Angeboten im Netz, die für engagierte Unternehmen in Deutschland von Bedeutung sind oder sein könnten. Darüber hinaus zeigt die Studie, inwiefern die Plattformen ihre Angebote regionalisieren, also für eine bestimmte Region filterbar machen oder regionale Veranstaltungen, bzw. Anlaufstellen bieten. Basierend auf den Ergebnissen werden Trends und Potenziale identifiziert, die sowohl für Unternehmen – insbesondere den engagierten Mittelstand – als auch für Einzelpersonen und Plattformbetreiber nutzbar sind. Die Ergebnisse basieren auf der Untersuchung von über 100 verschiedene Plattformen, von denen gut 50 Webseiten detaillierter analysiert wurden. Bei der Untersuchung fanden Aspekte wie Zielgruppe, Angebote, Leistungen und Reichweite der Plattform Berücksichtigung. Unter: www.bertelsmann-stiftung.de/de/publikationen/publikation/did/engagementplattformen/ findet sich der Anhang, in dem 23 der näher untersuchten Plattformen beschrieben und eingeschätzt werden.

Um das Angebot, das sich im Internet findet, besser beschreiben und um die verschiedenen Plattformen besser einordnen und vergleichen zu können, wurde eine Typologie entwickelt.

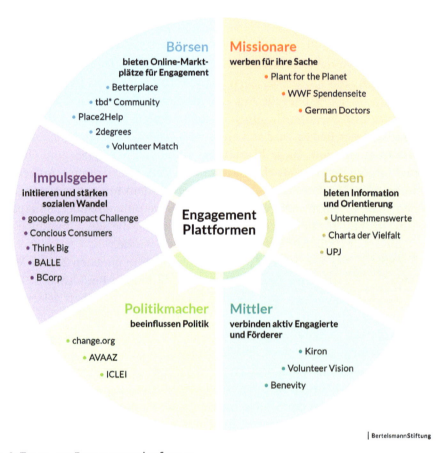

Abb. 3: Typen von Engagementplattformen

Folgende Beobachtungen und Thesen können aus der Erkundung der Angebote im Netz formuliert werden:
- Digitale Plattformen schaffen Transparenz und Flexibilität im Engagement-Markt, indem sie Personen, Projekte und Organisationen zeit- und ortsunabhängig sichtbar machen und miteinander verknüpfen.

- Die genutzten Technologien sind vielfältig, dennoch bleiben sie noch hinter den Möglichkeiten zurück, die bereits in den bekannten kommerziellen Plattformen genutzt werden.
- Angebote sind häufig sowohl Online- als auch Offline-Angebote und setzen nur vereinzelt ausschließlich auf Online-Angebote.
- Das Angebot an globalen oder nationalen Plattformen mit technisch ermöglichtem Regionalbezug wächst.
- Unternehmen werden oft nur als Zeit-, Geld- oder Sachspender angesprochen. Engagement von kleinen und mittleren Unternehmen ist häufig regional und der notwendige persönliche Kontakt kann durch Plattformen (noch) nicht ersetzt werden.
- Halboffene Gesellschaft: Manche Angebote setzen auf einen „Club"-Gedanken mit der Voraussetzung, dass sich die Interessenten für die Mitgliedschaft in der Community „qualifizieren", d. h. ein Mindestmaß an Umfang und Transparenz hinsichtlich ihrem Engagement bieten.

Der Weg zum wirkungsvollen regionalen Engagement geht „offline" und „online"

Unternehmen sind, wie oben näher ausgeführt, ein wichtiger Akteur in der Region und ein wichtiger Faktor, um eine Region positiv zu entwickeln. Es gibt sowohl die empirisch nachgewiesene gute Bereitschaft von Unternehmen zum regionalen Engagement als auch eine Reihe von Ansätzen, mit denen Unternehmen sich einbringen können. Funktionierende regionale Netzwerke tragen dazu bei, Engagement effizienter und nachhaltiger zu gestalten und bieten daher gute Voraussetzungen für die fruchtbare Weiterentwicklung einer Region. Diese Ansätze zum abgestimmten und wirkungsorientierten Unternehmensengagement sind zwar mit einigen Herausforderungen verbunden, die jedoch gemeistert werden können. Nötig hierfür sind immer auch der Aufbau und die Pflege von persönlichen Beziehungen. Mit Blick auf das Heben von Potenzialen der engagierten Unternehmen geht es daher immer auch darum, Kommunikation und Kooperationsbereitschaft zwischen Akteursgruppen und Sektoren zu stärken.

Darüber hinaus können Unternehmen aber auch im Netz sinnvolle Hilfsmittel finden, um ihr Engagement weiterzuentwickeln. Es hat sich bereits eine ganze Palette an Plattformen entwickelt, die für Unternehmen interessant sein können und die Strategien zur Weiterentwicklung von regionalen Engagementinitiativen ergänzen.

[ASPEKTE DER NACHHALTIGKEIT]

Die Beschäftigung mit dem Status quo im Netz zeigt aber auch, dass die vorhandenen Angebote noch „Luft nach oben" haben, nämlich wenn es darum geht, das gesellschaftliche Engagement von Unternehmen in seiner ganzen Breite anzusprechen und zu unterstützen. Bessere Angebote zur Lösung des Kurzfrist-/Langfrist-Dilemmas, Regionalisierung, digitale Prozesse und neue Technologien wie insbesondere künstliche Intelligenz, Big Data und Blockchain könnten deutlich mehr Potenzial für digitales Engagement heben. Es scheint jedoch sehr wahrscheinlich, dass digitale Tools zukünftig eine wachsende Rolle in Engagementprozessen spielen werden. Es bleibt spannend zu beobachten, welche neuen Möglichkeiten daraus erwachsen.

Über den Autor

DR. CHRISTIAN SCHILCHER
ist bei der Bertelsmann Stiftung Project Manager im Programm Unternehmen in der Gesellschaft.

Kontakt
Bertelsmann Stiftung
Programm Unternehmen in der Gesellschaft
Carl-Bertelsmann-Straße 256
33311 Gütersloh
Tel.: 05241/81-81362
www.bertelsmann-stiftung.de/regional-engagiert
Twitter: @Reg_Engagiert

KOOPERATIONEN ZWISCHEN UMWELTVERBÄNDEN
UND UNTERNEHMEN
Nur klare Vorgaben helfen der Umwelt

MARTIN BOPP

Wie deutsche Umweltverbände mit Unternehmen seit den vergangenen zwei Jahrzehnten zusammenarbeiten, ließ das Umweltbundesamt (UBA) untersuchen. Kernfragen der damit beauftragten Institute UfU, IÖW und UPJ waren: Was bringen solche Kooperationen eigentlich für die Umwelt? Und: Lassen sich Kriterien und Bedingungen für den Erfolg der Zusammenarbeit definieren?

Im Ergebnis ihrer Studie aus 60 Fällen sehen die Forscher den Nutzen für die Umwelt als nicht zwingend oder eher gering an: Spenden, Sponsoring oder Marketing für den guten Zweck (Cause Related Marketing) kann man eher als Ablasshandel für weit größere, dem Geschäftsfeld immanente Umweltschäden wahrnehmen. Zum Beispiel, wenn Daimler Seenschutz mitfinanziert, VW sich für den Wolf einsetzt oder Lufthansa für den Kranich. Dieselben Instrumente könnten jedoch sehr wohl taugen, wenn Vorgaben und Ziele sowie der damit verbundene Aufwand stimmen würden. Am ehesten wirken Partnerschaften, die auf bestimmte Produkte oder besser gleich auf die Geschäftstätigkeit des Unternehmens Einfluss nehmen, sodass daraus eine nachhaltigere Wirtschaftsweise erwächst.

Als positives Beispiel wird Edeka genannt. Der Lebensmittelkonzern will, unterstützt durch den WWF, seine gesamte Lieferketten nachhaltiger gestalten. Seit 2009 setzt man auf Ware aus nachhaltigen Fischereien: Deren Anteil am deutschen Markt hat sich bis 2012 verdreifacht. Heute gehören Nachhaltigkeitszertifizierungen zum Standard. Voraussetzung auch hier: vorab klare Ziele setzen, das Handeln unabhängig prüfen lassen und die Ergebnisse veröffentlichen. Vorab müsse man unbedingt auch klären, so die Forscher in ihrem Bericht, unter welchen Umständen eine Kooperation zu beenden sei.

Für viele Formen der Zusammenarbeit lässt sich jedoch der Effekt für die Umwelt methodisch kaum erfassen: Wie will man zum Beispiel ein gesponsertes Bildungsprojekt messen, aus dem Teilnehmer etwas für ihre künftige Umweltschutzarbeit lernen? „Verhältnismäßig gut" bewerten kann man hingegen, wenn Unternehmen Energie oder Material einsparen, weil bereits ein Umweltmanagementsystem greift, das den Ressourcenverbrauch erfasst. Zu solcherart qualitativer Aussage liefert der Bericht jedoch kaum empirische Zahlen. Vermutlich ist die Anzahl der untersuchten Beispiele dafür zu gering.

Risiko des Greenwashing

Aus den 60 untersuchten Fällen zeichnen sich laut den Autoren aber zumindest sowohl zunehmende als auch längerfristige Kooperationen von Umweltverbänden mit Unternehmen ab: Bis Ende 2005 waren es 14, seit 2010 sind bereits 37 bekannt. Einige dieser Verbände existieren erst seit den 1990er Jahren, zum Beispiel der Global Nature Fund (GNF). Andere Verbände haben ihren Umgang mit Unternehmen in den vergangenen zwanzig Jahren geändert: Der BUND beispielsweise schließt in seinen Marktheidenfelder Beschlüssen von 1995 die Zusammenarbeit mit großen Konzernen grundsätzlich aus.

Doch warum paktieren Umweltverbände mit Unternehmen überhaupt, wo doch das Risiko groß ist, der Partnerfirma zu einem grünen Mäntelchen (Greenwashing) zu verhelfen? Die Autoren nennen da als Auslöser die Globalisierung der Märkte und Gesellschaften.

Immer komplexere Wirtschaftsstrukturen, undurchsichtige Lieferketten und vorgebliche Sachzwänge gegen Umweltziele sorgten dafür, dass Umweltschützer es mittlerweile als ihre Aufgabe ansehen, unternehmerisches Handeln mitzugestalten, um Gesetze einzuhalten und Umweltstandards zu kontrollieren. Es reicht nicht mehr aus, als ewige Neinsager Kampagnen gegen Konzerne als Umweltzerstörer zu fahren. Im Klartext: Nichtregierungsorganisationen (NGOs) versuchen, eine Rolle zu übernehmen, die dem Dauerversagen der Umweltpolitik geschuldet ist, wenn Regierungen je nach Parteiencouleur Umweltstandards und Auflagen eher blockieren und sich ohne nachhaltige Konzepte von Wahl zu Wahl hangeln.

Verbandskosten decken mithilfe der Wirtschaft

Unabhängig davon, konstatieren die Autoren, sei der Nonprofit-Sektor in den vergangenen Jahrzehnten immer professioneller geworden. Die NGOs gingen ihren Aufgaben längst mit Angestellten und Honorarkräften nach, um politisch wichtige, oft mehrjährige Projekte zu stemmen oder Forderungen auf dem Rechtsweg durchzusetzen. Wirtschaftliches Handeln sei mithin für die Umweltorganisationen zum Erfolgsfaktor geworden. Kooperationen würden deshalb wahrscheinlicher, schreiben die Forscher. Jedoch steigere die Professionalisierung auch die Kosten. Diese zu decken, ist ein weiteres Motiv der Kooperation. Der wichtigste Grund hierfür sei aber nach wie vor der Zugang zu Ressourcen, heißt es in dem UBA-Bericht. Sponsoring und Stakeholder-Dialoge stellten deshalb vermutlich das Gros der Zusammenarbeit. Wobei es die Verbände vor allem auf Geld, die Unternehmen dagegen auf geldwerte Informationen abgesehen haben – etwa auf Einschätzungen zur Entwicklung ihres Geschäftsfeldes oder um glaubwürdig zu bleiben, quasi legitimiert durch eine Umweltorganisation. Einige Organisationen wie Greenpeace und Robin Wood distanzieren sich allerdings klar von Unternehmensspenden, Sponsoring und zweckbegründetem Marketing. Auch der BUND macht das nicht und lässt nur projektbezogene Spenden unter Auflagen zu.

Konkurrenz unter den NGOs

Die Problematik der Finanzierung bringt exemplarisch der GNF in seinem Geschäftsbericht 2016 auf den Punkt: Als kleine Organisation mit 15 Mitarbeitern, aber ohne die Mitgliederstruktur eines „Mitmach"-Verbandes, habe man es nicht leicht, seine 30 laufenden Projekte zu stemmen. Für jedes – wie etwa sein Seenschutzprogramm „Living Lakes", aber auch Entwicklungsarbeit, Naturschutz und Umweltbildung – müsse der GNF Geldquellen finden. Selbst für bewilligte Förderanträge, etwa von der EU oder aus Bundesmitteln, müsse man ja noch Eigenanteile tragen, die für eine öffentliche Projektfinanzierung vorgeschrieben sind. Die Folge: Ein erheblicher Teil der Einnahmen wird mit Spenden oder Sponsoring von Firmen generiert.

Und auch die Konkurrenz mit anderen Verbänden spielt eine Rolle, schließlich ringen heute viel mehr NGOs als in den Anfangszeiten der Umweltbewegung um Aufmerksamkeit. Nicht wenige von ihnen generieren mit Unternehmen einen erheblichen Teil ihrer Etats. So nahm der WWF laut Jahresbericht 2015/16 etwa 18 Prozent bzw. 12,155 Millionen Euro seiner Mittel aus Kooperationen ein; 2009

[ASPEKTE DER NACHHALTIGKEIT]

waren es noch 3,1 Millionen Euro (7,4 Prozent). Die Studie empfiehlt den Verbänden sowohl konfrontative als auch kooperative Ansätze zu verfolgen, um Abhängigkeiten zu vermeiden – sowohl im Sinne einer „Arbeitsteilung" zwischen Verbänden wie auch innerhalb eines Verbandes.

Über den Autor

MARTIN BOPP

ist Fachjournalist für Umweltwirtschaft in Bielefeld, schreibt und fotografiert als Freelancer zu kommunalen Themen, Energietechnik, Mobilität, Natur und Umwelt. Gelegentlich lektoriert er Hochschularbeiten, Fachtexte und Krimis. Als Diplom-Biologe erstellt er faunistische Gutachten für Behörden und ist seit seiner Jugend ehrenamtlich im Naturschutz aktiv.

Literatur

Die Studie Innovative NRO-Unternehmens-Kooperationen für nachhaltiges Wirtschaften (UBA-Texte 14/2018) steht bereit unter: www.umweltbundesamt.de/publikationen/innovative-nro-unternehmens-kooperationen-fuer
Eine Broschüre (20 S.) mit Empfehlungen (Kooperationen von Unternehmen und Umweltorganisationen erfolgreich gestalten) unter www.umweltbundesamt.de / publikationen / kooperationen-von-unternehmen-umweltorganisationen

[CSR]

INTERVIEW

„Wir wollen Unternehmen auf ihrem Weg zu mehr Nachhaltigkeit begleiten"

DAS INTERVIEW FÜHRTE MARTIN BOPP MIT KARIN FLOHR, NABU

Eine Studie für das Umweltbundesamt hat unlängst untersucht, ob und wie NGOs im Umweltbereich mit Unternehmen zusammenarbeiten. Wie dies in der Praxis aussieht, haben wir beim größten Mitgliederverband der Republik, dem Naturschutzbund Deutschland, nachgefragt. Dort kümmern sich vier Mitarbeiter*innen um Unternehmenskooperationen, von der Kontaktaufnahme bis zu langjährigen Projekten. Leiterin ist Karin Flohr.

Frau Flohr, der NABU unterhält etliche Kooperationsprojekte mit Unternehmen. Wer ergreift hier die Initiative?

Selten betreiben wir selbst Akquise. Viele Unternehmen fragen direkt bei uns an. Wir erhalten rund hundert Anfragen pro Jahr, aus allen Branchen. Nur etwa zwei bis drei Prozent davon werden realisiert. Vieles müssen wir absagen, weil wir strenge Prüfkriterien haben. Ein Beispiel: Als vor drei, vier Jahren die NABU-Kampagne „Meere ohne Plastik" groß in den Medien herauskam, hat uns ein Plastiktütenhersteller angerufen und wollte wissen, welche Probleme seine Produkte für die Umwelt bringen und wollte einfach nur Geld für die Kampagne geben. Das haben wir natürlich abgesagt. Weil uns interessiert, dass Unternehmen tatsächlich etwas verändern wollen. Wir wollen Unternehmen auf ihrem Weg zu mehr Nachhaltigkeit begleiten. Für eine ökologisch nachhaltige Gesellschaft kommt den Unternehmen schließlich eine wichtige Rolle als Akteur und Mittler zu. In der partnerschaftlichen Zusammenarbeit und dem konstruktiven Dialog zwischen Unternehmen und Umweltschützern sehen wir daher großes Potenzial, um diese Herausforde-

[ASPEKTE DER NACHHALTIGKEIT]

rung gemeinsam zu meistern und die umwelt- und naturschutzpolitischen Ziele zu erreichen.

In welcher Form betreibt Ihr Verband solche Kooperationen mit Unternehmen? Es gibt ja verschiedene Modelle, von Spendengeld oder dem Sponsoring von Kampagnen oder Events durch Firmen, über Beratungstätigkeiten zu Produkten, bis hin zur strategischen Ausrichtung von Geschäftsmodellen oder Corporate Volunteering, also der aktiven Teilnahme von Firmenmitarbeitern an Umweltprojekten der Partner-NGO.

Corporate-Volunteering-Projekte führen wir aktuell eher selten durch. Bei unseren Kooperationsprojekten ist es hauptsächlich das klassische Sponsoring. Aber natürlich auch Beratung von Unternehmen und Lizenzvergabe. So steht das „NABU"-Logo auf Mehrweg-Wasserflaschen oder den Kosmos-Naturführern. Neu geplante Titel oder neuaufgelegte Klassiker, die immer einen naturschutzfachlichen Bezug haben, werden inhaltlich geprüft. Vom NABU empfohlene Bücher wie beispielsweise „Der Kosmos Vogelführer" oder das Standardwerk zur Pflanzenbestimmung, „Was blüht denn da?", sind am „NABU"-Siegel auf dem Buchcover zu erkennen. Und wir beraten Unternehmen, zum Beispiel zu Energiethemen oder zur umweltgerechteren Produktentwicklung, wie unter anderem bei der Rezyklat-Initiative: Hier berät der NABU das Unternehmen Werner und Mertz, den Hersteller der

Vom NABU empfohlene Bücher, wie z. B. Naturführer des Kosmos-Verlags, sind am NABU-Siegel auf dem Buchcover zu erkennen.
Foto: © KOSMOS Verlag

Frosch-Reinigungsmittel. Um für dessen Umverpackungen die Recyclingquote des Kunststoffes Pet zu erhöhen, aus dem ja viele Flaschen sind.

Lässt sich der NABU denn von Unternehmen beraten, denkbar wären ja Fähigkeiten im Management, wie Personal- oder Projektmanagement, oder Schulungen in EDV und IT?
Nein. Das machen wir selber, oder wir beauftragen Dienstleister für Schulungen oder Beratungen.

Muss sich ein Landesverband für ein Kooperationsprojekt mit einem Unternehmen das Okay beim Bundesverband einholen?
Nur, wenn es darum geht, dass dafür auch das Logo vom NABU verwendet werden soll. Wir bieten unseren Landesverbänden und Gruppen aber Beratung zum Thema Unternehmenskooperationen an und führen regelmäßig Schulungen und Workshops durch.

Mussten schon mal Kooperationen beendet werden, weil ein Unternehmen den Verband zu sehr für seine Interessen nutzen wollte?
Nein. Aber wir beenden Kooperationen auch aktiv: Eine traurige Geschichte war vor einigen Jahren, dass ein kleinerer Limonadenhersteller Getränke aus Streuobstwiesensäften auf den Markt bringen wollte. Der NABU hat ja selbst viele Projekte zu Streuobstwiesen, das hätte also gut gepasst. Aber für den Vertrieb dieser Säfte waren Mehrwegflaschen für uns eine Bedingung. Da hat dann aber das Handelsunternehmen des Limoherstellers nicht mitgemacht. Das wollte nur Einwegflaschen vermarkten.

Welche Leitlinien zu Kooperationen mit Unternehmen hat der NABU?
Der NABU hat ein internes und sehr umfangreiches Grundsatzpapier zum Thema Unternehmenskooperationen. Des Weiteren steht der Umgang mit Unternehmenskooperationen in der Ordnung zur verantwortungsbewussten Vereinsführung vom NABU-Bundesverband, die auf der Bundesvertreterversammlung 2013 beschlossen wurde. Die kann man auf unseren Internetseiten einsehen. Schlussendlich wird jede Kooperation vom NABU-Präsidium genehmigt.

Gibt es definierte Grenzen, zum Beispiel beim Finanzrahmen?
Ja, wir haben eine Obergrenze festgelegt: Die Unternehmenskooperationen dürfen nicht mehr als 15 Prozent der Jahresgesamteinnahmen ausmachen und liegen derzeit bei rund acht Prozent. Wichtig ist uns, dass wir als Verband absolut unabhängig bleiben.

[ASPEKTE DER NACHHALTIGKEIT]

Wie evaluiert der Verband den Nutzen für die Umwelt bei seinen Kooperationen? Gibt es ein Beispiel mit messbarem Erfolg?

Wir führen bei den großen Kooperationsprojekten eine Evaluation durch. Da die Kooperationen sehr unterschiedlich sind, müssen hier immer individuelle Parameter angewendet werden. Und ja, es gibt messbaren Erfolg, zum Beispiel in unserem NABU-Projekt „Gemeinsam Boden gut machen". Da geht es darum, dass konventionelle Bauern eine Förderung erhalten, wenn sie auf Ökoanbau umstellen. Hier können wir genau nachvollziehen, wieviel Hektar das sind. Seit Projektstart konnten bereits fast 10.000 Hektar umgewandelt werden. Diese werden nun ohne Einsatz von synthetischen Düngemitteln und Pestiziden bewirtschaftet.

Über die Gesprächspartnerin

KARIN FLOHR
ist studierte Kulturwissenschaftlerin und seit dreizehn Jahren beim NABU für Unternehmenskooperationen tätig, zuvor als Referentin für Kulturförderung in der Finanzwirtschaft.

Kontakt
NABU – Naturschutzbund Deutschland e.V.
Charitéstraße 3
10117 Berlin
Tel. : 030/28 49 84-0
E-Mail: Karin.Flohr@NABU.de
www.nabu.de/spenden-und-mitmachen/fuer-unternehmen/index.html

[CSR]

Was kommt nach CSR

Der Megatrend Neo-Ökologie führt zu einer
neuen Nachhaltigkeitsbewegung

DR. DANIEL DETTLING

Um das Megathema Corporate Social Responsibility (CSR) ist es in den letzten Jahren ruhig geworden. Dabei wurden in den vergangenen 20 Jahren eine Reihe von Konzepten und Managementsystemen zur Messung, Steuerung und Verbesserung der Umweltleistung der Unternehmen eingeführt. Eine ganze Industrie lebt heute von Nachhaltigkeitsberichten und Beratung. Das formalisierte Abarbeiten von Umwelt- und Sozialstandards wird in Zukunft nicht mehr ausreichen. Unternehmen müssen in Zukunft gesellschaftliche und ökologische Implikationen ihres Handelns im Kerngeschäft und Geschäftsmodell antizipieren und innovativ umsetzen. Nachhaltigkeit wird zur DNA von Unternehmen. Eine neue Generation von Managern und Verbrauchern beschleunigt den Wandel und treibt die nächste Welle der Transformation voran. Für die Unternehmensbewertung werden Umwelt-, Sozial- und Governance-Themen immer wichtiger.

Der nachhaltige Kapitalismus

Die kapitalistische Wirtschaftsordnung braucht die Krise, das Erzeugen von Katastrophen und Zusammenbrüche bis kein Stein mehr auf dem anderen bleibt. Das schrieb Karl Marx bereits vor mehr als 150 Jahren. Kapitalismus ist schon immer disruptiv gewesen. Doch ist Kapitalismus auch nachhaltig?
Der amerikanische Ökonom und Nobelpreisträger Milton Friedman schrieb vor bald 50 Jahren: „Die gesellschaftliche Verantwortung von Unternehmen ist es,

ihren Gewinn zu maximieren." (New York Times Magazin, 13.9.1970). Heute geht es um „Rendite plus Rücksicht". Ein Unternehmen, eine Wirtschaftsordnung, in der alle alles der kurzfristigen Gewinnmaximierung unterordnen, können auf Dauer ebenso wenig erfolgreich sein wie eine Politik, die sich nur auf die Stimmenmaximierung bei der nächsten Wahl konzentriert und bei der die Institutionen nicht mehr funktionieren. Es geht um Balancen, es geht nicht um eine einseitige Maximierung, sondern um eine – aufs Ganze und auf Dauer betrachtet – gemeinsame Optimierung verschiedener Zielwerte. Zu diesen Werten gehören auch die 17 Nachhaltigkeitsziele der Vereinten Nationen von Frieden über Ernährungs-, Wasser- und Versorgungssicherheit. Um diese Ziele zu erreichen, braucht es vor allem viel privates Kapital und Unternehmertum.

Wettbewerbsvorteil Nachhaltigkeit

Ein Unternehmen, das kein Engagement gegenüber der Gesellschaft zeigt oder sich unethisch verhält, zerstört nicht nur seinen Ruf. Es verliert zudem viele seiner Kunden und verliert die Motivation seiner Mitarbeiter. Damit verliert es sein wichtigstes Kapital. Die Wiedereinbettung des wirtschaftlichen in den gesamtgesellschaftlichen Diskurs ist auf Dauer Voraussetzung auch für den wirtschaftlichen Erfolg. Der Soziologe Daniel Bell hat ebenfalls vor 50 Jahren angemerkt hat, dass nicht die ökonomischen, sondern die kulturellen Widersprüche den Kapitalismus in Frage stellen können. Gerade weil er ökonomisch so erfolgreich ist, bringt er aus sich eine wachsende Schicht hervor, die ihn kulturell in Frage stellt. Die Protestbewegung gegen Globalisierung und „Neoliberalismus" wird daher Zulauf bekommen nicht aus den marginalisierten Schichten, sondern von den gut Qualifizierten, die auf der Suche nach neuem Sinn sind oder sich kulturell als Verlierer fühlen. In einer Wissensgesellschaft sind es zunehmend die nicht-ökonomischen Folgen und Faktoren, die über Erfolg und Akzeptanz eines Unternehmens entscheiden. Unternehmen, die sich an sozialen und ökologischen Kriterien orientieren, erarbeiten sich einen Wettbewerbsvorteil und sichern ihren wirtschaftlichen Erfolg. Sie reduzieren Kosten, generieren Umsatz und stärken die Reputation.

Nachhaltigkeit, Kreativität und Freiheit gehören zusammen

Nachhaltigkeit, Kreativität und Freiheit gehören daher zusammen: „Kreativität ist ein Grundelement der menschlichen Existenz", schreibt Richard Florida (Rise of the Creative Class, 2002), „ein breit angelegter, sozialer Prozess, der Zusammenarbeit erfordert. Sie wird stimuliert durch menschlichen Austausch und durch Netzwerke. Sie findet statt in tatsächlichen Gemeinschaften und an realen Orten." Ökonomische, ökologische und soziale Ziele müssen nicht im Widerspruch zueinander stehen, sondern stehen gleichberechtigt nebeneinander. Der neue Kapitalismus kann das verwirklichen, was die sozialistischen Utopien nie geschafft haben: die Partizipation und Teilhabe ihrer Mitarbeiter zum Wohle der Allgemeinheit. Sein Leitbild ist der sozial unternehmerische Bürger. Sein Ziel ist die Befreiung des Menschen von seiner selbst verschuldeten ökonomischen Abhängigkeit. Ein solcher „Zivilkapitalismus" (Wolf Lotter, 2013) braucht andere Unternehmen und eine Neudefinition von Kapitalismus und Unternehmertum.

I. Next Economy: Nachhaltiges Unternehmertum

Vom Automobilunternehmer Bill Ford stammt der Satz: „Ein gutes Unternehmen bietet exzellente Produkte und Dienstleistungen – ein herausragendes bietet exzellente Produkte und Dienstleistungen und ist gleichzeitig bestrebt, eine bessere Welt zu schaffen." In Deutschland gibt es viele gute Unternehmen, die exzellente Produkte herstellen und anbieten. Herausragende Unternehmen wollen aber mehr. Sie wollen gemeinsam mit ihren Mitarbeitern nachfolgenden Generationen eine bessere Welt hinterlassen.

Ein Begriff belegt diesen Trend: der „Nachhaltigkeitsunternehmer". Er handelt als politischer Akteur, aber in persönlicher Betroffenheit und mit persönlichem Engagement. Er ist Bürger und Unternehmer. Das Ökonomische wird sozial und das Soziale ökonomisch.

Im 19. Jahrhundert waren es die Gründer der großen diakonischen und karitativen Werke und Einrichtungen, auf welchen der Sozialstaat aufbauen konnte. Heute sind es „Soziale Kapitalisten" (Hannes Koch), die einen wachsenden Markt für umwelt- und sozialverträgliche Produkte bedienen. Mehr Menschen als früher verlangen Biolebensmittel oder Autos, die weniger Abgase ausstoßen oder Sportschuhe, deren Produzenten Mitglied in der Gewerkschaft sein dürfen, auch wenn sie in Malaysia leben.

So interessieren sich heute mehr als 20 Millionen Deutsche für „sozial-ökologische Bankangebote". Nachhaltige Geldanlagen („Green Finance") sind in und erfreuen sich wachsender Kundschaft. Das Volumen für nachhaltige Geldanlagen beträgt in Deutschland inzwischen mehr als 171 Milliarden Euro (Quelle: Forum Nachhaltige Geldanlagen, 2017) – ein Rekordwert. Die Fondsgesellschaft Blackrock – mit einem Anlagevermögen von sechs Billionen Euro der größte Investor der

Welt – macht sich jetzt für das Thema stark. Ihr Vorstandsvorsitzender Larry Fink hat Anfang des Jahres tausende Unternehmen in der Welt dazu aufgerufen, drängende soziale und wirtschaftliche Fragen anzugehen. Die langfristige Gewinnerzielung stehe dazu nicht im Gegensatz, sondern sei im Gegenteil eine Voraussetzung für Unternehmen, um sich in den öffentlichen Dialog einzubringen.

Auch die langfristige Beteiligung der Mitarbeiter ist ein nachhaltiges und innovatives Instrument der modernen Unternehmensführung und der gesellschaftlichen Verantwortung. Ein gutes Beispiel ist das familiengeführte Unternehmen STIHL. Der Weltmarktführer bei Motorsägen hat ein eigenes Modell der Mitarbeiterkapitalbeteiligung entwickelt. Zwei Drittel des eingesetzten Kapitals steuert dabei das Unternehmen selbst bei. Bislang gab es kaum ein Jahr, in dem das Kapital mit weniger als zehn Prozent verzinst wurde. Drei Viertel der Beschäftigten nutzt das Modell heute. Insgesamt steht Deutschland beim Thema Mitarbeiterbeteiligung im internationalen Vergleich nicht gut da. Frankreich und Großbritannien stehen weit besser da. Angesichts einer alternden Bevölkerung und drohender Altersarmut sind Instrumente einer nachhaltigen Personalpolitik und des langfristigen Vermögensaufbaus unverzichtbar.

II. Neo-Ökologie: Nachhaltigkeit und Effizienz in allen Bereichen

Zum Treiber der neuen Nachhaltigkeit wird der Megatrend „Neo-Ökologie". Der Megatrend steht für ein kritisches Öko-Bewusstsein, das nicht auf den Verzichtsgedanken aufgebaut ist. Es geht um Nachhaltigkeit und Effizienz in allen Bereichen und Branchen. Besonders in den Bereichen Energie, Verkehr, Ernährung und Digitalisierung wird der Megatrend Neo-Ökologie in den nächsten Jahren zu disruptiven und nachhaltigen Innovationen führen.

1. Energie: Der lange Abschied vom fossilen Zeitalter

Das Jahr 2018 markiert einen wichtigen Meilenstein in der Klimawende. Der Anteil der Erneuerbaren hat mit 40 Prozent am Strommix in Deutschland einen neuen Rekord erreicht. Es ist noch nicht lange her, als uns die Stromriesen in ihren Pressemitteilungen vorrechneten, dass mehr als 10 Prozent nie möglich wären – Solar und Wind seien viel zu „schwache" Energien für ein nördliches Land wie Deutschland. Aber ein Mix aus ökonomischen Entwicklungen und politischen Zufällen haben die Rechnungen radikal verändert. Heute ist Atomenergie viel zu teuer und die Preise für Solar- und Windenergie sinken ständig.

Millionen Häuser in Deutschland sind heute kleine Kraftwerke. Ein solches Haus zu bewohnen erzeugt eine ganz andere Beziehung mit der Umwelt. Dabei geht es weniger ums Sparen. Energie ist nicht knapp. Im Gegenteil. Die Natur – Wind, Sonne, Biomasse und vieles mehr – geben uns Energie in Hülle und Fülle. Es geht vielmehr darum, diese Energien richtig zu verteilen, zu speichern, zu vernetzen. Ist „Vernetzung" nicht dass große Magiewort des Digitalen Zeitalters?

Die Europäische Union will zum globalen Vorreiter und Vorbild einer neuen CO_2-Politik werden. Die europäische Idee wird neu positioniert. Die Zukunft erobert man nicht, indem man gegen Grenzwerte schimpft. Sogar die deutsche Autoindustrie, die den Wandel lange ignoriert hat, denkt jetzt radikal um. Der „Dieselsünder" VW steigt ins regenerative Energiegeschäft ein, experimentiert mit Carsharing und beeilt sich, eigene Lade-Netze zu errichten.

2. Verkehr: Vom magischen Wandel der Städte

Die Klimawende entscheidet sich weniger national-zentral als dezentral in den Großstädten und Ballungsgebieten, die zu 70 Prozent für die CO_2-Emissionen verantwortlich sind. Es sind vor allem die Bürgermeister, die sich für die Potenziale der Klimawende interessieren. Das stärkt die regionale und kommunale Demokratie gegen die Ideologisierungen und Polarisierungen der Nationalpolitik. Der Klimawandel wird zu einem Wandel der Demokratie in Richtung Bürgergesellschaft. Beim jüngsten Klimagipfel der Städte und Regionen in Kalifornien kündigte Winfried Kretschmann für Baden-Württemberg an, bis 2050 klimaneutral zu werden. Kalifornien will es fünf Jahre früher schaffen. Am 2020 schon wird jeder kalifornische Neubau per Gesetz mit Solaranlage gebaut.

Mit drastischen Worten beschreibt der Bürgermeister der englischen Hauptstadt die Lage „Die Luft in London ist ein Killer". Die schlechte Luftqualität sei das größte Umwelt- und Gesundheitsrisiko für die Bevölkerung. Am schnellsten geht die Wende, wenn sie, wie in China, mit einem gewissen existentiellen Druck geschieht. Chinas Politik hat verstanden, dass die Energiewende die eigene Bevölkerung schützt. Vor allem die Städte des europäischen Nordens haben vorgemacht, wie man Energiewende mit einer steigenden urbanen Lebensqualität koppelt. Die Bürger sind STOLZ auf den Wandel, wenn sie sich von Anfang an beteiligen können. Kopenhagen und Amsterdam haben den Autoverkehr in den letzten Jahren weitgehend reduziert – im Einvernehmen und zur weitgehenden Freude der Bewohner. Die erste Fahrrad-Bür-

[ASPEKTE DER NACHHALTIGKEIT]

germeisterin weltweit gibt es seit 2017 in Amsterdam. Anna Luten berät heute auch Städte in den USA. Der Umstieg auf Radschnellwege und ein besseres ÖPNV-Netz zeigen Wirkung. Erstmals wurden in der Rushhour zwischen 8 und 9 Uhr mehr Räder als Autos in der City of London gezählt. In Wien kostet die ÖPNV-Jahreskarte 365 Euro, einen Euro am Tag. Die österreichische Initiative „Zero Emission Cities" ist weltweit Vorbild für nachhaltige Mobilität und einen intelligenten Nahverkehr.

3. Ernährung: Warum wir keine Heuschrecken essen müssen ...

Weltweit leiden inzwischen mehr Menschen an Über- als an Mangelernährung. Die größten Klimasünder beim Essen sind Zucker, Fleisch und billiges Fett. Diese Lage ist historisch neu, und sie stimmt nicht mit den alten Wahrnehmungen einer Welt in Hungergefahr und Nahrungsmangel überein. Obwohl die Bevölkerungszahl der Erde 7,5 Milliarden überschritten hat, können wir heute die gesamte Erdbevölkerung ernähren. Nur in Krisen- und Kriegsregionen kommt es noch zu Knappheiten. In den Wohlstandsnationen stellen wir inzwischen viel zu viele Kalorien her, von denen eine viel zu große Menge einfach verdirbt. Es gibt also keinen Sachzwang zur immer weiteren Intensivierung der Landwirtschaft und den damit verbundenen Klimaschäden. Im Gegenteil. Intelligente Lösungen, die den Menschen, dem Boden UND dem Klima dienen, sind längst auch das, was die Verbraucher fordern und der Markt verlangt.

Selbst in den USA ist seit einigen Jahren „Peak Meat" erreicht, der Gipfel des Pro-Kopf-Fleischkonsums. Zynisch könnte man sagen: Mehr geht nicht hinein. Öko-optimistisch: Langsam spricht sich herum, dass gesunde Ernährung nicht nur ein Thema für die Reichen und Eliten ist. In den meisten europäischen Ländern schwankt der Fleischkonsum heute noch immer auf hohem Niveau, aber er steigt jedenfalls nicht mehr an. Und er wird fallen. Immer mehr essen weniger und gezielter Fleisch. Sie sind „Flexitarier" – der größte Ernährungstrend der Zukunft.

Damit werden Teller, Gabel und Messer zu den schärfsten Waffen gegen den Klimawandel. Nach einem UNO-Bericht würde die Reduktion des Fleischkonsums in den Industrienationen um etwa 40 Prozent schon ausreichend, um den Agrarsektor klimatechnisch weitgehend zu sanieren.

Gleichzeitig bilden sich ungewöhnliche Alternativen der Nahrungsproduktion: Die Landwirtschaft wird zur Stadtwirtschaft und kommt auf unkonventionelle Art zu den Konsumenten. Handelsketten wie Edeka und Metro betreiben „Vertical Farming" und gehen unter die Gärtner. Soja, Insekten und Erbsen sind das neue Fleisch – und in den USA bereiten Innovateure wie „Beyond Meat" die nächste

Welle der Fleisch-Substitution vor. Der größte Nahrungsmittelhersteller der Welt, Nestlé, hat sich dazu verpflichtet, in den nächsten sechs Jahren alle Verpackungen rezyklierbar oder sogar biologisch abbaubar zu machen.

Eine global vernetzte Landwirtschaft und ein fairer Agrarhandel können einen Beitrag leisten, künftige Klimaschäden um mehr als die Hälfte zu reduzieren, zeigt eine Studie des Potsdam-Instituts für Klimafolgenforschung (PIK). Das nächste grüne Wunder findet in Afrika statt: Mit Hilfe von Satellitendaten können Bauern ihre Felder besser bewässern und Düngemittel effizienter einsetzen. Neue Züchtungstechnologien wie Crispr/Cas machen Pflanzen gegen Dürre und extreme Temperaturen robuster und befördern eine resiliente Landwirtschaft.

III. Eine globale Bewegung der Neo-Nachhaltigkeit

Am Ende werden es jene Länder sein, die wir heute als Klimasünder verurteilen, um unser eigenes Verhalten zu legitimieren, welche die große Wende entscheidend voranbringen. China und Indien sind auf dem Weg zu grünen Supermächten. Erik Solheim, der Chef des Umweltprogramms der UN, spricht von einer „neuen Weltordnung". Noch verbrennt die Volksrepublik fast die Hälfte der weltweiten Kohle; bis 2050 will das Land der Mitte führend auch beim grünen Strom sein.

„Solange China Milliarden Tonnen Kohle verbrennt, nützen uns keine Erneuerbaren ...." – wie oft haben wir das in den letzten Jahren gehört? Aber gerade China treibt den Umstieg auf Elektro-, Hybrid- und Wasserstoffautos massiv voran. Auch weil das Riesenland nach technologischen Alleinstellungen sucht, in denen es sich als Innovateur beweisen kann. So entsteht ein neuer grüner Welt-Wettbewerb, in den auch die arabischen Länder einschwenken. Selbst die Öl-Königshäuser des arabischen Raumes setzen heute auf Neue Energien. Sie haben nicht nur reichlich Öl im Boden (das dort bleiben wird), sondern auch unendlich viel Sonnenenergie, mit der sich Trinkwasser herstellen, ganze Großstädte kühlen und Nahrungsmittel VOR ORT produzieren lassen. So, wie am kalten Ende der Welt die Isländer ihre Tomaten und demnächst Bananen selbst in Gewächshäusern produzieren – mit geothermaler Energie.

Wandel beginnt im Kopf – und verwirklicht sich im Weltgefühl

Vielleicht können Erkenntnisse der Spieltheorie helfen. Um ein komplexes Spiel im Sinn eines „Win-Win"-Ergebnisses zu gewinnen, müssen alle Player an einem Strang ziehen, ihre Interessen koordinieren und synchronisieren. Um die große

[ASPEKTE DER NACHHALTIGKEIT]

Transformation zu schaffen, braucht es neben der Politik die Bürger UND die Unternehmen. Bislang hat die Industrie gezögert, die Bürger gezweifelt und die Politik reflexhaft agiert, je nach Stimmungslage. Dieses fragile System kippt aber gerade in Richtung auf einen endgültigen „Tipping Point".

Noch nie war es so leicht, selbst die großen Internet-Riesen in den Kampf gegen Treibhausgase zu integrieren, die heute um ihr Renommee ringen. Die deutsche Industrie hat nach vielen Jahren Ambivalenz und Dieseltricks eine Entscheidung getroffen. Die meisten deutschen Großunternehmen befürworten heute klare, auch strenge Richtlinien. Aus Europa kommen die Instrumente ambitionierte Grenzwerte und funktionierender Emissionshandel. Und global agierende Konzerne werden die nächsten Aktivisten sein. 100 Unternehmen stehen weltweit für mehr als 70 Prozent des CO_2-Ausstoßes (Carbon Majors Report der US-NGO „Carbon Disclosure Project"). Ganz oben, wenig überraschend: Ölmultis und Staatsunternehmen.

Das fossile Zeitalter, in der ganze Volkswirtschaften am Tropf der fossilen Rohstoffe hingen, geht zu Ende. Venezuela ist das traurige Relikt dieser Petrol-Ökonomien, die sich an ihrer inneren Struktur selbst zugrunde richten. In Afrika wachsen vor allem jene Volkswirtschaften, die NICHT auf staatlich kontrollierte Rohstoffe setzen, sondern neue diversifizierte Handelsbeziehungen und Produktionsweisen entwickeln. Wir sind Zeugen eines Prozesses, in dem sich die Systeme persönliches Verhalten, Technologie, Politik Stück für Stück in Richtung auf einen positiven Ausgang synchronisieren. Natürlich geht das nicht ohne Lärm und Widerstand der alten Spieler. Nicht ohne Jammern und Wehgeschrei und Leugnung und Schuldzuweisung. Kurz bevor etwas gelingt, ist der Lärm immer am größten. Und auch die eigene Unsicherheit, dass wir scheitern könnten.

„Carbon Peak" in 10 Jahren

Eine Prognose: Der „Carbon Peak", der Gipfel des globalen CO_2-Ausstoßes, wird schon in den nächsten zehn Jahren erreicht. Damit ist noch nicht alles gewonnen, aber solche Entwicklungen sind erfahrungsgemäß selbstverstärkend. 2050 wird das Wort „Klimakatastrophe" aus dem öffentlichen Wortschatz verschwunden sein. Wir werden uns wieder über schlechtes Wetter aufregen – „zu heiß, zu kalt, zu windig". Es wird wärmer sein auf dem Planeten, aber deshalb nicht unbedingt dauerhaft katastrophisch. Ökologie handelt dann nicht mehr von Schuld, Sünde, Strafe und Enthaltsamkeit. Eine Ökologie der Schuld funktioniert nur für eine moralische Minderheit. Die postfossile Sanierung unseres Planeten braucht eine gesellschaftliche Mehrheit, die Lust auf Zukunft macht. Und die Dinge zusammenfügt, die tatsächlich zusammen gehören. Ökologie und Ökonomie. Technik und Natur. Fortschritt und Schönheit. Gegenwart und Zukunft.

Über den Autor

DR. DANIEL DETTLING

ist Gründer der Denkfabrik Institut für Zukunftspolitik und leitet das Berliner Büro des Zukunftsinstituts. Das Zukunftsinstitut, gegründet von Matthias Horx, gehört zu den einflussreichsten Think Tanks der Trend- und Zukunftsforschung im deutschsprachigen Raum.

Daniel Dettling studierte nach seinem Zivildienst in Israel Rechts-, Verwaltungs- und Politikwissenschaften sowie Politische Ökonomie an den Universitäten Freiburg, Fribourg (CH), Berlin und Potsdam. Er ist Herausgeber der edition Zukunftspolitik und Mitgründer der Deutschen Gesellschaft für Politikberatung (degepol) und gehört zu den renommiertesten Politikexperten in Deutschland. Zahlreiche Veröffentlichungen zu Fragen der Demokratie, Demografie, Digitalisierung, Sozial- und Wirtschaftspolitik, Bürgergesellschaft und politischen Kommunikation u.a. in der Neuen Zürcher Zeitung, Süddeutschen Zeitung, WELT und Welt am Sonntag. Seit vielen Jahren ist Daniel Dettling gefragter Keynoter bei Unternehmen, NGOs, Ministerien, Verbänden, politischen Parteien und Stiftungen und Gast sowie Kommentator im TV (N24, ntv, ProSiebenSAT1) und Rundfunkanstalten (DLF, D-Radio, inforadio, Radio1, WDR).

Kontakt

Dr. Daniel Dettling
Institut für Zukunftspolitik (UG)
Schwiebusser Straße 44
10965 Berlin
E-Mail: d.dettling@zukunftsinstitut.de
Twitter: @daniel_dettling
www.zukunftsinstitut.de
www.daniel-dettling.eu

[ASPEKTE DER NACHHALTIGKEIT]

IÖW

Wenn die Pflicht zur Kür wird: Befunde und Beobachtungen nach dem ersten Zyklus der CSR-Berichtspflicht in Deutschland[1]

CHRISTINE HOBELSBERGER, CHRISTIAN LAUTERMANN

Einführung

Im April 2017 wurde die EU-Richtlinie zur Erweiterung der finanziellen Berichterstattung in Form des „Gesetzes zur Stärkung der nichtfinanziellen Berichterstattung der Unternehmen in ihren Lage- und Konzernlageberichten" (CSR-Richtlinie-Umsetzungsgesetz) in deutsches Recht umgesetzt, und trat rückwirkend zum 1. Januar 2017 in Kraft. Damit sind große Unternehmen von öffentlichem Interesse, d.h. große kapitalmarktorientierte Unternehmen, ihnen gleichgestellte haftungsbeschränkte Personenhandelsgesellschaften und Genossenschaften sowie große Kreditinstitute und Versicherungen dazu verpflichtet, ihre (Konzern-) Lageberichte durch eine Offenlegung nichtfinanzieller Informationen zu erweitern. Im Fokus stehen dabei Angaben zu den fünf nichtfinanziellen Mindestaspekten: Umwelt-, Sozial- und Arbeitnehmerbelange, Achtung der Menschenrechte sowie Bekämpfung von Korruption und Bestechung. Die Regelung betrifft erstmalig Geschäftsjahre, die nach dem 31. Dezember 2016 begonnen haben.

Das so genannte CSR-Richtlinie-Umsetzungsgesetz (CSR-RUG) bietet den berichtspflichtigen Unternehmen einen gewissen Spielraum, wie sie den Anforderungen der Berichtspflicht nachkommen können. So soll zum einen der Verwaltungsaufwand in einem zumutbaren Rahmen gehalten und zum anderen den Unternehmen die Möglichkeit gegeben werden, die ihren konkreten Ressourcen und Bedarfen am besten entsprechende Art der Berichterstattung zu wählen. Zugleich bietet besagter Spielraum jedoch auch das Potenzial für unterschiedliche Interpretationen und nicht zuletzt auch Verunsicherung ob einer korrekten Interpretation. Durch die Verankerung der wesentlichen Forderungen des CSR-RUG im Handelsgesetzbuch treffen schließlich teils divergierende Ansätze und Perspektiven der Lage- und der Nachhaltigkeitsberichterstattung aufeinander.

Viele Unternehmen berichten schon seit Langem in Nachhaltigkeits- oder CSR-Berichten über nichtfinanzielle Aspekte. Mit dem Ranking der Nachhaltigkeitsberichte tragen das Institut für ökologische Wirtschaftsforschung (IÖW) und die Unternehmensvereinigung future e.V. bereits seit 1994 zur Qualitätssicherung in der freiwilligen Berichterstattung zur gesellschaftlichen Verantwortung von Unternehmen bei. Doch wie verändert die CSR-Berichtspflicht die Landschaft der Nachhaltigkeitsberichterstattung? In welcher Form und worüber berichten Unternehmen, die nun gesetzlich dazu verpflichtet sind? Und vor welchen Herausforderungen stehen sie dabei?

Vor dem Hintergrund dieser Fragen führten das IÖW und future 2018 ein Monitoring der CSR-Berichtspflicht durch.

Vorgehensweise

Untersuchungsgegenstand des Monitoring-Projektes 2018 waren alle nichtfinanziellen Erklärungen und Berichte nach CSR-RUG, die sich auf Geschäftsjahre bezogen, die nach dem 31. Dezember 2016 begonnen hatten, und die dem Projektteam bis zum projektinternen Stichtag 30. November 2018 vorlagen.

Die angenommene Grundgesamtheit sowie die Stichprobe des Monitorings basierten auf einem Abgleich sowie einer Überprüfung zweier Listen (voraussichtlich) berichtspflichtiger Unternehmen der Hans-Böckler-Stiftung (vgl. Kluge/Sick 2016) bzw. des Deutschen Global Compact Netzwerks und econsense (vgl. DGCN/econsense 2018). Dergestalt wurden im Rahmen des Monitoring-Projektes 459 gegenwärtig berichtspflichtige Unternehmen identifiziert, von denen wiederum 439 Unternehmen zum projektinternen Stichtag ihre nichtfinanziellen Informationen offengelegt hatten.

Die nichtfinanziellen Erklärungen und Berichte der 439 berichtspflichtigen Unternehmen wurden mithilfe eines Erfassungsinstruments standardisiert gesichtet. Neben der Veröffentlichungsform wurden mithilfe dieses Instruments u.a. auch die Angaben der Unternehmen zur Zahl der behandelten wesentlichen nichtfinanziellen Aspekte und zur Wahl von Rahmenwerken für die Berichterstellung erfasst.

[ASPEKTE DER NACHHALTIGKEIT]

Befunde und Beobachtungen

Veröffentlichungsform

Hinsichtlich der Veröffentlichungsform gewährt das CSR-Richtlinie-Umsetzungsgesetz den betroffenen Unternehmen einen großen Spielraum. Somit soll es den Unternehmen ermöglicht werden, ihre nichtfinanziellen Informationen in der ihren spezifischen Zwecken und Voraussetzungen am besten entsprechenden Weise offenzulegen. Dessen ungeachtet bildet die sogenannte nichtfinanzielle Erklärung (NFE) die Ausgangsbasis des CSR-Richtlinie-Umsetzungsgesetzes. Das berichtspflichtige Unternehmen kann seine nichtfinanzielle Erklärung zum einen in den (Konzern-) Lagebericht aufnehmen, wobei die betreffenden Angaben sowohl in Form eines gesonderten Abschnitts als auch an verschiedenen Stellen in den (Konzern-) Lagebericht integriert offengelegt werden können. Zum anderen kann das Unternehmen einen gesonderten nichtfinanziellen Bericht (NFB) außerhalb des (Konzern-) Lageberichts erstellen. In diesem Falle ist das berichtende Unternehmen dazu verpflichtet, in seinem (Konzern-) Lagebericht Bezug auf den nichtfinanziellen Bericht zu nehmen. Der gesonderte nichtfinanzielle Bericht ist entweder zeitgleich mit dem Lagebericht im Bundesanzeiger offenzulegen, oder innerhalb von vier Monaten ab Abschlussstichtag für eine Mindestdauer von zehn Jahren auf der Internetseite des Unternehmens zu veröffentlichen (§315b Abs. 3 Nr. 2 HGB).

Bei der Sichtung der nichtfinanziellen Erklärungen und Berichte im Rahmen des Monitoring-Projektes 2018 zeigte sich, dass die berichtspflichtigen Unternehmen die durch das Gesetz gebotene Flexibilität im ersten Berichtszyklus genutzt haben: Die überwiegende Mehrheit der Stichprobe, sprich 352 Unternehmen, bzw.

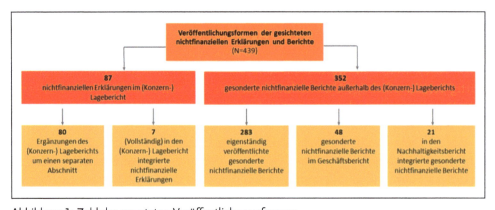

Abbildung 1: Zahl der genutzten Veröffentlichungsformen

80 Prozent, entschied sich für eine Offenlegung der nichtfinanziellen Informationen außerhalb des Lageberichts. Rund 64 Prozent, bzw. 283 aller Unternehmen nutzten dabei einen eigenständig veröffentlichten gesonderten nichtfinanziellen Bericht. Knapp 11 Prozent, bzw. 48 aller Unternehmen legten ihre nichtfinanziellen Informationen in Form eines gesonderten nichtfinanziellen Berichts als Kapitel im Geschäftsbericht offen. 21 Unternehmen, also rund 5 Prozent der Unternehmen in der gesamten Stichprobe, integrierten ihren gesonderten nichtfinanziellen Bericht in den Nachhaltigkeitsbericht.

Lediglich 20 Prozent der 439 Unternehmen in der Stichprobe veröffentlichen ihre nichtfinanziellen Informationen im Lagebericht. Die überwiegende Mehrheit davon, nämlich 80 Unternehmen, verwendete hierzu einen separaten Abschnitt im Lagebericht, nur sieben Unternehmen nutzten die Möglichkeit der (vollständigen) Integration in den Lagebericht.

Berichtete nichtfinanzielle Aspekte

Das CSR-Richtlinie-Umsetzungsgesetz verlangt von den berichtspflichtigen Unternehmen „zumindest" die Offenlegung von Angaben zu den nichtfinanziellen Mindestaspekten Umweltbelange, Arbeitnehmerbelange, Sozialbelange, Achtung der Menschenrechte sowie Bekämpfung von Korruption und Bestechung. Dem Wesentlichkeitsverständnis des CSR-RUG folgend sind dabei zu den oben genannten einzelnen nichtfinanziellen Aspekten jeweils diejenigen Angaben zu machen, „die für das Verständnis des Geschäftsverlaufs, des Geschäftsergebnisses, der Lage der Kapitalgesellschaft sowie der Auswirkungen ihrer Tätigkeit auf die [...] Aspekte erforderlich sind" (§ 289c Abs. 3 HGB). Die wesentlichen Angaben zu den einzelnen nichtfinanziellen Aspekten umfassen eine Beschreibung des jeweils hinsichtlich eines Aspektes verfolgten Konzepts, inklusive angewandter Due-Diligence-Prozesse sowie die Ergebnisse des Konzepts.

Wie aus Abbildung 2 ersichtlich wird, berichteten die in der Stichprobe berücksichtigten Unternehmen am häufigsten zu Arbeitnehmerbelangen, dicht gefolgt von Konzepten zur Bekämpfung von Korruption und Bestechung sowie Umwelt- und Sozialbelangen. Insbesondere zu Arbeitnehmer-, Umwelt- und Sozialbelangen berichteten Unternehmen oftmals auch zu mehr als einem Thema. Nahezu zwei Drittel der 439 Unternehmen legten auch Informationen zur Achtung der Menschenrechte offen. Nicht ganz ein Drittel aller Unternehmen legte zudem Informationen über weitere als wesentlich erachtete nichtfinanzielle Aspekte offen. Hierunter fielen vor allem Angaben zu den Themenfeldern Digitalisierung und Da-

[ASPEKTE DER NACHHALTIGKEIT]

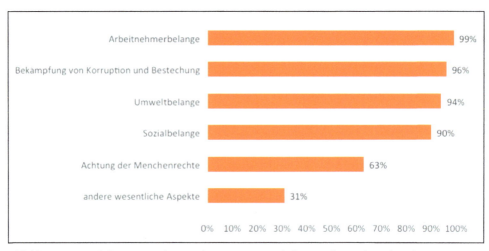

Abbildung 2: Anteil der Unternehmen, die zu einem nichtfinanziellen Belang berichtet haben (N=439)

tenschutz, Kundenorientierung und -zufriedenheit oder Produktsicherheit und -qualität. Einige Unternehmen räumten weiterhin Themen aus den Bereichen Verantwortung in der Lieferkette und Innovationen, Forschung und Entwicklung eigenen Raum ein.

Leistungsindikatoren

Das CSR-Richtlinie-Umsetzungsgesetz verlangt eine Darstellung der wichtigsten nichtfinanziellen Leistungsindikatoren, die für die Geschäftstätigkeit des berichtenden Unternehmens von Bedeutung sind (§ 289c Abs. 3 Nr. 5 HGB). Die Betonung der Bedeutung der nichtfinanziellen Leistungsindikatoren „für die Geschäftstätigkeit" im Gesetzestext kann dahingehend verstanden werden, dass lediglich steuerungsrelevante Leistungsindikatoren berichtspflichtig sind, sprich Indikatoren, die auch von der Unternehmensleitung zur Unternehmensentwicklung herangezogen werden. Dessen ungeachtet kann jedoch auch die Offenlegung nichtsteuerungsrelevanter Leistungsindikatoren für die adressierten Stakeholder von Interesse sein (vgl. IDW 2017, S. 18f).

In den im Rahmen des Monitoring 2018 gesichteten nichtfinanziellen Erklärungen und Berichten wurden Ausführungen zum Aspekt Arbeitnehmerbelange mit 87 Prozent am häufigsten mit Leistungsindikatoren unterlegt, gefolgt von Kennzahlen zu Umweltbelangen (81 Prozent), zur Bekämpfung von Korruption und Bestechung (59 Prozent) und zu Sozialbelangen (42 Prozent). Nicht ganz ein Drittel der Veröffentlichungen führte auch Kennzahlen zur Achtung der Menschenrechte an.

Inwiefern die jeweils angeführten Leistungsindikatoren tatsächlich auch als bedeutsam im Sinne von steuerungsrelevant verstanden werden können, wurde in den gesichteten Erklärungen und Berichten jedoch kaum ersichtlich. Auch blieb der (kausale) Zusammenhang zwischen den beschriebenen Konzepten sowie den jeweils zu einem nichtfinanziellen Aspekt angeführten Leistungsindikatoren oftmals so vage, dass viele der Leistungsindikatoren nicht als aussagekräftiger Beleg für die Ergebnisse eines Konzeptes verstanden werden können.

In Einzelfällen gaben Unternehmen an, dass die angeführten Leistungsindikatoren im Berichtsjahr erstmalig erhoben wurden und deshalb lediglich als Status quo verstanden werden könnten. Demnach könnten erst künftig im Zuge eines noch zu etablierenden/auszubauenden Nachhaltigkeitsmanagements auch Zielerreichungsgrade und Ergebnisse von Konzepten beschrieben werden.

Nutzung von Rahmenwerken

Wurden für die Erstellung der nichtfinanziellen Erklärung oder des gesonderten nichtfinanziellen Berichts Rahmenwerke genutzt, so ist gemäß CSR-Richtlinie-Umsetzungsgesetz anzugeben, welche Rahmenwerke verwendet wurden. Andernfalls ist nach dem „Comply or Explain"-Prinzip zu begründen, weshalb kein Rahmenwerk genutzt wurde. Mit 337 Unternehmen gaben rund 77 Prozent der insgesamt 439 in der Stichprobe des Monitoring 2018 berücksichtigten Unternehmen an, für ihre nichtfinanzielle Berichterstattung Rahmenwerke herangezogen zu haben (Mehrfachnennungen waren möglich). Den Angaben der betreffenden Unternehmen zufolge reichte der Erfüllungsgrad der Rahmenwerke dabei von „in Übereinstimmung mit" bis „in Anlehnung an". Die Rahmenwerke der Global Reporting Initiative (GRI G 4 und GRI Standards) waren mit einer Fallzahl von insgesamt 247 über die Gesamtzahl aller im Monitoring 2018 berücksichtigten Unternehmen hinweg die am häufigsten genutzten, gefolgt vom Deutschen Nachhaltigkeitskodex (DNK) mit 214 Nennungen.

Von den 102 Unternehmen, die in ihren nichtfinanziellen Erklärungen und Berichten keine Angaben zur Verwendung eines Rahmenwerkes machten, begründete mit 51 Unternehmen die Hälfte ihre Entscheidung gegen die Nutzung eines Rahmenwerks. Die Begründungen waren dabei sehr unterschiedlich: Einige Unternehmen führten an, dass die Anwendung eines Rahmenwerkes aufgrund der gegebenen spezifischen Unternehmensstruktur in keinem sinnvollen Aufwand-Nutzen-

[ASPEKTE DER NACHHALTIGKEIT]

Verhältnis stünde und somit keinen Mehrwert biete. Andere Unternehmen gaben an, angesichts der Vielzahl und Heterogenität der existierenden Rahmenwerke gegenwärtig nicht einschätzen zu können, welches Rahmenwerk sich für die eigenen Bedarfe am besten eigne oder künftig durchsetzen werde. Auch Verweise auf noch im Aufbau befindliche Nachhaltigkeitsmanagementsysteme und eine damit verbundene Berichterstattung wurden als Begründung angeführt. In diesen Fällen wurde oftmals darauf verwiesen, dass die Eignung eines Rahmenwerkes künftig geprüft werde, sobald die entsprechenden Grundlagen gelegt seien.

Fazit und Ausblick

Seit Inkrafttreten des CSR-Richtlinie-Umsetzungsgesetzes sind bestimmte Unternehmen in Deutschland dazu verpflichtet, ihre Lageberichte um Informationen zu nichtfinanziellen Mindestaspekten zu erweitern. Diese Regelung gilt erstmalig für Geschäftsjahre, die nach dem 31. Dezember 2016 beginnen. Im Rahmen des Monitorings der CSR-Berichtspflicht 2018 gingen IÖW und future u.a. der Frage nach, in welcher Form und worüber berichtspflichte Unternehmen im ersten Zyklus des CSR-RUG berichteten. Die standardisierte Sichtung der nichtfinanziellen Erklärungen und Berichte offenbarte große Unterschiede hinsichtlich der Tiefe und Konsistenz der Informationen, die die Unternehmen offenlegten. Dies gilt beispielsweise für die Darlegung der mithilfe der beschriebenen Konzepte verfolgten Ziele sowie die erzielten Ergebnisse und zugrunde gelegten Leistungsindikatoren. Hier sind vor allem diejenigen Unternehmen klar im Vorteil, die teilweise schon seit vielen Jahren freiwillig Nachhaltigkeitsberichte veröffentlichen. Viele andere Unternehmen kommen den Informationspflichten bislang aber erst im Sinne von Mindestanforderungen nach. Um berichtspflichtigen Unternehmen Orientierung für eine transparente, stakeholderorientierte und qualitativ anspruchsvolle nichtfinanzielle Berichterstattung zu bieten, werden IÖW und future im März 2019 eine um kommentierte Beispiele guter Praxis erweiterte Ergebnisstudie des Monitorings 2018 veröffentlichen.

---

[1] Der vorliegende Beitrag basiert auf Teilergebnissen des Projekts „Ranking der Nachhaltigkeitsberichte 2018 inklusive Monitoring Berichterstattung". Das Projekt wurde vom Bundesministerium für Arbeit und Soziales (BMAS) gefördert. Die ausführlichen Ergebnisberichte des Rankings und des Monitorings sind unter www.ranking-nachhaltigkeitsberichte.de veröffentlicht.

Literatur

Deutsches Global Compact Netzwerk (DGCN); econsense (2018): Neuer Impuls für die Berichterstattung zu Nachhaltigkeit? Studie zur Umsetzung des deutschen CSR-Richtlinie-Umsetzungsgesetzes. Unter: https://econsense.de/app/uploads/2018/06/Studie-CSR-RUG_econsense-DGCN_2018.pdf.

HGB, Handelsgesetzbuch: Gesetz zur Stärkung der nichtfinanziellen Berichterstattung der Unternehmen in ihren Lage- und Konzernlageberichten (CSR-Richtlinie-Umsetzungsgesetz). Vom 11. April 2017. Bundesgesetzblatt Jahrgang 2017 Teil I Nr. 20, ausgegeben zu Bonn am 18. April 2017.

Institut der Wirtschaftsprüfer in Deutschland (IDW) (2017): Zukunft der Berichterstattung »Nachhaltigkeit. IDW Positionspapier: Pflichten und Zweifelsfragen zur nichtfinanziellen Erklärung als Bestandteil der Unternehmensführung. Unter: https://www.idw.de/blob/101498/30d545b52d2fc5d71a71035b8336a70/down-positionspapier-nachhaltigkeit-nichtfinanzielle-erklaerung-data.pdf.

Kluge N., Sick S. (2016): Geheimwirtschaft bei Transparenz zum gesellschaftlichen Engagement? Zum Kreis der vom CSR-Richtlinie-Umsetzungsgesetz potentiell betroffenen Unternehmen. MBF-Report Nr. 27, 11.2016, Hans-Böckler-Stiftung, Düsseldorf

Über die Autoren

CHRISTINE HOBELSBERGER
ist wissenschaftliche Mitarbeiterin am Institut für ökologische Wirtschaftsforschung (IÖW) im Forschungsfeld „Unternehmensführung und Konsum".

DR. CHRISTIAN LAUTERMANN
ist wissenschaftlicher Mitarbeiter am Institut für ökologische Wirtschaftsforschung (IÖW) und Leiter des Forschungsfelds „Unternehmensführung und Konsum".

Kontakt

Institut für ökologische Wirtschaftsforschung (IÖW)
Potsdamer Straße 105
10785 Berlin
Tel.: 0 30/88 45 94-0
E-Mail: christine.hobelsberger@ioew.de
www.ioew.de

Best Practice
Nachhaltigkeitsmanagement in der Praxis

FORESTFINANCE

Dem Wald einen Wert geben
Von einer ausgezeichneten Geschäftsidee mit Wirkung

HARRY ASSENMACHER

Seit mittlerweile fast 25 Jahren gibt es nun ForestFinance. Sobald meine Gesprächspartner die Geschäftsidee verstanden haben, werde ich regelmäßig in einer Mischung aus Skepsis und Erstaunen gefragt, wie es zu der Firmenidee kam. Das Ganze klingt ja auch zu schön, um wahr zu sein: Wir nehmen das Geld von Investoren und machen mit diesem Geld in den Tropen Wald und Agroforst. Das tun wir auf degradierten Flächen, die vor vielen Jahrhunderten mal Urwald waren, und beschäftigen Menschen vor Ort damit, diese Aufforstungsflächen erfolgreich zu bestellen. Wenn am Ende der Laufzeit dann unsere Investoren ihre Ernteerträge aus dem Verkauf von Holz, Kakao, Datteln, Oliven und CO_2-Zertifikaten erhalten, erreichen wir eine triple-win Situation. So einfach und doch so herausfordernd.

Ich kam eher zufällig zu diesem Geschäftsmodell. Ich wollte etwas für meine eigene Altersvorsorge machen und zwar etwas ganz Exotisches. Zufällig kannte ich über BUND-Verbindungen ein Aufforstungsunternehmen in Panama und habe mich dann entschieden, Wald mit Edelholz für mich aufzuforsten. Daraus ist dann so etwas wie ein Produkt entstanden. Vor allem, weil ich nach vielen Jahren der Arbeit in Non-Profit-Organisationen und NGOs auch der Meinung war, dass man eine wirtschaftliche Alternative der Zusammenarbeit mit Entwicklungsländern finden muss und dass der Raubbau am Regenwald sich nicht nur durch Verbot stoppen lässt.

[BEST PRACTICE]

Was der Wald alles für uns tut

Kaum Jemand macht sich Gedanken darüber, was Wald jeden Tag für uns alle tut. Er reinigt die Luft, nimmt CO_2 auf, er speichert Wasser, befestigt lose Böden, ist Lebensraum für Tausende von Insekten und Tieren und bietet in seinen Böden Millionen von Kleinstlebewesen eine Grundlage. Ganz nebenbei ermöglicht uns der Wald, Ausflüge und Spaziergänge zu machen. Wir genießen an heißen Sommertagen die kühle Luft und erfreuen uns am Schatten unter dem Kronendach. Alle diese Leistungen produziert Wald weltweit für uns, wir müssen dafür nichts bezahlen. Tatsache ist allerdings auch, dass jeden Tag Waldflächen in gigantischem Ausmaß vernichtet werden. Oftmals ist das, was weltweit an Waldzerstörung stattfindet eher ein Kollateralschaden bei der Suche nach gediegenen Geschäftsmodellen. In Peru wurden vor ein paar Jahren tausende Hektar Naturwald zerstört, um Platz zu schaffen für die seinerzeit größte industrielle Kakaoproduktion. Gleiches geschieht täglich für Palmöl-Standorte oder Soja-Monokultur-Wüsten. In Brasilien muss man sich aufgrund der neuen Regierungssituation große Sorgen darum machen, was mit den Primärwäldern des Amazonas-Gebietes passieren wird. Der neue Präsident hat bereits angekündigt, nichts von Naturschutz zu halten. Er wird sicher dafür sorgen, dass anstelle von intakter Natur Platz für Industrieproduktion geschaffen wird. Die Versorgung der stetig steigenden Weltbevölkerung durch Nahrungsmittel-Konzerne, die an einer Hand abgezählt werden können, wird Vorfahrt vor Klimaschutz, Biodiversität und dem menschlichen Überleben erhalten.

Der Wert von Natur

Der Wald, Natur schlechthin hat keine wirksame Lobby. Zumindest keine, die sich mit den Industrieinteressen ernsthaft messen könnte. Vor über 10 Jahren hat die UN mit der TEBB-Studie einen Versuch unternommen, die Dienstleistungen der Natur in Wert zu setzen. Bis heute kann niemand eine vernünftige Aussage darüber machen, welchen Wert die Bestäubungsleistung von Bienen hat. Vermutlich werden wir in den kommenden Jahren eher die Erfahrung machen, wie teuer es wird, diese natürliche Dienstleistung künstlich zu erzeugen, bzw. was es die Welt kosten wird, diese mittlerweile menschgemachte Ausrottung zu kompensieren.

Schon jetzt spüren wir alle die Auswirkungen vom Fehlen einzelner natürlicher Variablen der weltweiten Gleichungen. Ganz sicher ist vieles auch nicht mit Einsatz von Geld überhaupt wieder herstellbar. Täglich gehen uns Naturleistungen verloren, deren Wert wir noch nicht einmal zur Kenntnis genommen haben, geschweige denn je in Wert gesetzt haben. Die Wahrheit ist: Biodiversität ist 2019 noch viel weniger ein Thema für den modernen Menschen als Umweltschutz, Klimaschutz oder Tierschutz.

Es ist bezeichnend für unsere Zeit, dass nur diejenigen Geschäftsmodelle Konjunktur erfahren, die einen unmittelbaren wirtschaftlichen Erfolg erwarten lassen. Wasserarmut hat beispielsweise in der menschlichen Vergangenheit schon oft zu heftigen und lange Zeit überdauernden Konflikten geführt, hat Kriege ausgelöst und ganze Länder verwüstet. Wasserknappheit ist also konsequenterweise bereits jetzt ein Geschäftsmodell. Wer die Hoheit über Frischwasser behält, hat Macht. Kein Wunder also, dass Konzerne bereits über Wasserrechte verfügen und schon jetzt darüber entscheiden, wer gegen welches Entgelt Zugang zu Wasser erhalten wird. Da kommt an anderer Stelle noch einiges auf uns zu. Interessanterweise wissen wir schon jetzt genug, um vorherzusagen, dass eine weitere Abnahme der Biodiversität zu katastrophalen Veränderungen der menschlichen Lebensbedingungen führen wird. Wir wissen das längst. Und dennoch gibt es bislang offenbar kein Geschäftsmodell, das sich so rechnet, dass endlich konsequent geschützt wird, was derzeit munter und im weltweiten Konsens vernichtet wird.

Aktuell diskutieren die politischen Vertreter darüber, ob eine Klimaerwärmung von zwei oder drei Grad gerade noch akzeptabel wäre. Und bei aller Konzentration auf die Klimaziele wird der Schutz von Biodiversität vollständig übersehen. Gut möglich, dass wir beide Ziele reißen – und beide sind überlebenswichtig für die Menschen auf diesem Planeten.

Waldschutz ist Klimaschutz

Es ist demnach wichtig, dass Wälder genau dort entstehen, wo sie vor Jahrhunderten bereits als Primärwälder existent waren. Es ist von elementarer Bedeutung, Lebensräume für Tiere und Biodiversität zu schaffen, umso mehr, wenn im Jahre 2019 die weltweite Abholzung von Waldflächen Realität bleibt. Wir brauchen also nicht nur einen funktionierenden und mit guter Lobby ausgestatteten Waldschutz, wir brauchen darüber hinaus Regeln und Anreize für die Wiederaufforstung.

Wir haben uns bei ForestFinance für ein Modell entschieden, dass nicht Spendenempfänger sein will, sondern Mitspieler im Wirtschaftssystem. Menschen, die ihre Arbeitsleistung zur Verfügung stellen, um Wald zu machen, sollen fair und angemessen entlohnt werden. Deshalb erhalten die Mitarbeiter einen Lohn, der oberhalb des Mindestlohnes liegt und sie werden – was wahrlich keine Regel ist – sozialversichert. Darüber hinaus erhalten sie Weiterbildung und Stipendien sowie

Unterstützung innerhalb der Familie. Diese Haltung ist keine reine Philanthropie, sondern geht davon aus, dass Projekte dieser Art nur gelingen, wenn sie von den Menschen inhaltlich getragen werden. Es geht nicht nur um die Bezahlung, es geht auch um die Aufgabe, den Beitrag jedes Einzelnen. Wir verlassen uns auf die Menschen vor Ort. Die Art der Durchführung, die Qualität der Bearbeitung wächst überproportional, wenn die beteiligten Menschen einen Sinn in der Arbeit erkennen können und sie sich selbst wertschätzen.

So wird aus degradierten Weiden ein neuer Wald, der nicht nur Arbeitsplatz für die Menschen vor Ort ist, sondern der einen erheblichen Teil für den notwendigen Klimaschutz leistet und der Biodiversität ermöglicht und fördert. Erfreulicherweise greift die Natur nach jedem sich bietenden Strohhalm. So haben wir erleben dürfen, wie auf unseren Finkas in Kolumbien innerhalb kürzester Zeit zusammenhängende Flächen von der Natur zurück erobert wurden. Die Akazienforste wurden sofort als Trittsteine zwischen unterschiedlichen bewaldeten Gebieten genutzt und dienen den wandernden Tieren ab sofort als Lebensraum und Unterschlupf. Gemeinsam mit dem WWF haben in Kolumbien Tierzählungen und -beobachtungen stattgefunden. Wir sind stolz darauf, dass dort Arten verzeichnet wurden, die auf der roten Liste der zu schützenden Arten stehen. Das alles zeigt: Die Natur nimmt jede Hilfe an – wir müssen es nur tun.

Renditesucher und Schnäppchenjäger

Unsere Kunden, die sich in der Regel lange und ausführlich mit uns und unseren Angeboten beschäftigen, bevor sie dann investieren, suchen nach einem Modell, in dem ihr Geld einen positiven Effekt hat. Es reicht ihnen nicht, eine Maximalrendite zu erzielen, wenn der dafür zu zahlende Preis Umweltzerstörung ist oder sogar schlechte Arbeitsbedingungen bedeutet. Sie suchen nach einer Möglichkeit, ihr Geld gut zu investieren, um Erträge zu generieren, streben aber nicht nach maximaler Rendite.

Die Art und Weise, wie wir unsere Projekte betreiben ist aufwändig. Das Einhalten von Arbeitsschutz, regelmäßiges Monitoring, weitgehender Verzicht auf Pestizide und unser Konzept der Mischbewaldung führen zu Aufwand. Ebenso wie die Überprüfung durch externe Organisationen wie dem FSC und UTZ oder die Auditierung der Geschäftsberichte und Erstellung zahlreicher Forstberichte und Projektdokumentationen. Langfristig betrachtet entsteht bei unseren Projekten aber viel mehr als nur ein Ertrag am Ende der Laufzeit. Bei fast allen unseren Projekten geht es aus der Perspektive der Natur danach erst richtig los. Das spürt der Investor nicht

[FORESTFINANCE]

im eigenen Geldbeutel, es ist aber wichtig bei der Beurteilung der Modelle. Viele Wettbewerber zielen auf Geldanleger mit der Strategie, in kürzester Zeit einen Maximalertrag zu erzielen. Dass am Ende von 25 Jahren auf einer Fläche von Monokultur Teak-Plantagen keine Biodiversität bleibt und auch kein bisschen Vegetation oder Tierwelt, leuchtet jedem ein. Aktuell wissen wir noch nicht einmal, ob diese Monokulturen am Ende überhaupt mehr Erträge produzieren und somit auch finanziell rentabel sind. Für die Natur sind diese Angebote kein Gewinn. Am Ende bleibt nach der Ernte eine übersäuerte Wüste ohne Leben und wenig Optionen für die Zukunft. Nachhaltig ist das nicht. Unsere Projekte dagegen enden nicht nach der Ernte. Für die Natur beginnen sie dann überhaupt erst.

Im Zuge eines Redaktionsgespräches fragte mich einmal ein Analyst, der es bis dahin gewohnt war, Immobilien-, Flugzeug- oder Container-Fonds nach Kriterien wie „Weichkosten", „Fremdkapitalquote" und „Vertriebsprovisionen" zu bewerten, wieviel Rendite denn dieser Nachhaltigkeits-Kram kosten würde. Mit einer solchen Betrachtung und einem solchen Erwartungshorizont wird es langfristig keine nachhaltigen und naturschützenden Anlageprojekte geben. Wer auf der Suche nach Maximalerträgen ist, der wird dort landen, wo die Wasserrechte gesichert wurden und mit viel Aufwand Natur zerstört wurde, um besonders effektiv Lebensmittel im Industriestandard zu produzieren. Auf der Jagd nach größtmöglicher Effizienz und effektivstem „shareholder-value" hat die Natur keinen Platz.

In unseren Projekten erleben wir bereits jetzt, dass Natur und Mensch vor Ort davon profitieren. Auf lange Sicht. Und das insbesondere dann, wenn es uns gelingt auch weiterhin, die Wertschöpfung zu erweitern. Die Durchforstungshölzer unserer ältesten Flächen in Panama werden in unserem eigenen Sägewerk und unserer Schreinerei gesägt, getrocknet und verarbeitet. Zwar ist es sehr aufwändig, vor Ort eine solche Infrastruktur aufzubauen und die Menschen auszubilden. Aber im Ergebnis ist es eine wunderbare Erfahrung, wenn die durchforsteten Bäume vor Ort verarbeitet und am Ende für die Ausstattung von neu gebauten Immobilien im Lande verwertet werden.

Auch bei den Kakaoflächen sorgen wir für erweiterte Wertschöpfung: Durch den Aufbau einer der modernsten Trocknungsanlagen in Mittelamerika sichern wir die gleichbleibende Qualität der Edelkakaobohnen und sind unabhängig von Wetter und Klima. Darüber hinaus verarbeitet eine kleine aber feine Schokoladenmanufaktur in Panama City die Bohnen aus dem Projekt und bietet Touristen und genießenden Kunden mit einem Café in der Altstadt ein einmaliges Erlebnis. Auch die Botschaft Panamas in Berlin und das Konsulat in Hamburg verwenden diese Schokoladenspezialitäten, um Gästen ein Stück Heimat näherzubringen. Jede Maßnahme, die den Absatz der Rohstoffe erleichtert, jede Aktivität, die den Wert der

[BEST PRACTICE]

Die Kakaobohnen werden nach der Ernte in der eigenen Nacherntestation getrocknet.
Foto: © ForestFinance

Rohstoffe erhöht, verbessert den Ertrag. Deshalb suchen wir permanent nach neuen Wegen, experimentieren mit zusätzlichen Rohstoffen und Ideen.

Als Ergebnis dieser Haltung können wir heute eigene Bienenvölker benennen, die in Kolumbien einen außergewöhnlichen Akazienhonig und in Panama nahe den Mangroven einen sehr salzhaltigen Honig produzieren. Und in diesem Sinne erforschen wir, welche Arten gut zu kombinieren sind mit unseren Wäldern, versuchen Vanille zu integrieren oder Cashewnüsse.

ForestFinance ist CSR pur

Nach nunmehr fast 25 Jahren Erfahrung stellen wir fest, dass unserer Geschäftsidee etwas wirklich sehr Einmaliges zu Grunde liegt: Globale Verantwortung! Forest Finance ist in vielen Organisationen und bei vielen Initiativen Mitglied. Die meisten unserer Begleiter, die überwiegend aus dem produzierenden Bereich stammen, entwickeln über die Jahre ein ökologisches Gewissen und versuchen das bestehende Geschäftsmodell – also die Produktion – umweltfreundlicher, ressourcenschonender und nachhaltiger zu gestalten. Dabei geraten sie oft in Gefahr, dass alle Maßnahmen zum „Greenwashing" degradiert werden, obwohl die Aktivitäten nachweislich zu besseren ökologischen Bedingungen führen. Anders bei uns, unser Geschäft ist die Herstellung von Biodiversität und Natur. Wir übernehmen globale Verantwortung mit unserem täglichen Tun, in allen Ländern in denen wir aktiv sind: In Europa, Asien, Mittelamerika und Nordafrika. Dafür wurden wir im vergangenen Jahr mit dem deutschen CSR-Preis in der Kategorie „Globale Verantwortung" belohnt.

Die echte Belohnung aber bekommen wir täglich, wenn wir sehen, dass unser Konzept aufgeht und Menschen mit gut bezahlter Arbeit Natur ermöglichen. Wenn aus fairem Rohkakao ohne Kinderarbeit köstliche Schokoladen und Pralinen entstehen. Wenn Möbel aus unserem zertifizierten Holz gebaut werden. Wenn Tiere heimisch werden und Biodiversität entsteht, wo bis vor kurzem nur Rinder gegrast haben. Das alles ist nur möglich, weil bis heute mehr als 20.000 Kunden angesteckt von unserem Virus insgesamt rund 100 Millionen Euro in unsere Ideen investiert haben. Sie haben alles das ermöglicht, was wir bis heute geschaffen haben. Eben eine Geschäftsidee mit Wirkung.

[BEST PRACTICE]

INTERVIEW

„Unser Produkt ist Wald"

DAS INTERVIEW FÜHRTE TIM BARTELS
MIT HARRY ASSENMACHER, FORESTFINANCE

Dass sein Unternehmen 2018 den Deutschen CSR-Preis bekommt, wollte Harry Assenmacher in Stuttgart nicht so recht glauben. Der Anbieter von Waldinvestments rechnete sich dort ausgerechnet gegen den Mitfinalisten, den hoch umstrittenen, aber mittlerweile scheinbar geläuterten Textildiscounter Kik, keine Chance aus. „Wir sind hier in Baden-Württemberg und vielfach spielt hier auch Sponsoring eine große Rolle", zweifelte er. Es kam dann aber anders. Forest-Finance wurde Gewinner in der Kategorie „Globale Verantwortung". Assenmacher findet den Preis fürs Image „nicht verkehrt". Doch sein Unternehmen, betont er, setze mehr darauf, dass „unsere Kunden, wenn sie mit uns zufrieden sind, davon erzählen und ihre Bekannten werben".

Herr Assenmacher, Sie haben, wie es in Ihrer Unternehmensgeschichte heißt, anno 1995 in Panama mit der Aufforstung ökologischer Mischwälder begonnen. Zur eigenen Altersvorsorge! Wie wurde daraus Forest Finance?

Meine Altersvorsorge sah damals nicht so gut aus. Deshalb wollte ich etwas aufbauen, was in 20, 25 oder 30 Jahren wirksam würde. Darauf gekommen bin ich, weil während meiner Zeit beim BUND in Bonn der FSC-Standard entwickelt wurde. Im Kontakt mit diesen Arbeitskreisen lernte ich Forstunternehmen kennen: deutsche, skandinavische – und auch tropische. Einer dieser Forstbetriebe aus Panama wurde von einem Deutschen geleitet, der mich einlud. Ich hab dann dort meine eigenen drei Hektar aufgeforstet.

[FORESTFINANCE]

Drei Hektar sind weniger als drei Fußballfelder.

Ja? Das weiß ich nicht in Fußballfeldern, es waren ungefähr 30.000 Quadratmeter. Dann kamen Freunde dazu und wollten mitmachen. Und so ist das langsam gewachsen. Schließlich habe ich den „Baumsparvertrag" entwickelt und übers Internet vermarktet. Da kamen dann immer so ein paar Hektar pro Jahr auf einen Schlag zusammen. Das sind gar keine riesigen Flächen insgesamt. Inzwischen haben wir über 4.000 Hektar in Panama. Und rund 20.000 Hektar weltweit. Um Ihnen mal ein anderes Beispiel zu nennen: ein typischer Kakaobauer dort hat zwischen einem halben und fünf Hektar.

Also Privatleute haben Ihnen Geld gegeben, und damit haben Sie dann weiteres Land gekauft, um weiter aufzuforsten?

Genau. Und dadurch kam dann immer pro Jahr eine Fläche zusammen, die dann auch rentabel war für das Forstunternehmen, an einem Stück aufzuforsten.

Und was war da vorher? Abgeholztes Land?

Ja, das sind alles degradierte Weideflächen und kaputter Boden. Wir sind das erste Unternehmen, das dort schon 1996/97 FSC-zertifiziert worden ist. Und trotzdem ging die Entwicklung wirtschaftlich weiter für dieses Forstunternehmen. Die

Ein Weißwedelhirsch auf einer Forest-Finance-Akazienplantage in Kolumbien.
Foto: © ForestFinance

[BEST PRACTICE]

hatten 2006 einen Riesenauftrag in Nicaragua und sagten: Wir hören in Panama ganz auf. Dann mussten wir sagen: Okay, dann müssen wir euch leider jetzt kaufen! Weil wir ja unsere Kunden nicht alleine lassen konnten. Wir haben dann die Firma gekauft und sind praktisch über Nacht zum Förster geworden. Dann kam Kakao dazu. Heute ist so die Vision: weltweiter Bauernhof im Rahmen von Crowdfarming. Also im Grunde das, was Sie hier mit Erzeuger-Verbraucher-Genossenschaften auch haben, nur eben global: Man sponsert nicht nur den Demeterhof am Stadtrand und holt da seine Gemüsekiste ab, sondern beteiligt sich an Aufforstungen. Wir haben inzwischen Bananen in Costa Rica, Cashew in Kolumbien und fangen mit Datteln und Oliven in Marokko an. Auch Vanille haben wir angepflanzt, das dauert aber noch zwei, drei Jahre. Da bin ich sehr gespannt.

Das Aufforsten bedeutet ja aber auch Forstwirtschaft: Sie wollen da auch Holz ernten.
Wird dann auch, ja. Wobei der Unterschied der ist, dass wir nicht wie in Skandinavien Flächen komplett abrasieren. Bei uns wird selektiv durchforstet. Die Ernte ist ein massiver Eingriff, gar keine Frage, aber da bleibt ein komplexes, in sich funktionierendes Waldsystem. Deswegen sagen wir ja auch: Unser Produkt ist Wald. Wir haben über die Naturverjüngung einen funktionierenden Wald, den Sie dann auch weiter bewirtschaften können, dem Sie also alle paar Jahre auch etwas entnehmen können, ohne dass Sie das System Wald zerstören. Abgesehen davon, dass wir sowieso immer mindestens zwanzig Prozent reine Schutzfläche ausweisen.

Sie sind jetzt auch in anderen Ländern als Panama aktiv. Wo immer Brachflächen zur Verfügung stehen, schlagen Sie zu, um Ihr Aufforstungsprojekt weiter zu entwickeln?
Soweit wir das können. Für ein tropisches Unternehmen sind wir Gärtner. Die wirklich großen Player haben sechsstellige Hektarflächen, die sie dann schön quadratisch anlegen. Wir machen ja kein Landgrabbing.

In Panama leben Familien, die in Rente gehen und deren Kinder längst Bankangestellte in Panama City sind und nicht mal im Traum daran denken, wieder aufs Land zu gehen. Das sind so typische Flächen, die wir gekauft haben. Das ist übrigens für die CO_2-Zertifzierung im Goldstandard eine wichtige Frage. Wir müssen nachweisen, dass der Bauer, dem wir seine Weide abgekauft haben, nicht das Geld nimmt und irgendwo anders Wald kauft und abhackt. Das müssen wir belegen, wenn wir über die Aufforstung CO_2-Zertifikate erzeugen.

Wie lange sind Sie schon im Zertifikatehandel?
Wir waren mit eines der ersten Unternehmen in Deutschland. Ich hab den CO2OL e.V. (Verein zur Verminderung von Kohlendioxid in der Atmosphäre) 1997

gegründet. Was wir machen, unterscheidet sich von der üblichen Zertifikateerzeugung physikalisch. Wir entziehen nämlich der Atmosphäre tatsächlich das CO_2 und deponieren den Kohlenstoff im Wald. Während andere, die zum Beispiel ein Wasserkraftwerk bauen, in Zukunft dafür sorgen, dass weniger CO_2 deponiert wird. Das ist ein anderer Vorgang. Wir dagegen berechnen den CO_2-Müll einer Firma und wandeln den in Wald um. Und dann kann die Firma sich den auch angucken und anfassen. Der steht da ja bei uns.

Auch in Deutschland sind Sie aktiv, da kooperieren Sie mit der Eifelgemeinde Hümmel.
Da machen wir unsere Lieblingsprojekte, nämlich alte Wälder zu schützen, indem man versucht, auch ein wirtschaftliches Modell daraus zu machen. Wir haben dort den „Final Forest" entwickelt, betreiben da einen Waldfriedhof und nehmen diesen Wald aus der Bewirtschaftung.

Sie verkaufen dort also Grabplätze und garantieren, dass der Wald unberührt bleibt?
Das ist das Konzept. Was übrigens bei den meisten anderen Waldfriedhöfen nicht so ist, die werden fast alle noch bewirtschaftet.

Der Waldfriedhof „Rest in Trees" in der Eifel ist ein naturnaher Buchen- oder Eichenwald.
Foto: © ForestFinance

[BEST PRACTICE]

Sind Sie nur deswegen mit der Gemeinde ins Geschäft gekommen?
Nein, wir haben dort noch „Wilde Buchen". Ein reines Charity-Projekt, bei dem Unternehmen sagen können: Als Add-on schützen wir noch einen alten deutschen Urwald.

Kann man den dann stückchenweise kaufen?
Nein, der gehört der Gemeinde. Das nimmt die ein und erlöst damit das, was sie bekäme, wenn sie die Buchen verkaufen würde.

Das Buchenareal dort ist aber zu klein, um es dem Unesco-Weltnaturerbe zuzuschlagen?
Ja, das ist viel zu klein. Wir sind wirklich immer noch ein kleines Unternehmen.

Wie viele Mitarbeiter beschäftigen Sie denn?
In Bonn, in unserer Zentralverwaltung, sind wir 25 bis 29. Wenn ich die Projektländer dazurechne, mit allen Dienstleistern, dürften das so zwischen 400 und 500 Mitarbeiter sein.

Sie sind damit noch nicht zu einem nichtfinanziellen Bericht verpflichtet.
Machen wir aber, wir veröffentlichen regelmäßig einen Umweltbericht und einen CSR-Report. Das gönnen wir uns. Auch zum Üben, um den Überblick zu bewahren, weil wir ja FSC-zertifiziert sind. Es war aber auch eine bewusste Entscheidung, weil wir wirtschaftlich ein anderes Beispiel geben wollten. Das ist zugegebenermaßen mit Wald relativ einfach. Autoindustrie wäre schwieriger. Aber wir sind natürlich jeden Tag in der Zwickmühle zwischen betriebswirtschaftlicher Entscheidung, Controllern und Ökologie.

Versprechen Sie in Ihren Prospekten auch Renditen? Es soll ja bei Ihnen mittlerweile auch Ausschüttungen gegeben haben.
Wir versprechen keine Rendite. Wir versprechen einen ordentlichen Wald, der Werte schafft. Die kann man vermutlich auch in monetäre Werte umwandeln. Was also die Rendite angeht, erzählen wir immer: Sie könnte zwischen null und zehn Prozent liegen. Heute ist die Zinssituation eine andere, als vor 20 Jahren. Wenn Sie sagen: Es gibt drei, vier, vielleicht gar fünf Prozent, dann wird geschrien: So eine hohe Renditeerwartung ist ja unseriös! Dabei ist sie genau die gleiche geblieben, die ganzen Jahre. Und wir haben die bis jetzt immer geschafft. Aber keiner kann die garantieren.

[FORESTFINANCE]

Wie sehr spielt das Klima eine Rolle?
Spielt eine Rolle, sicher. Aber entscheidend ist die Arbeit in den ersten fünf Jahren. Wenn Sie einen Baum vermarkten wollen, sind die ersten sechs Meter die, die das Geld bringen. Wenn sie die verhunzen in den ersten Jahren, ist der Baum wertlos, auch in 30 Jahren.

Kann man auf Ihren Flächen bereits nach zwanzig Jahren mit einer Holzernte rechnen?
Ja, nach 20 bis 25 Jahren. In den Tropen wachsen die Bäume ja vier- bis fünfmal so schnell. Trotzdem sind das Plantagenhölzer, da darf man sich keine Illusionen machen. Das ist nicht Regenwald, nein, das ist ein naturnaher Wirtschaftswald.

Und die Investoren werden eingeladen, sich Ihren Wald anzugucken?
Gerne. Das war früher völlig exotisch, weil es weit war. Heute vergeht kein Monat, in dem wir nicht einen Kunden vor Ort haben. Alle Flächen sind auf den Quadratmeter vermessen und digitalisiert. Das heißt, wenn Sie einen „Baumsparvertrag" kaufen mit 125 Quadratmetern, können wir die genau zeigen.

Die drei Hektar, mit denen Sie 1995 begonnen haben, haben Sie da schon geerntet?
Da hab ich schon geerntet, oh ja. Wir haben ja inzwischen auch eine eigene Holzverarbeitung. Alles klein, aber beispielhaft. Die Leute, die bei uns heute dort arbeiten, haben ihre Schreinerausbildung gemacht. Angefangen haben die mal mit Löchergraben und Bäumchengießen. Nun haben die eine Ausbildung.
Beim Kakao genau das Gleiche: Wir haben eine kleine Schokoladenfabrik und ein eigenes Café in der Altstadt von Panama City. Wir zeigen damit: Man muss nicht immer nur Rohkakao ganz billig nach Europa exportieren, man kann auch das Fünffache an Wertschöpfung im Land selbst erwirtschaften. Das sind alles kleine Beispiele. Aber so könnte es auch in größerem Maßstab gehen.

Forest Finance könnte da als Nachhaltigkeitsunternehmen par excellence Vorbild sein.
Ja, aber man muss auch ehrlich sein. Wir haben Glück, mit dem, was wir tun. Die meisten Unternehmen betreiben Ökologie und Nachhaltigkeit aus ihrem Nachhaltigkeitsetat heraus. Oder aber, weil der Controller sagt, wenn wir Strom sparen, sparen wir Geld. Überall wo Sie Geld sparen können, kommen Sie in einem normalen Unternehmen mit Ökoideen weiter. Aber das Kernbusiness ist davon nur betroffen und wird geändert, wenn es gesetzliche Zwangsvorgaben gibt. Sonst machen die das nicht.

[BEST PRACTICE]

Über den Gesprächspartner

HARRY ASSENMACHER

ist Geschäftsführer der ForestFinance Gruppe. Von 1987 bis 1993 war er Chefredakteur des Mitgliedermagazin des VCD, „fairkehr", und dessen Geschäftsführer. In dieser Zeit entwickelte er unter anderem die noch heute bestehende „Auto-Umweltliste"

Kontakt

Pressestelle ForestFinance
Jan Fockele
Eifelstraße 20
53119 Bonn
Tel.: 0228/94 37 78-21
E-Mail: jan.fockele@forestfinance.de
www.forestfinance.de

RINN BETON- UND NATURSTEIN GMBH & CO. KG

Unternehmerische Verantwortung vom ersten bis zum letzten Schritt

Rinn Beton- und Naturstein ist ein Familienunternehmen in vierter Generation mit Hauptsitz im hessischen Heuchelheim bei Gießen. Innovative Produkte für Garten-, Landschaftsbau und Stadtgestaltung in Kombination mit einem ungewöhnlichen Nachhaltigkeitsengagement haben Rinn Beton zu Vordenkern in dieser energieintensiven Branche gemacht.

Wir denken in Generationen und haben deshalb unser Unternehmen auf nachhaltiges Wirtschaften ausgerichtet. Anfang 2012 haben wir uns verpflichtet, alle unternehmerischen Entscheidungen an den drei Säulen der Nachhaltigkeit auszurichten und zwar für unsere gesamte Wertschöpfungskette. Hierfür sind wir u. a. mit dem Deutschen Nachhaltigkeitspreis 2018 ausgezeichnet worden, als Deutschlands nachhaltigstes mittelgroßes Unternehmen.

Das Strategiehaus – 12 Felder, eine Vision

In unserem Strategiehaus sind die vier thematischen Säulen Markt, Umwelt, Mitarbeiter und Lieferkette dargestellt. Jede Säule ist in jeweils drei strategische Handlungsfelder untergliedert. Dahinter erklären wir unsere Herausforderungen und die damit verbundenen Lösungsansätze.

Das Fundament des Strategiehauses setzt sich zusammen aus den Querschnittsthemen unseres Unternehmens: Dialog mit unseren Anspruchsgruppen, werteorientierte Unternehmensführung und ökonomische Stabilität.

Strategiehaus aus dem Rinn-Nachhaltigkeitsbericht

Das generationenübergreifende Leitbild unseres Familienunternehmens bildet das Dach unserer nachhaltigen Unternehmensstrategie.

CO_2-neutrale Betonproduktion

Die Betonindustrie verbraucht viele Ressourcen, viel Energie und emittiert dementsprechend auch viel CO_2. Dieser Herausforderung stellt sich Rinn – wir wollen als Industrieunternehmen die notwendigen Veränderungsprozesse zu nachhaltigem Wirtschaften im Markt und in der Gesellschaft in Gang setzen. Bisher gibt es kaum klimaneutral hergestellte Betonsteinprodukte, weder in Menge noch Auswahl, obwohl die Nachfrage konstant steigt. Eine Chance für alle Beteiligten, sich weiterzuentwickeln.

Das bedeutet u. a.: eine eigene „Energiewende", die CO_2-neutrale Herstellung aller Produkte, inklusive Logistik der Vorkette und Auslieferung, Reduktion des

[RINN BETON- UND NATURSTEIN]

Frischwasserverbrauchs als Betriebsmittel und die Ressourcenschonung bei mineralischen Rohstoffen z. B. Abbau von Natursteinsplitt.

Projekte und Maßnahmen

Energiewende:
- Aufbau einer eigenen Photovoltaikanlage (ca. 10 % des Bedarfs im Stammwerk)
- Geothermie für Heizung und Kühlung von Gebäuden
- Ökostrom aus Wasserkraft an allen Standorten
- Wärmerückgewinnung bei Drucklufterzeugung
- Umstellung auf LED als Leuchtmittel

Frischwasserverbrauch:
- Ausbau von Brauchwasser-Wiederverwendung in der Produktion
- Bau großer Zisternen zur Regenwassernutzung
- Substitution wertvoller Primärrohstoffe:
- Einsatz hochwertigen Recyclingsplitts statt Kies und Naturstein, zertifiziert durch die Materialprüfanstalt der Bauhaus-Universität Weimar

Klimaneutrale Herstellung:
- CO_2-neutrale Produktion seit 2014 an allen Standorten
- Restmengen, auch die des Transports, werden kompensiert (Finanzierungsunterstützung eines durch die UN-Klimakonvention anerkannten Klimaschutzprojektes)

Ergebnisse

Für nachhaltiges Bauen und dessen Zertifizierungen haben unsere CO_2-neutral hergestellten Produkte große Bedeutung, insbesondere bei Ausschreibungen öffentlicher Großprojekte. Die gesetzliche Grundlage dafür bietet die Novellierung der Vergabevorschrift für umweltfreundliche Beschaffung im Jahr 2016. Aus der geht hervor, dass nachhaltige Produkte in der Auftragsvergabe der öffentlichen Hand als Zuschlagskriterium zulässig sind. In der Praxis bedeutet das eine Berücksichtigung von Umweltsiegeln, Umweltproduktdeklarationen oder Lebenszyklusberechnungen. In Deutschland umfasst das öffentliche Beschaffungswesen etwa 13 Prozent des Bruttoinlandprodukts. Mit diesem Potenzial können Produkte und

Dienstleistungen gefordert werden, die Umweltbelange und die Entwicklung innovativer umweltfreundlicher Produkte unterstützen.

Seit April 2016 verkaufen wir den ersten Recyclingstein am Markt: Hydropor Siliton RC 40. Er hat einen Recycling-Anteil von 40 Prozent und ist klimaneutral hergestellt. Die Deutsche Bahn zeichnete Rinn Beton deshalb 2018 mit dem DB-Lieferantenprädikat in der neuen Kategorie „Umwelt" aus. Das DB-Umweltprädikat erhält Rinn nicht nur für den Quadratpflasterstein RC 40, der unter anderem im „Grünen Bahnhof" Lutherstadt Wittenberg verbaut wurde, sondern auch für die besonders umweltschonende Fertigung der Rinn-Produkte allgemein. Seit 2014 werden alle Produkte CO_2 neutral gefertigt. Seit 2016 erfolgen Transport und Auslieferung der Baustoffe klimaneutral.

Der Frischwasserverbrauch konnte im Vergleich zu 2010 auf ca. 45 Prozent gesenkt werden. Ab 2018 soll der Wasserbedarf vollständig durch Regenwasser gedeckt werden.

Der Maßstab im nachhaltigen Bauen industrieller Fertigungsanlagen – Halle 54

Nachhaltiges Bauen bei Wohn- und Bürogebäuden entwickelt sich zunehmend zu einem baukulturellen Standard. Wir weiten nachhaltige Baukultur ebenso auf unsere Industriegebäude aus: Die Halle 54, das neue Bearbeitungszentrum für Fertigteile, bietet neben hochmodernem Equipment für Präzisionsarbeit beste Arbeitsplatzbedingungen, Gesundheitsschutz, höchste Energieeffizienz und innovative Ressourcenschonung.

Die Ingenieure Alfred Metz und Johannes Schramm zeigen in einem Gemeinschaftsprojekt, wie wir generationsübergreifenden Wissenstransfer leben. Johannes Schramm, Energiebeauftragter des Unternehmens: „Die Vergrößerung der Produktionsstätte in Heuchelheim in den vergangenen Jahren hat eine stetige Weiterentwicklung mit sich geführt. Einzelne Energiemaßnahmen und technische Neuerungen wurden in bereits bestehenden Anlagen umgesetzt. Mit diesem neuen Bearbeitungszentrum für Fertigteile – der Halle 54 – schaffen wir nun mit unserem gewachsenen Know-how im Umgang mit Energie, Staub und Wasser ein wahres Meisterstück. Hier bringen wir unsere gesamte Erfahrung ein und setzen so in unserer Branche einen neuen Maßstab im nachhaltigen Bauen industrieller Fertigungsanlagen."

In der Halle 54 wird die Endbearbeitung von Maßanfertigungen funktional an einem Ort zusammengefasst. Diese Konzentration der verschiedenen Bearbeitungs-

[RINN BETON- UND NATURSTEIN]

Die Ingenieure Alfred Metz und Johannes Schramm entwickelten mit der Fertigungshalle 54 ein Musterbeispiel für nachhaltiges Bauen von Industrieanlagen. Foto: © Rinn Beton

prozesse steigert die Qualität der fertigen Produkte und spart zudem noch Energie, etwa aufgrund verringerter Lasten- und Transportwege. Auf einer Gesamtfläche von 3.300 m² bietet die Halle Platz für drei Bearbeitungsanlagen sowie ein groß angelegtes Rohlingslager. Außerdem sind in dem seitlichen Hallentrakt Versorgungs- und Sozialräume für die Mitarbeiter sowie Besprechungsräume untergebracht.

Johannes Schramm entwickelte gemeinsam mit seinem Geschäftsleitungs-Kollegen Alfred Metz ein geschlossenes Energiekonzept, das nicht nur die Gebäudehülle, sondern die gesamte Nutzung energieeffizient umsetzt. „Mit diesem Konzept berücksichtigen wir die aktuelle Energieeinsparverordnung (EnEV) und erreichen so den KfW Standard 55 für Industriegebäude", erklärt Metz. Die Hauptpunkte des Energieplans sind ein ausgeklügeltes Heizungskonzept, wärmedämmende Bauelemente, ein besonderes Beleuchtungssystem sowie drei moderne Absaugfilteranlagen.

Heizungskonzept

Für das Betreiben der drei Bearbeitungsanlagen wird eine große Menge Druckluft benötigt. Für die Drucklufterzeugung verwendet Rinn eine neue Kompressoranlage mit Wärmerückgewinnung. Diese Maschinen haben zwei nachhaltige Effekte: Zum einen wird über eine intelligente Steuerung nur die Menge Druckluft erzeugt, die gerade benötigt wird. Zum anderen wird die entstehende Wärme zurückgewonnen und dadurch der Wirkungsgrad von 60 Prozent auf 96 Prozent erhöht.

[BEST PRACTICE]

Der Energiebeauftragte ist sichtlich stolz darauf, dass das Unternehmen die technologisch modernsten Konzepte miteinander vereint, die sowohl rentabel als auch umweltschonend sind. „Anstatt die Wärme nach außen zu leiten, geben wir sie dem Heizungssystem über Wärmetauscher zu. Dieses Konzept haben wir bereits in unserer Plattenfertigungshalle eingesetzt, bei der wir so 200.000 kWh im Jahr sparen. Die Wärmerückgewinnung von den Kompressoren (oder von der Drucklufterzeugung) ist sogar etwas größer als der Wärmebedarf der Halle 54, sodass wir das komplette Gebäude ohne zusätzliche Heizungsanlage über eine Fußbodenheizung mit Wärme versorgen können. Darüber hinaus können wir im Sommer die Druckluftabwärme zur Klimatisierung in der Aushärtekammer der Pflasteranlage nutzen. Das kompensiert jährlich nochmal 200.000 kWh des bisher dafür benötigten Gases."

Wärmedämmende Baumaterialien

Der positive Wärme-Einsparungseffekt wird durch die verwendeten Baumaterialien weiter verstärkt. „Um diesen Niedrig-Energiestandard KfW 55 erreichen zu kön-nen, mussten wir mit neu entwickelten, verstärkten Wandelementen, 140 mm dick, einem doppelt abgedichteten Dach und einer rundumlaufenden Dämmung der Bodenplatten arbeiten. Auch Fenster und Tore sind nach diesem Energiekonzept ausgewählt. Das ist nachhaltige Technik auf höchstem Niveau", betont Schramm.

Beleuchtungssystem

Eine ausgeglichene Helligkeit in Tageslichtqualität in der Fertigungshalle sorgt für eine angenehme Arbeitsatmosphäre und ist entscheidend für die Qualitätssicherung, um farbliche Abweichungen an den Produkten beurteilen und vermeiden zu können. Für Tageslicht sorgen in der Halle 54 das durchgängige Dachlichtband und große Fenster an den Seiten. Damit die künstliche Beleuchtung besonders energiesparend ausfällt, wird die optimale Helligkeit mittels einer sensorgesteuerten LED-Beleuchtung entsprechend dem gerade einfallenden Tageslicht automatisch geregelt. Dadurch wird nur so viel Energie verwendet wie nötig.

Moderne Filteranlage

Die in der Halle 54 installierte Filteranlage setzt mit ihrer Absaugleistung neue Standards. Alfred Metz erklärt die besondere Bedeutung für Mensch und Umwelt:

[RINN BETON- UND NATURSTEIN]

„Bei der Bearbeitung der Produkte fallen Stäube an, die über Absauganlagen erfasst und in die moderne Filteranlage eingeleitet werden. Über die Filter werden die Stäube der Absaugluft entzogen und dabei stündlich bis zu 55.000 m³ gereinigte Luft dem Raum wieder zugeführt." Doch mit der sauberen Luft ist es noch nicht getan. Hier bestehen Möglichkeiten zur dauerhaften Energieeinsparung, wie Schramm erklärt: „Durch die Rückführung der gereinigten Luft muss diese nicht mehr aufgeheizt werden. Damit ermöglicht die Filteranlage eine ungefähre Energieeinsparung von 400.00 kWh pro Jahr."

Die Ingenieure beleuchten einen zusätzlichen Effekt – im Sommer kann man sich sogar die Energiekosten für eine Klimaanlage sparen: „In der heißen Jahreszeit bleibt die Absaugluft der Filteranlage nicht in der Halle, sondern wird nach außen abgeleitet. Dabei bewirkt die nachströmende Luft einen Luftaustausch mit der Klimatisierung der Halle."

Dieses geschlossene Energiekonzept ist längst nicht alles, was die Halle 54 an nachhaltigen Maßnahmen bietet. So wird außerdem die Arbeitssicherheit erhöht und es werden Ressourcen wie Bindemittel und Wasser über geschlossene Kreislaufsysteme eingespart.

Erhöhte Arbeitssicherheit

Viele Arbeitsschritte, wie z. B. Transport und ergonomisches Handling von schweren Bauteilen, geschehen in der neuen Halle durch moderne Krantechnik.

Ressourcenschonung durch Recycling

Nach dem Strahlen des Betonstein-Rohlings wird das verwendete Strahlgranulat in den Strahlanlagen der Halle 54 durch ein geschlossenes Aufbereitungssystem vom Betonstaub getrennt und wiederverwendet. Das Granulat wird über ein Fördersystem dem laufenden Strahlvorgang wieder zugeführt. Der abgetragene Betonstaub wird in speziellen Staubsilos gesammelt und bei der Betonherstellung als Füller weiterverarbeitet. Durch diese Anwendung verringert sich der Bedarf an Zement und eine Entsorgung des Staubes entfällt.

In Zisternen sammelt das Unternehmen bis zu 80.000 Liter Regenwasser, um weitere Ressourcen einzusparen. Das gesammelte Oberflächenwasser nutzt Rinn zur Betonherstellung in der Pflasterproduktion, im Werk Heuchelheim beispielsweise für den Hinterbeton. Ein positiver Nebeneffekt: Bei Starkregen wird die Kanalisation entlastet.

[BEST PRACTICE]

Ein zukunftsweisendes Konzept

Mit diesem Konzept für nachhaltige Industriegebäude zeigt Rinn, dass sich die Fertigung einzigartiger Produkte und der nachhaltige Umgang mit Mensch und Umwelt nicht ausschließen. Im Gegenteil: In der Halle 54 greifen die Aspekte ineinander wie eine perfekt konstruierte Maschine. Johannes Schramm: „Wir als Unternehmen sind ein verantwortlicher Teil dieser Gesellschaft. Dementsprechend verhalten wir uns. Entscheidend ist nicht nur, was wir herstellen, sondern auch wie und wo."

Ausblick

Der Aufbau einer geschlossenen Kreislaufwirtschaft, in der jeder Reststoff als neuer Rohstoff eingesetzt werden kann, ist eine der entscheidenden industriellen Aufgaben des 21. Jahrhunderts. Für uns als Industrieunternehmen hat die sichere Verfügbarkeit von Rohstoffen höchste Priorität. In Anbetracht endlicher Ressourcen sehen wir in der Erschließung von Sekundärrohstoffquellen einen zukunftsweisenden Schritt. Ein Ziel von Rinn Beton ist es daher, überall in der Produktion den Ressourcenkreislauf (Stoffkreislauf) zu schließen, z. B. ab 2018 kein Trinkwasser im Produktionsprozess mehr zu verbrauchen. Mit der Markteinführung des RC 40, einem Betonstein mit 40 Prozent Recyclinganteil, haben wir 2016 einen wichtigen Meilenstein erreicht. Bis zum Jahre 2020 soll sich der Recyclinganteil auf 80 Prozent erhöhen.

Der werksinterne Transport und die Mitarbeitermobilität gehörten 2016 zu den größten Emissionsverursachern innerhalb der Werkstore von Rinn. Der nächste Schritt bei der Senkung von Treibhausgasen liegt deshalb in diesem Bereich. Mit unserem neuen Mobilitätskonzept wollen wir unsere Emissionen in den nächsten Jahren deutlich reduzieren. Langfristiges Ziel ist es, den Fuhrpark bestehend aus Pkw, Lkw und Staplern auf Elektromobilität umzustellen.

Den aktuellen Nachhaltigkeitsbericht 2018 finden Sie hier: www.nachhaltigkeitsbericht.rinn.net.

Kontakt
Rinn Beton- und Naturstein GmbH & Co. KG
Christian Rinn
Rodheimer Straße 83
35452 Heuchelheim
Tel.: 0641/6009-0
www.rinn.net

STADTREINIGUNG HAMBURG

Nachhaltigkeitsmanagement bei der Stadtreinigung Hamburg

JULIA UMMENHOFER

Unternehmen, die Nachhaltigkeit in ihre Strategie und Geschäftsprozesse integrieren, tragen zu einer nachhaltigen Entwicklung ihres Geschäftes sowie der Gesellschaft bei. Insbesondere öffentlichen Unternehmen wird angesichts ihrer Tätigkeit, der Bereitstellung öffentlicher Güter und Dienstleistungen, eine besondere Rolle beim nachhaltigen Handeln zugewiesen. Die Stadtreinigung Hamburg (SRH) hat sich im Vergleich zur Branche sehr früh aus ihrem Selbstverständnis heraus für verantwortungsvolles, nachhaltiges Handeln im Sinne des Citizen Value entschieden und wurde dafür von der Stiftung Deutscher Nachhaltigkeitspreis als eines der Top 3 der nachhaltigsten mittelgroßen Unternehmen Deutschlands ausgezeichnet.

Grundlage für eine erfolgreiche Integration von Nachhaltigkeit in das Unternehmen in 2019 ist ein ganzheitliches Nachhaltigkeitsmanagement. Zu den wesentlichen Bausteinen zählen bei der SRH das Umweltmanagement, Qualitätsmanagement, Risikomanagement, die Bekämpfung von Korruption, die Wahrung von Anliegen der Mitarbeiter, die sozial- und umweltverträgliche Ausrichtung der Lieferkette und Nachhaltigkeitsberichterstattung. Die SRH hat in den letzten 20 Jahren ihr Nachhaltigkeitsmanagement sukzessive aufgebaut und entwickelt es stetig weiter.

Stadtreinigung Hamburg

Die Stadtreinigung Hamburg ist Hamburgs größter und führender Dienstleister im Bereich der Abfall- und Ressourcenwirtschaft. Mit mehr als 3.000 Mitarbeiterinnen

[BEST PRACTICE]

und Mitarbeitern bietet sie als Full-Service-Partner im öffentlichen, gewerblichen und privaten Auftrag Wertstofferfassung und Abfallentsorgung sowie Reinigungsleistungen und Winterdienst aus einer Hand. Als öffentlich-rechtlicher Entsorgungsträger und zertifizierter Entsorgungsfachbetrieb sammelt, transportiert, lagert und behandelt die Stadtreinigung die Abfälle aus rund 946.200 Hamburger Wohnungen und 100.000 Gewerbebetrieben. In den vergangen beiden Jahren hat die SRH zwei zusätzliche Verantwortungsbereiche übernommen: 2017 den Bau, die Unterhaltung und den Betrieb von rund 125 öffentlichen Toiletten, Anfang 2018 die Reinigung von Grünflächen, Parks und öffentlichen Spielplätzen.

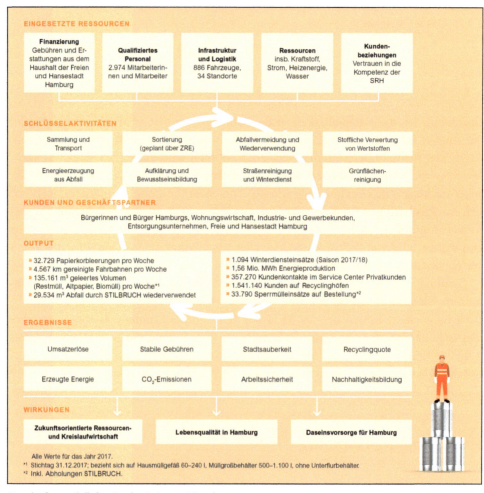

Geschäftsmodell der Stadtreinigung Hamburg

[STADTREINIGUNG HAMBURG]

Ihren Beitrag zur Daseinsvorsorge sieht die SRH eng verknüpft mit dem eigenen Nachhaltigkeitsverständnis. Dieses umfasst ein langfristiges Planen und vorausschauendes Handeln, das den Bürgerinnen und Bürgern Hamburgs nutzt und die Zukunft des Unternehmens sichert. Dabei bestimmen die drei Säulen der Nachhaltigkeit – Ökonomie, Ökologie und Soziales – das unternehmerische Handeln. So hat die SRH in Hamburg schon früh den Wandel von der Abfall- zur Ressourcenwirtschaft eingeleitet, den sie auch in Zukunft weiter forciert. Als Erzeuger regenerativer Energien leistet das Unternehmen seit langem einen Beitrag zur Energiewende in Hamburg. Zur Förderung der Gleichstellung beschäftigte die SRH als erstes kommunales deutsches Unternehmen der Abfallwirtschaft Frauen als Aufladerinnen in der Hausmüllabfuhr.

Nachhaltigkeit bei der SRH

Strategie und Ziele

Nachhaltigkeit ist fester Bestandteil der unternehmerischen Aktivitäten und der Unternehmensstrategie der SRH: Aktiver Umwelt-, Klima- und Ressourcenschutz, hohe Kundenzufriedenheit, optimale Qualitätssicherung, bestmögliche Standards für Arbeitssicherheit und Gesundheitsschutz sowie wirtschaftliche und effiziente Unternehmensführung sind die zentralen Unternehmensziele.

Im Unternehmenskonzept der SRH sind die strategischen Ziele ihrer geschäftlichen Tätigkeit genau definiert. Die Basis für dieses Konzept bildet das von der Freien und Hansestadt Hamburg für die SRH vorgegebene Zielbild und die entsprechenden Regelungen, Richtlinien und Gesetze. Hierzu gehören vor allem das Stadtreinigungsgesetz, die Satzung der SRH sowie das Unternehmenshandbuch. Als Instrument zur Umsetzung der Unternehmensstrategie wendet die SRH seit 2008 die Balanced Scorecard an, in der die Nachhaltigkeitsgrundsätze ebenfalls verankert sind. Das Nachhaltigkeitsprogramm mit strategischen sowie operativen, terminierten Zielen und Maßnahmen basiert auf dem Unternehmenskonzept und der Balanced Scorecard und ist im jährlich erscheinenden Konzern- und Nachhaltigkeitsbericht veröffentlicht. Der Zielerreichungsgrad wird regelmäßig überprüft und durch die Geschäftsführung einmal im Jahr an den Aufsichtsrat berichtet.

In Zielvereinbarungsgesprächen, die zu Beginn jedes Kalenderjahres zwischen allen Beschäftigten und ihren Vorgesetzten stattfinden, werden die Unternehmensziele, zu denen auch Nachhaltigkeitsziele zählen, auf die verschiedenen Organisationsbereiche und Ebenen heruntergebrochen, operationalisiert und konkretisiert.

[BEST PRACTICE]

Dadurch stellt das Unternehmen sicher, dass Nachhaltigkeit im ganzen Unternehmen gelebt und in den Prozessen verankert wird. Die Zielerreichung ist mit einer leistungsbezogenen Lohn- und Gehaltskomponente verbunden. Die Transparenz der Zielerfüllungsgrade wird durch zielgerichtete Kommunikation sowie Controlling-Instrumente erreicht.

Organisation

Verantwortlich für die Entwicklung, Umsetzung und Einhaltung der für Nachhaltigkeit geltenden Anforderungen ist die Geschäftsführung der SRH. Sie schafft die organisatorischen Voraussetzungen im Unternehmen, entscheidet über die betriebliche Unternehmenspolitik sowie Ziele und Maßnahmen und vertritt das Unternehmen gegenüber Dritten. Der/die Managementbeauftragte sorgt für die Erstellung der erforderlichen Dokumente für die Zertifizierung als Entsorgungsfachbetrieb, für das Umweltschutz-, Arbeitssicherheits- und Qualitätsmanagement, die Freigabe durch die Geschäftsführung und die Umsetzung im Betrieb.

Die Überprüfung und Aktualisierung des Nachhaltigkeitsprogramms ist bei der SRH organisatorisch in der Unternehmenskommunikation verankert. Zu den weiteren Aufgabenfeldern gehören die jährliche Erstellung des Konzern- und Nachhaltigkeitsberichtes sowie die Durchführung von Stakeholder-Dialogen und Beratung der Abteilungen zum Thema Nachhaltigkeit. Durch die Stabsstellenfunktion ermöglichen die kurzen Wege zur Geschäftsführung schnelle und strategische Entscheidungen, während Aktivitäten direkt von der Kommunikationsabteilung an interne und externe Stakeholder vermittelt werden können.

Integriertes Managementsystem

Die Umsetzung des Nachhaltigkeitsprogramms wird im Rahmen des integrierten Managementsystems sichergestellt. Es umfasst alle Unternehmensbereiche und gibt die Regeln für die Dokumentation, Implementierung, Aufrechterhaltung und Fortschreibung der Unternehmensziele vor. Zudem stellt es sicher, dass alle Regelwerke und geltenden Rechtsvorschriften sowie eine Vielzahl nationaler und internationaler Normen und Standards im Unternehmen bekannt sind und eingehalten werden können.

So umfasst das integrierte Managementsystem Methoden und Instrumente zur Einhaltung von Anforderungen aus verschiedenen Bereichen in einer einheitlichen Struktur. Durch Nutzung von Synergien und die Bündelung von Ressourcen ist – im Vergleich zu einzelnen, isolierten Managementsystemen – ein schlankes, effizientes Management möglich. An erster Stelle steht die Zertifizierung zum Entsorgungsfachbetrieb (EfbV), die das Unternehmen bereits 1998 erstmals durchgeführt hat. In den darauffolgenden Jahren wurden ergänzt: Das Umweltmanagementsystem zertifiziert nach EMAS III, das Qualitätssicherungssystem zertifiziert nach ISO 9001 (ISO 9001: 2015) für alle Unternehmensbereiche sowie das Arbeitsschutzmanagementsystem zertifiziert nach OHSAS 18001 (OHSAS 18001: 2007).

Regelmäßige interne und externe Audits sowie der stetige Dialog mit allen Mitarbeiterinnen und Mitarbeitern sichern die Einhaltung der gesetzlichen Vorschriften, die Umsetzung der Unternehmenspolitik und definierten Leistungsindikatoren sowie Ziele und Programme.

Korruptionsprävention und Compliance

Die Aufforderung zur Einhaltung von Gesetzen und Regeln und die Korruptionsprävention sind ein wesentlicher Bestandteil der Unternehmensleitlinien der SRH. Diese beschreiben und definieren die Erwartung an die Grundhaltung aller Beschäftigten. Dabei legt das Unternehmen besonderen Wert auf Verhaltensweisen, die Kunden von einem öffentlichen Unternehmen erwarten und die für den gegenseitigen Umgang im Betriebsalltag unerlässlich sind: Wertschätzung, Ehrlichkeit und Loyalität sind dabei die zentralen Werte, die auch in den Unternehmensleitlinien für alle Mitarbeiterinnen und Mitarbeiter verbindlich definiert sind. Durch klare Vorgaben sowie regelmäßige Schulungen zur Korruptionsprävention gibt die SRH ihren Beschäftigten Orientierung, wie sie sich in ihrem Arbeitsalltag regelkonform verhalten. Zudem besteht eine dienstliche Anordnung zur Regelung der Annahme von Belohnungen und Geschenken unter definierten Voraussetzungen, die für alle Mitarbeiterinnen und Mitarbeiter gültig ist. Die Kenntnis der Anordnung muss jährlich von allen Beschäftigten bestätigt werden. 2018 hat die SRH ein E-Learning-Modul zur Schulung über die Regularien „Annahme von Belohnungen und Geschenken" sowie zur Korruptionsprävention eingeführt. Jeder Beschäftigte ist verpflichtet, dieses Modul einmal im Jahr zu absolvieren. Die Antikorruptions-Beauftragte, die fachlich weisungsfrei ist und direkt an die Geschäftsführung berichtet, koordiniert die Maßnahmen und ist Ansprechpartnerin für alle Beschäftigten. Ein jährlich aktualisierter Gefährdungsatlas stellt die für die Geschäftsbereiche der SRH bestehenden Korruptionsgefahren dar.

[BEST PRACTICE]

Die SRH bekennt sich bereits seit 2009 zum Hamburger Corporate Governance Kodex. Dieser gibt die Grundlagen für die Führung, Überwachung und Prüfung des Unternehmens vor und trägt zu einer höheren Transparenz bei. Eine geprüfte Entsprechenserklärung veröffentlicht die SRH jährlich im Konzern- und Nachhaltigkeitsbericht.

Mitbestimmung

Den Beschäftigten der SRH stehen viele Möglichkeiten offen, sich aktiv in die Gestaltung für ein nachhaltiges Unternehmen einzubringen. Bereits seit 1995 können die Mitarbeiterinnen und Mitarbeiter beispielsweise ihre Ideen und Verbesserungsvorschläge über das betriebliche Vorschlagswesen einreichen. Die Vorschläge reichen von der Erleichterung der Arbeitsabläufe, Erhöhung der Arbeitssicherheit und Förderung des Umweltschutzes bis hin zum Abbau von Krankenständen. In Mitarbeiterumfragen erhebt das Unternehmen systematisch die Meinung der Belegschaft. Den direkten und persönlichen Dialog ermöglichen die jährlich stattfindenden Zielvereinbarungs- und Feedback-Gespräche. Diese bieten den Mitarbeiterinnen und Mitarbeitern die Gelegenheit, Schwierigkeiten und etwaige Hürden bei der Bewältigung der alltäglichen Arbeit zu identifizieren, Verbesserungsvorschläge aufzugreifen sowie Lösungsmöglichkeiten aufzuzeigen. Beim Dialogformat „Geschäftsführung vor Ort" besucht der Sprecher der Geschäftsführung zu angekündigten Terminen Betriebsplätze, um den Mitarbeiterinnen und Mitarbeitern anstehende Unternehmensentscheidungen im persönlichen Gespräch zu erläutern und aktuelle Probleme zu diskutieren. Ziel ist es, den Beschäftigten mehr Raum für den persönlichen Austausch zu geben und sicherzustellen, dass bei notwendigen Veränderungsprozessen alle eingebunden und „mitgenommen" werden. Die interne Kommunikation informiert aktuell und umfassend über die zweimonatlich erscheinende Mitarbeiterzeitung „HievOp", über das SRH-Intranet und über Informationsmonitore in den Kantinen.

Nachhaltigkeit in der Lieferkette

Mit einem Einkaufsvolumen von rund 92,5 Millionen Euro in 2017 und der Beauftragung von etwa 1.700 Firmen setzt die SRH Maßstäbe für die Wirtschaft in der Metropolregion Hamburg. Rund 54 Prozent der Aufträge hat das Unternehmen im Jahr 2017 an regionale Anbieter vergeben. Dabei erwartet die SRH ihre hohen

Qualitäts-, Umwelt-, und Sicherheitsstandards auch von allen Vertragspartnern. Zur Schonung der Umwelt und zur Reduzierung des Ressourcenverbrauchs bewertet die SRH neben wirtschaftlichen Aspekten wie den Preis auch ökologische Kriterien wie den Lebenszyklus, die Reparaturfreundlichkeit und Recyclingfähigkeit von Produkten, die umweltfreundliche Anlieferung oder den Primärenergieverbrauch sowie die Energieeffizienz von Geräten. Die Vorgaben sind in einem unternehmensinternen Umweltleitfaden festgehalten, den die SRH stetig weiterentwickelt.

Als öffentlicher Auftraggeber ist die SRH dem Hamburgischen Vergabegesetz verpflichtet, das 2017 angepasst wurde. Demnach sollen auch fair gehandelte Produkte vorrangig beschafft werden, sofern das wirtschaftlich vertretbar und ein Markt vorhanden ist. Ein Großteil der Entsorgerinnen und Entsorger der SRH ist inzwischen mit nach Fair-Trade-Kriterien beschaffter Arbeitskleidung ausgestattet. Der Lieferant ist nach SA8000 zertifiziert.

Zudem fordert das Unternehmen seit langem die Einhaltung der ILO-Kernarbeitsnormen, wie das Verbot von Kinder- und Zwangsarbeit, ebenso wie die Zah-

Erstes vollelektrische Müllsammelfahrzeug geht 2019 bei der Stadtreinigung Hamburg in Betrieb. Foto: © SRH

[BEST PRACTICE]

lung branchenüblicher Mindestlöhne ein. Wenn ein Lieferant dies nicht bestätigt, kann er von der Beauftragung ausgeschlossen werden.

Auch wenn Dritte mit der Erfüllung von Aufgaben beauftragt werden, die zu der Entsorgungspflicht der SRH zählen, ebenso wie beim Verkauf und der Vermarktung der Wertstoffe gelten prinzipiell die gleichen Maßstäbe zur Einhaltung von Nachhaltigkeitsstandards: faire Arbeitsbedingungen und Bezahlung sowie Energie- und Ressourceneffizienz. Die SRH behält sich ein jederzeitiges Besuchsrecht auf Entsorgungsanlagen vor, das von den eigenen geschulten Mitarbeiterinnen und Mitarbeitern auch regelmäßig wahrgenommen wird.

Konzern- und Nachhaltigkeitsbericht

Um die vielfältigen Nachhaltigkeitsleistungen zu dokumentieren, hat die SRH bereits 2006 – als erstes kommunales Unternehmen Hamburgs – einen Nachhaltigkeitsbericht veröffentlicht, der alle drei Jahre erschien. 2009 wendete sie erstmals den Leitfaden der Global Reporting Initiative (GRI) an und war damit Vorreiter unter den kommunalen Betrieben der Abfallwirtschaft in Deutschland. Die seitdem regelmäßig erstellten Nachhaltigkeitsberichte entsprechen nicht nur dem internationalen Berichtsstandard, sie erfüllen auch die höchsten Anforderungen hinsichtlich der Tiefe und des Umfangs der Berichterstattung. Um zu verdeutlichen, dass Nachhaltigkeit fester Bestandteil des unternehmerischen Handelns ist, führte die SRH 2015 ihre Konzernberichterstattung mit der Nachhaltigkeitsberichterstattung zu einem jährlich erscheinenden „Konzern- und Nachhaltigkeitsbericht" zusammen. Ergänzend gibt sie seit 2013 eine Entsprechenserklärung zum Deutschen Nachhaltigkeitskodex (DNK) ab.

Der aktuelle Konzern- und Nachhaltigkeitsbericht entspricht wie die drei vorherigen Berichte der Stufe „comprehensive" nach GRI Standards („comprehensive" = vollumfänglicher Bericht, der alle wesentlichen Themen und die dazu gehörenden spezifischen Standardangaben vollständig abbildet und alle allgemeinen Standardangaben erfüllt). Grundlage für den Bericht bildete eine umfangreiche Wesentlichkeitsanalyse. Hierfür hat die SRH in einem internen Workshop mit der Geschäftsführung, den Mitarbeiterinnen und Mitarbeitern des Nachhaltigkeitsmanagements sowie den Abteilungsleitungen die in den Vorjahren definierten 40 wesentlichen Themen des Unternehmens zu 15 Themen gruppiert und priorisiert. Um die Ergebnisse aus externer Sicht zu bewerten, hat die SRH ihre relevanten Stakeholder zu einem Roundtable eingeladen. Vertreten waren Gesellschafter und Aufsichtsrat der SRH, Politikerinnen und Politiker, gemeinnützige Organisationen und Initiativen, soziale Kooperationspartner, Verbände, Wohnungswirtschaft, Kunden, Geschäftspartner, Arbeiternehmervertreterinnen und -vertreter sowie Forschung und Wissenschaft. Alle Teilnehmerinnen und Teilnehmer zeichnete aus, dass sie einen Bezug zur SRH haben, sich in Hamburg engagieren oder Experten für Nachhaltigkeit sind. In intensiver Kleingruppenarbeit diskutierten sie die wesentlichen Themen und bewerteten anschließend, welche aus ihrer Sicht zentrale Herausforderungen für die SRH darstellen.

Die SRH hat sich aus ihrem Selbstverständnis als öffentliches Unternehmen heraus für die regelmäßige Veröffentlichung von Nachhaltigkeitsberichten entschieden. Die Wesentlichkeitsanalyse zeigt jedoch, dass der Bericht für die SRH mehr ist, als die reine Information der externen Stakeholder. Das Unternehmen setzt sich mit den Anforderungen und Erwartungen der Anspruchsgruppen auseinander, nimmt diese ernst und berücksichtigt sie in der Erstellung des Nachhaltigkeitsprogramms und bei strategischen Fragestellungen. Zudem wirkt der Bericht nach innen: Er sensibilisiert die Mitarbeiter für Nachhaltigkeit, integriert Nachhaltigkeit in alle betrieblichen Abläufe und Prozesse, stößt neue Projekte an, dient der Überprüfung der Zielerreichung und schafft Transparenz.

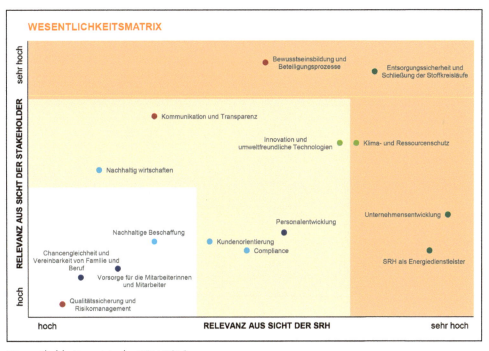

Wesentlichkeitsmatrix der SRH 2018.

[BEST PRACTICE]

Über die Autorin

JULIA UMMENHOFER

ist seit 2011 als Referentin für Nachhaltigkeit bei der Stadtreinigung Hamburg tätig. Schwerpunktthemen ihrer Arbeit sind das Nachhaltigkeitsmanagement sowie die interne und externe Kommunikation zu nachhaltigen Themen. Hierzu gehören u.a. die Erstellung des jährlich erscheinenden Konzern- und Nachhaltigkeitsberichtes sowie die Entsprechenserklärung zum Deutschen Nachhaltigkeitskodex.

Kontakt

Stadtreinigung Hamburg
Unternehmenskommunikation
Bullerdeich 19
20537 Hamburg
www.stadtreinigung.hamburg/nachhaltigkeit

[SYMRISE AG]

SYMRISE AG
Nachhaltigkeit leben

CHRISTINA WITTER, FRIEDRICH-WILHELM MICUS

Die Symrise AG aus dem südniedersächsischen Holzminden entwickelt, produziert und vertreibt Duft- und Geschmacksstoffe, kosmetische Grund- und Wirkstoffe, funktionale Inhaltsstoffe sowie Produktlösungen für verbesserte Sensorik und Ernährung. Die Produkte des MDax-Unternehmens schaffen begeisternde Duft- und Geschmackserlebnisse und tragen zu Gesundheit und Wohlbefinden bei – in 160 Ländern weltweit.

Die rund 30.000 Produkte basieren zum Großteil auf natürlichen Rohstoffen wie Vanille, Zitrus, Zwiebeln, Fisch, Fleisch oder Blüten- und Pflanzenmaterialien. Der Geschmack, die Wirkstoffe, Parfümöle und sensorischen Lösungen bilden in der Regel zentrale funktionale Bestandteile in den Endprodukten der Hersteller von feinen Düften, Kosmetika, Lebensmitteln, Pharmazeutika, Nahrungsergänzungsmitteln, Heimtierfutter und Babynahrung.

Die Ursprünge des Unternehmens reichen bis in das Jahr 1874 zurück. Seitdem hat sich der Konzern mit einem aktuellen Marktanteil von 11 Prozent zu einem führenden Anbieter in seiner Branche weltweit entwickelt. Hohe Innovationskraft und Kreativität, genaue Kenntnis der Kundenbedürfnisse und der verschiedenen regionalen Konsumentenpräferenzen sowie gezielte Expansion in aussichtsreiche angrenzende Marktsegmente tragen zum überdurchschnittlichen Wachstum des Unternehmens bei. Heute ist Symrise mit fast 10.000 Mitarbeiterinnen und Mitarbeitern und mit mehr als 90 Standorten in mehr als 40 Ländern für über 6.000 Kunden in rund 160 Ländern tätig.

[BEST PRACTICE]

Integrierte Nachhaltigkeitsstrategie

Das Geschäftsmodell von Symrise zahlt auf die menschlichen Grundbedürfnisse Gesundheit, Ernährung, Pflege und Wohlbefinden ein. Dabei ist es für das Unternehmen entscheidend, auf welche Art und Weise es wächst und erfolgreich ist. Viele der herkömmlichen Produktionsprozesse der Branche sind energieintensiv, setzen potenziell klimaschädliche Emissionen frei und nutzen wertvolle natürliche Ressourcen. Gleichzeitig braucht Symrise für innovative und nachhaltige Produkte gut ausgebildete Mitarbeiter ebenso wie die große Artenvielfalt, aus der es Kreativität und Inspiration schöpft.

Deshalb gestaltet der Konzern sein Handeln über die Unternehmensgrenzen hinaus, sichert sein Wachstum langfristig, steigert seine Effizienz und kann so sein innovatives und nachhaltiges Produktportfolio weiterentwickeln. Die integrierte Unternehmensstrategie stützt sich auf die vier Säulen seiner Nachhaltigkeitsagenda: Footprint, Innovation, Sourcing und Care. In diesen Bereichen will Symrise die negativen Auswirkungen seiner Geschäftstätigkeit konsequent minimieren und seinen gesellschaftlichen Mehrwert steigern. Dabei trägt es aktiv zum Erreichen der Nachhaltigen Entwicklungsziele der Vereinten Nationen (SDGs) bei.

Symrise minimiert seinen ökologischen Fußabdruck entlang der gesamten Wertschöpfungskette.

Symrise maximiert den sozialen und ökologischen Mehrwert seiner Produkte.

Symrise maximiert die Nachhaltigkeit in seiner Lieferkette und bei der Beschaffung von Rohstoffen.

Symrise schafft bleibende Werte für seine Mitarbeiter und Standortgemeinden.

Organisation und Umsetzung

Um seine Nachhaltigkeits-Agenda in alle Unternehmensbereiche zu tragen und umzusetzen, hat Symrise das Sustainability Board geschaffen. Es bildet das globale und geschäftsbereichsübergreifende Gremium, mit dessen Hilfe Nachhaltigkeitsprinzipien die Kernprozesse in allen Bereichen durchdringen. Unter dem Vorsitz des Chief Sustainability Officers (CSO) kommen in diesem Rahmen mehrmals jährlich Vertreter des Managements zusammen, um sicherzustellen, dass nachhaltigkeitsrelevante Themen und Belange wichtiger Anspruchsgruppen in der gesamten Wertschöpfungskette berücksichtigt werden.

Das Sustainability Board beschließt die Nachhaltigkeitsziele, welche die jeweiligen Geschäftsbereiche direkt umsetzen. Zu diesem Zweck haben Vorstand und Sustainability Board Nachhaltigkeitsverantwortliche für die Geschäftssegmente Flavor, Nutrition sowie Scent & Care und je einen Vertreter der Stabsabteilungen Personal, Finanzen/Investor Relations und Corporate Communications benannt. Die direkte Verantwortung für die Strategie liegt beim Vorstandsvorsitzenden der Symrise AG, der kontinuierlich Berichte über den Fortschritt aller Nachhaltigkeitsaktivitäten erhält.

Führungskräften aus allen Bereichen kommt eine besondere Verantwortung zu, das Thema Nachhaltigkeit in ihren Teams zu operationalisieren und konkrete Ziele

[BEST PRACTICE]

zu setzen. Durch die Vereinbarung von konkreten Nachhaltigkeitszielen für alle Führungskräfte und deren Integration in die individuellen Zielvorgaben treibt Symrise seinen Nachhaltigkeitsansatz konsequent voran. Zur Verankerung des Themas innerhalb der Organisation und bei allen Mitarbeitern finden an den Symrise Standorten regelmäßig verschiedene Aktionen statt, wie beispielsweise Nachhaltigkeitstage, bei dem Mitarbeiter*innen anhand verschiedener praktischer Beispiele vorstellen, wie sie nachhaltige Entwicklungsprozesse in ihren jeweiligen Abteilungen anstoßen und umsetzen.

Wechselwirkung mit Mensch und Umwelt

Für die Relevanz seines Nachhaltigkeitsansatzes bewertet Symrise seine wesentlichen Themen auf Grundlage gemeinsamer Werte regelmäßig. Dabei beurteilt Symrise Nachhaltigkeitsaspekte und Handlungsfelder nach ihrem „Wert für die Gesellschaft" und den „Wert für Symrise" und identifiziert so die Themen mit dem größten Potenzial für gemeinsame Wertschaffung. Im Mittelpunkt steht die Bedeutung der Themen für das Geschäft sowie mögliche positive wie negative Auswirkungen der Geschäftstätigkeit auf Mensch und Umwelt. Aufgrund des Ausbaus von kooperativen Aktivitäten mit Kunden, NGOs und Lieferanten auf Madagaskar, in Brasilien und in einem geringen Maße in vielen Ländern der Welt kommen „Partnerschaften" eine immer größere Bedeutung zu, ebenso wie der „Ressourcenschonung" auf allen Geschäftsebenen.

Auch die „Emissionsreduzierung", der „Einsatz nachwachsender Rohstoffe", „Arbeitssicherheit und Gesundheitsschutz" sowie „Einhaltung von Menschenrechten" nehmen wesentlichen Einfluss auf die Wertgenerierung bei Symrise und besitzen hohe Bedeutung für die Gesellschaft. An den Produktionsstandorten achtet das Unternehmen vermehrt auf die „Reduktion der Lärm- und Geruchsemissionen". Nach der Akquisition der Pinova Holdings 2016 und der Integration von Aspekten „nachhaltiger Forstwirtschaft" in das Symrise Nachhaltigkeitsmanagement erhielt auch dieses Thema mehr Relevanz im Konzern.

Herausforderungen meistern

Natürliche Rohstoffe stehen im Mittelpunkt des Geschäftsmodells von Symrise. Vor diesem Hintergrund besitzt der Umgang mit dem Klimawandel bei Symrise besondere Relevanz. Sein Engagement zeigt Symrise unter anderem, indem es sich zu den Zielen des Weltklimaschutzabkommens von Paris bekennt. Im Kern will das 2015 von 197 Staaten unterzeichnete Abkommen den weltweiten Temperaturanstieg auf deutlich unter zwei Grad im Vergleich zu vorindustriellen Zeiten reduzieren. Die Task Force on Climate-related Financial Disclosures (TCFD) hat im Juni 2017 ein Rahmenwerk zur freiwilligen Klimaberichterstattung von Unternehmen vorgelegt. Diese ermöglicht es insbesondere Investoren und den Finanzmärkten, die Risiken und Chancen der Klimaerwärmung für die Geschäftsmodelle und -aktivitäten der Unternehmen zu bewerten und bei ihren Investitionsentscheidungen zu berücksichtigen.

Symrise unterstützt die Empfehlungen der TCFD und baut seine klimabezogene Unternehmensberichterstattung sukzessive aus. Seit 2006 erfasst das Unternehmen systematisch die Treibhausgas-Emissionen aufgrund seiner unternehmerischen Aktivitäten. Das Ziel, die Treibhausgas-Emissionen von 2010 bis 2020 um ein Drittel zu senken, hat Symrise schon heute erreicht und übertroffen.

Stärken entfalten

Wirtschaftliches Wachstum und Nachhaltigkeitsleistung gehen bei Symrise Hand in Hand. Mit fünf Zieldimensionen deckt das Unternehmen die Vorgaben für die nichtfinanzielle Unternehmensberichterstattung gemäß des CSR-Richtlinien-Umsetzungsgesetzes ab. In allen Bereichen der unternehmerischen Tätigkeit sind konkrete Maßnahmen hinterlegt, die konsequent umgesetzt werden. Symrise will auch künftig zu den weltweit erfolgreichsten Herstellern von Duft- und Geschmacksstoffen zählen und seine Stärken gezielt entfalten. Zu jeder seiner strategischen Säulen hat Symrise feste Ziele definiert. Die folgenden Beispiele sollen die praktische Umsetzung näher illustrieren:

Klimaschutz

Symrise hat als erstes Unternehmen seiner Branche die Bestätigung der Fachjury der Science Based Targets Initiative (SBTi) für seine langfristigen CO_2-Reduktionsziele erhalten. Ziel der SBTi ist es, mit freiwilligen Reduktionsmaßnahmen die globale Erderwärmung im Einklang mit dem Pariser Klimaabkommen auf deutlich unter zwei Grad zu senken. Bezogen auf die Wertschöpfung will Symrise seine Treibhausgasemissionen um fünf Prozent und den chemischen Sauerstoffbedarf im Abwasser um vier Prozent senken.

[BEST PRACTICE]

Gemeinsam mit den Farmern auf Madagaskar gestaltet Symrise seine Lieferkette nachhaltig und beteiligt alle Teilnehmer fair an der Wertschöpfung.
Foto: © Symrise

Partnerschaften

Den partnerschaftlichen Ansatz in seiner Wertschöpfungskette treibt Symrise aus Überzeugung voran und fördert Anbauregionen und Landwirte mit langfristigen Partnerschaften und Investitionen in lokale Infrastrukturen. Besonders achtet das Unternehmen auf ethische Gesichtspunkte seiner globalen Materialströme, bewertet Lieferanten nach ethischen Kriterien und erarbeitet Aktionspläne gemeinsam mit den strategischen Lieferanten. Das soll sowohl die soziale und ökologische Effektivität des Kerngeschäfts als auch die Widerstandskraft des breit gefächerten Rohstoffportfolios erhöhen. Bis 2020 will Symrise die hundertprozentige Rückverfolgung von strategischen Rohstoffen sicherstellen.

Mit Leuchtturmprojekten in der Ressourcenbeschaffung lässt Symrise lokale Gemeinschaften am Erfolg teilhaben. In Madagaskar hat das Unternehmen bis heute über 5.500 lokale Kleinbauern in nachhaltigen Anbaumethoden geschult und diese in Zertifizierungsprogramme integriert. Darüber hinaus investiert Symrise in Schulen und verbessert so die Bildungssituation von über 20.000 Kindern. Ähnliche Ansätze verfolgt Symrise in anderen Anbauregionen, zum Beispiel im Brasilianischen Amazonasregenwald.

Nachhaltiger Einkauf

Ein weiteres Beispiel für das Engagement in Biodiversität und nachhaltigen Einkauf bildet die Bergamotte aus dem süditalienischen Kalabrien. Ihre Öle nutzt man in Parfüms oder sie geben Earl Grey-Tees ihre besondere Zitrusnote. Symrise arbeitet eng mit dem Familienunternehmen Capua 1880 zusammen. Es existiert seit fünf Generationen und verarbeitet gut die Hälfte der Ernte in der Region, in der wiederum vier Fünftel der Weltproduktion entstehen.

Mit der Universität Kalabrien, der Kooperative Unionberg und der Union for Ethical BioTrade (UEBT) investiert Symrise in Forschung und Entwicklung, um etwa Seitenströme wie vormals ungenutzte Säfte und Öle der Schalen mithilfe innovativer Technologien zu nutzen. Außerdem arbeiten Symrise und seine kalabrischen Partner mit 500 Erzeugern in der Region daran, die Landwirtschaft nachhaltiger zu gestalten.

Für den Schutz der Biodiversität bestimmen die Partner Standards, um die lokale Vielfalt zu fördern. Da die Bergamotte in Plantagen relativ nahe der Küsten von Mittel- und Ionischem Meer wächst, wollen die Partner herausfinden, welche Einflüsse die Produktion auf das Leben im Wasser hat und wie sie Flora und Fauna an Land und im Meer schützen können.

Kosmetik multifunktional und aus nachwachsenden Rohstoffen

Ebenso wie gesunde Ernährung steht nachhaltige Hautpflege hoch im Kurs. Deshalb bieten immer mehr Kosmetikproduzenten Produktkonzepte mit natürlichen Inhaltsstoffen. Das globale Marktvolumen für natürliche Körperpflege soll laut Markt-Studien von Persistence Market Research bis 2024 auf 22 Milliarden US-Dollar steigen. Mit Hydrolite® 5 green liefert Symrise einen kosmetischen Inhaltsstoff, der Wirksamkeit und Natürlichkeit verbindet. Das „grüne" Multitalent nutzt Seitenströme der Zucker-Produktion aus Zuckerrohr. Es versorgt die Haut mit

[BEST PRACTICE]

Die Bergamotte aus Kalabrien ist nur eines der Projekte, mit denen sich Symrise für den Erhalt der Biodiversität einsetzt. Foto: © Symrise

Feuchtigkeit und verstärkt die Wirksamkeit vieler Inhaltsstoffe in kosmetischen Formulierungen. Zudem verbessert es sowohl Aussehen und Konsistenz als auch den Schutz des Produkts selbst.

Digitale Personalarbeit

Auch die Mitarbeiter des Personalwesens bei Symrise haben in den vergangenen Jahren ihre Arbeit immer mehr auf die Nachhaltigkeitsstrategie des Unternehmens abgestimmt, rund um die Welt, an allen Standorten. Gleichzeitig haben sie den Rahmen für ein verantwortungsvolles Wirtschaften und Wachsen in hohem Maße mitentwickelt.

Aktuell hat Symrise den Fokus zudem auf die Digitalisierung der Unternehmensabläufe – mit besonderem Blick auf die digitale Rekrutierung – gelegt. Das neue System begleitet und organisiert das Auswahlverfahren von der Ansprache der Kandidaten bis zum Firmeneintritt und liefert darüber hinaus eine ständig aktuelle elektronische Personalakte.

Vielfalt und Chancengleichheit

Einen zweiten Schwerpunkt legt die Personalarbeit auf Vielfalt und Chancengleichheit. Denn Erfolg für einen globalen Konzern in unterschiedlichen Märkten ist nur möglich, wenn Menschen mit unterschiedlichsten Hintergründen in Bezug auf Geschlecht, Nationalität und Alter auf nationaler und internationaler Ebene respektvoll miteinander arbeiten und voneinander lernen. Die Fortschritte in seiner Diversity-Personalpolitik dokumentiert Symrise in seinem jährlichen Diversity Reporting, das die großen Standorte und damit rund 80 Prozent der Belegschaft erfasst.

Zu diesem Engagement zählt auch die familienorientierte Personalpolitik. Hier unterstützt der Konzern junge Frauen und deren Familien mit einem bewusst überproportionalen Anteil an Frauen in Förderungs-Programmen und der gezielten Einstellung von Frauen bei gleicher Qualifikation. Eine geschlechtsunabhängige Entlohnung ist dabei selbstverständlich. Symrise hat zudem die „Women Empowerment Principles" unterzeichnet und damit die Grundsätze der Chancengleichheit für Frauen weltweit anerkannt und als Richtschnur für seine Führungskräfte global vorgegeben. Darüber hinaus beruht das Integrierte Managementsystem auf den Vorgaben der konzernweit verbindlichen Norm Social Accountability 8000 (SA 8000). Diese basiert auf den Konventionen der International Labour Organization (ILO), der Universal Declaration of Human Rights sowie der UN-Konvention für Kinderrechte.

Ausgezeichnete Nachhaltigkeit

Nachhaltigkeit spielt in allen Bereichen eine immer größere Rolle. Symrise hat dies früh erkannt und das gesamte Unternehmen darauf ausgerichtet. Dieses konsequent auf Nachhaltigkeit ausgelegte Engagement von Symrise findet auch extern Anerkennung. Der erste Platz in der Kategorie „Deutschlands nachhaltigste Großunternehmen 2019" beim Deutschen Nachhaltigkeitspreis ist Beleg und Anerkennung zugleich. Ausschlaggebend war neben dem Engagement zum Klimaschutz

[BEST PRACTICE]

vor allem der Einsatz zum Erhalt der Biodiversität sowie zur Förderung der Lebensbedingungen von Kleinbauern entlang der Lieferkette. Diese entspricht durchgängig höchsten ökologischen und sozialen Kriterien. Nachdem Symrise bereits 2012 eine Auszeichnung erhielt und 2016 in die Finalrunde einzog, erhielt das Unternehmen nun zum zweiten Mal den begehrten Preis. Diesen nachhaltigen Weg will Symrise in den kommenden Jahren weiter ausbauen und Mehrwert für alle schaffen.

Über die Autoren

CHRISTINA WITTER

kommuniziert seit 2010 für die Symrise AG. Sie ist zuständig für die konzernweite Presse- und Medienarbeit in Fach- und Publikumsmedien. Ergänzend unterstützt sie die Kommunikation in den Branchenverbänden der Industrie – DVAI, DVRH, EFFA, IFRA, IOFI. Davor begleitete sie unterschiedliche Positionen in Presse- und Öffentlichkeitsarbeit auf Unternehmens- und Agenturseite. Christina Witter studierte angewandte Sprachwissenschaften an der Universität Leipzig und hat einen Abschluss als Diplom-Dolmetscherin.

FRIEDRICH-WILHELM MICUS

verantwortet seit 2015 die Nachhaltigkeitskommunikation im Symrise Konzern und kommuniziert die Nachhaltigkeitsstrategie von Symrise in den unternehmensweiten internen und auch externen Medien. Davor verantwortete er vier Jahre die interne Kommunikation, nachdem er 2011 seinen Abschluss als Bachelor of Arts in Business Administration abgelegt hatte. Das duale Studium absolvierte er berufsbegleitend an der Wirtschaftsakademie Göttingen.

Kontakt
Symrise AG
Mühlenfeldstraße 1
37603 Holzminden
Tel.: 05531/90-0
www.symrise.com/de/nachhaltigkeit/

[VEOLIA]

VEOLIA DEUTSCHLAND

„Ich beschreibe meine Rolle manchmal als interne NGO"

DAS INTERVIEW FÜHRTE TIM BARTELS MIT SYLKE FREUDENTHAL, NACHHALTIGKEITSBEAUFTRAGTE

Viele Unternehmen widmen der Nachhaltigkeit in ihrer Lieferkette noch wenig Aufmerksamkeit. Selten findet man in Unternehmen einen Nachhaltigkeits-Manager oder eine -Managerin. So eine wie Sylke Freudenthal von Veolia Deutschland. Der Druck von außen nehme zu, sich des Themas anzunehmen, sagt die 49-Jährige. „Wir merken, dass die Nachfrage unserer Kunden nach einer dokumentierten Nachhaltigkeitsperformance steigt."

Frau Freudenthal, Nachhaltigkeitsbeauftragte sind in Unternehmen derzeit noch die Ausnahme, zumal in KMU. Wie ist Ihr Amt bei Veolia entstanden?

Beim Mittelstand liegt das Thema Nachhaltigkeit oft in den Händen der Geschäftsführung selbst, ganz oft. Meinen Auftrag gibt es seit 2006 und den habe ich selbst angestoßen. Die Vorgeschichte dazu ist, dass ich im Jahr 2000 beauftragt wurde, die Veolia-Stiftung zu gründen, nach dem Vorbild unserer französischen Schwesterstiftung. Die Stiftung ist ein Instrument von Corporate Citizenship, also vom Engagment des Unternehmens, gemeinnützige Projekte in den Regionen zu fördern und dabei Mitarbeiterinnen und Mitarbeiter aus dem Unternehmen einzubinden. Wenn ich dann als Vertreterin der Stiftung unterwegs war, bin ich oft gefragt worden: Naja, so eine Stiftung ist doch nur ein Feigenblatt, wie hält es das Unternehmen denn sonst so mit seiner gesellschaftlichen Verantwortung? In Sachen Umwelt, in Sachen Beschäftigte, gegenüber seinen Kunden? Und mir war plötzlich klar, worüber wir hier sprachen, das war der ganze Kanon des Nachhaltigkeitsthemas. Hatte bis dato nur noch niemand beim Namen genannt. Dann haben wir da-

[BEST PRACTICE]

mit begonnen, für den Geschäftsbereich Wasser das Thema Nachhaltigkeit zu entwickeln, beginnend mit einem Leitbildprozess, mit einer Zielverabredung und dann 2006 auch mit einem ersten Nachhaltigkeitsbericht für den Wasserbereich.

Bereits 2006 also, und der erste Nachhaltigkeitsbericht nannte sich auch schon so?
Ja, Nachhaltigkeitsbericht von Veolia Wasser. Dann gab es eine neue Entwicklung, 2014, als man sagte: Wir rücken über die Geschäftsbereiche Wasser, Energie und Entsorgung hinweg mehr zusammen. Wir sind alle gemeinsam unter dem Motto „Ressourcen für die Welt" unterwegs. Deshalb habe ich Ende 2013 die Geschäfte der Stiftung abgegeben und seit 2014 die Verantwortung für das gesamte Thema Nachhaltigkeit für ganz Veolia Deutschland übernommen.

Hatten Sie Vorbilder, als Sie das Thema im Unternehmen ins Spiel brachten?
Ja, tatsächlich, wir haben 2003 ein bundesweites Netzwerk mitbegründet: UPJ, ein Verein aus Unternehmen, die sich als Akteure für nachhaltige Entwicklung verstehen und voneinander lernen, aber auch das Thema nach außen tragen wollen. So war die ursprüngliche Bestimmung. In meinem Büro habe ich noch einen kleinen Baustein stehen, der das Fundament dieses Netzwerks symbolisieren soll, das wir damals in Frankfurt gegründet haben. Dort habe ich dann Kollegen aus anderen Unternehmen getroffen, die für mich eine Inspiration waren.

Waren das alles eher kleine Unternehmen?
UPJ versteht sich als Netzwerk für Unternehmen aller Größen und Branchen, in dem sowohl der multinationale Konzern als auch der mittelständische Betriebe mitwirkt. Auch wenn Veolia groß ist, verstehen wir uns hier eigentlich als Mittelständler. Das wird vielleicht den einen oder anderen überraschen, aber de facto sind wir ja auch viele kleinere Unternehmen. Und jedes einzelne ist auch sehr in der Region angebunden. Insofern ist uns der Mittelstand schon sehr nah. Aber es sind bei UPJ ja auch große Unternehmen dabei wie BMW und KPMG.

Von denen bekamen Sie Ratschläge?
Genau, die Kompetenzbildung und das gegenseitige Lernen spielten am Anfang eine wichtige Rolle von UPJ. Es gab dann Leitfäden und Checklisten. Wir haben immer von vier Säulen gesprochen: die Mitarbeiter, das Gemeinwesen, die Umwelt und der Markt mit Kunden sowie Lieferanten. Und für jede Säule haben wir Schlüsselfragen formuliert, um zu sehen: Bin ich da vom Kerngeschäft ausgehend gut aufgestellt? Was kann ich weiter entwickeln? Kann jeder gegenchecken, wo man steht? Was fehlt mir noch in dem Baukasten?

Da Sie ihren Posten selbst angestoßen haben, wissen Sie am besten, was der Job beinhaltet. Haben Sie da mittlerweile auch ein definiertes Aufgabenprofil?

Interessanterweise nicht. Das ist nicht konkretisiert. Ich habe immer zu schätzen gewusst, dass ich bei Veolia einen, ich sag mal „Handlungskorridor" habe. Der ist in meinem Fall mit dem Landesdirektor verabredet. Der Bereich also, in dem ich Handlungsfreiheit habe. Wenn ich merke, ich begebe mich in Grenzbereiche, muss ich mich rückversichern; aber dann ist es okay. Das hat bisher immer wunderbar geklappt. Wahrscheinlich bin ich über die Arbeit an der Stiftung zu sehr vom gemeinnützigen Sektor infiziert worden. Ich beschreibe meine Rolle manchmal als interne NGO. Also, überall genau hinschauen, in jeden der Bereiche. Was wird gesagt, was gibt es für Ziele dafür, wo ist die Messlatte, was ist die Realität, was sehe ich von draußen, was andere besser machen, wie ist die gesellschaftliche Erwartung an bestimmte Themen im Unternehmen, wie können wir uns da irgendwie annähern?

Dieses Aushandeln von Kompromissen ist eigentlich mein Alltag, sei es im Bereich Human Resources, sei es im Bereich Umwelt, sei es mit den Innovationskollegen bis hin zu lokalen Themen, wenn ich versuche, an den einzelnen Standorten Projekte umzusetzen, etwa zur Biodiversität. Eine wichtige Rolle spielt aber auch, das zu übersetzen, was unsere Muttergesellschaft als Strategie vorgegeben hat. Für den Bereich Nachhaltigkeit sind das seit 2015 unsere neun Verpflichtungen für nachhaltige Entwicklung. Die nehmen wir natürlich nicht eins zu eins. Wir kommunizieren die zwar, aber das Wichtigste ist ja, die zu übersetzen, daraus also Ziele für Veolia Deutschland abzuleiten, diese dann nachzuverfolgen und einen Bericht mit den entsprechenden Belegen zu veröffentlichen.

Welche Nachhaltigkeitsstrategie fährt der Mutterkonzern?

Man hat so eine Art Fünfjahresplan, 2015 bis 2020, in dem sich Veolia weltweit gemeinsame Ziele gesteckt hat. Ich zieh da wirklich meinen Hut, weil man sich vorstellen muss, dass das Unternehmen in ungefähr 40 Ländern tätig ist. Irgendwie muss das, was da als Verabredung gilt, für jedes einzelne Land passen, egal wo der Startpunkt ist. Das ist echt eine Meisterleistung. Untersetzt ist das Ganze mit einem weltweit einheitlichen Unternehmensreporting.

Geht es in der Strategie auch um CO_2-Reduktion und Energieeinsparung?

Natürlich, das ist in drei Bereiche gegliedert: die Umweltverpflichtungen und die Verpflichtungen, die den Markt und unsere Regionen betreffen, sowie Verpflichtungen, die die Beschäftigten betreffen. Bei den Umweltzielen geht es an erster Stelle um Klimaschutz; es geht darum, Kreislaufwirtschaft voranzubringen; und es geht darum, Biodiversität zu bewahren, wiederherzustellen.

[BEST PRACTICE]

Sind das alles qualitative Ziele, ohne genaue Mengen zu nennen?
Doch, das ist auch untersetzt mit quantitativen KPIs. Beispielsweise wollen wir 50 Millionen Tonnen CO_2 bis 2020 vermeiden und 100 Millionen Tonnen in unserem eigenen Geschäft verringern. Es gibt immer diese beiden Dimensionen: vermeiden und verringern. Das ist ganz konkret verabredet und jährlich wird geprüft, wie weit wir gekommen sind. In puncto Biodiversität gibt es beim Reporting ein Screening sämtlicher Standorte weltweit, einschließlich Luftbild. Wo abgefragt wird, wie groß der Standort und welcher Anteil der Fläche versiegelt ist. Oder ob es in der Nachbarschaft Naturschutzgebiete gibt und welche Arten auf der Fläche vorkommen. Solche Fragen. Und daraus zieht man dann die Standorte, wo man vermutet, dass dort ein Potenzial für Biodiversität besteht. Dann vermittelt man den Ländern die Standorte, die man zu analysieren hat und für die man Aktionspläne zur Verbesserung der Biodiversität zu entwickeln hat. Für Deutschland sind das 13 Standorte. Die haben wir alle analysiert. Jetzt sind wir dabei, die Verbesserungspläne umzusetzen.

Geht es da zum Beispiel darum, einen Parkplatz zu entsiegeln, um wieder mehr grüne Fläche zu schaffen?
So weit ist es bis jetzt noch nicht gegangen, aber wir sind auf den Standorten in der Regel mit Vertretern des NABU gewesen, die uns da lange Jahre als Partner zur Seite gestanden haben. Meistens ist dann einer vom Bundesverband und einer vom NABU aus der Region dabei gewesen, um da mit denen in einen guten Kontakt zu kommen, um dann auf lange Sicht die Umsetzung der Maßnahmen mit denen zu begleiten. Man hat eine Liste von Vorschlägen erarbeitet und, wie ich vorhin beschrieben habe, dieses Aushandeln, eben was möglich ist, wird gemacht. Schönerweise gibt es auch Standorte, wo schon ganz viel Biodiversität da ist, also beispielsweise solche, die von Anfang an, weil sie an einem sensiblen Standort sind, auch wirklich auf Bewahrung von Biodiversität geplant wurden.

Zum Beispiel?
Ein Biomassewerk in Essenheim, das in der Nähe von einem Natura-2000-Gebiet steht. Das ist mal von Anfang an so geplant worden, dass man einen Großteil der Fläche biodiversitätsgerecht anlegt. Da gibt es einen Teich mit Kopfweiden ringsherum, da ist eine Streuobstwiese. Dann gibt es dort Begrünungen der Hallen in der Vertikalen.

Mit dem Bau der Biomasseanlage wurde das alles mit angelegt?
Genau, und dann knüpft man daran an, das Umfeld noch besser zu gestalten. Beispielsweise indem man Insektennistwände anbaut. Für verschiedene Wildbienen.

Ein Insektenhotel?

Nein, das sind dort natürliche Flächen. Insektenhotels haben wir aber auch an vielen Standorten aufgestellt. In Essenheim ging es um einen Lesesteinhaufen, ergänzt um einen Totholzhaufen. Ja, und es geht um die Instandhaltung solcher Flächen. Einmal angelegt ist so ein Biotop, sei es nun eine Streuobstwiese oder ein Teich, auch pflegeintensiv.

Sie haben also an allen Veolia-Standorten in Deutschland geguckt, welche und wie viele Arten dort vorkommen?

Wir haben nicht für alle 13 Standorte umfassend kartiert, aber wir haben so drei Leuchtturmstandorte, für die haben wir das sehr genau gemacht, die Anzahl der Arten erfassen lassen und so weiter. Und es ist echt beachtlich, was man da so findet.

Von deutschlandweit 200 Veolia-Standorten wurden 13 als potenziell artenreich identifiziert?

Das wurde wie gesagt über das weltweite Unternehmensreporting ermittelt. Ich finde das beeindruckend, dass das so systematisch gemacht wird. Auch neue Standorte sind dann gleich wieder im Screening mit drin. Und es hat sich auch bewahrheitet, dass für die ermittelten Standorte wirklich ein Biodiversitätspotenzial besteht.

Spielt das auch für die 200 Standortleiter von Veolia eine Rolle, sich im Umfeld ihrer Anlagen umzuschauen: Was gibt es hier, was könnte ich machen?

Für die ist das eher ein Randthema. Dennoch wird auch im operativen Bereich unentwegt etwas verändert, sei es, dass man Telematiksysteme für die Fahrzeuge einführt oder Fahrer schult, wie sie kraftstoffsparend fahren können. Oder diese ganzen Sicherheitstrainings. Da ist zwar Biodiversität eher am Ende der To-do-Liste angesiedelt. Aber das Schöne ist, die gute Nachricht, dass man an den Standorten immer auf Leute trifft, die das sofort als Chance verstehen. Jeder Standort ist anders. Wir haben einen in Sachsen, nahe der polnischen Grenze, da ist ein großer Teil der Fläche, auf der unsere Anlagen stehen, jahrelang sich selbst überlassen worden. Da ist richtiger Wald entstanden, und dort hat man dann eine ganz andere Idee entwickelt, was man da besser machen kann.

Nämlich?

Man hat dort mit dem NABU verabredet, dass man in Richtung Waldumbau geht, schrittweise Nadel- in Laubwald verwandelt und an manchen Stellen versucht, Heide zu renaturieren. Da wollten wir auch in Vogelpopulationen investieren mit

Nisthilfen und konnten einen Teil der Maßnahmen refinanzieren, indem wir das Holz verkauft haben. Das sind häufig ganz spannende Konstellationen, die sich ergeben.

Wenn es bei Veolia um Biodiversität geht, ist also der NABU meistens mit im Boot?
Unsere Kooperation mit dem NABU umfasste zuletzt von 2016 bis 2018 ein Sponsoring zweier ihrer großen Projekte, nämlich der Renaturierung der Havel und des Projekts „Meere ohne Plastik". Im Gegenzug unterstützen sie uns besonders in unseren Biodiversitätsprojekten. Letztendlich erreichen wir durch die Zusammenarbeit, in die beide Partner ihre spezifischen Kompetenzen einbringen, mehr für eine nachhaltige Entwicklung als jeweils alleine möglich gewesen wäre.

Kommunikation ist ja sicher eine Ihrer wichtigsten Aufgaben, wenn Sie die nachhaltige Konzernstrategie sowohl nach innen als auch außen tragen. Zählt das Controlling nach innen auch zu Ihren Aufgaben?
Die Rolle nach innen nimmt mehr Raum ein. Controlling insofern, dass ich die Zahlen im Blick behalte, das, was wir erreichen wollen. Wenn es da große Abweichungen gibt, muss man in Verhandlung treten mit den verantwortlichen Bereichsleitern, Abteilungsleitern, um gemeinsam Anstöße zu geben, wie das besser gehen kann.

Und findet das auch statt? Dass Sie Fehlentwicklungen aufzeigen?
Die Kennzahlen sprechen ja eine ganz klare Sprache. Wenn ich nur mal das Thema Diversität betrachte, da hat Veolia ein klar formuliertes Ziel: 2030 sollen 30 Prozent der Stellen im Management, also der Führungsfunktionen Frauen innehaben. Bei Veolia Deutschland sind wir bei 16 Prozent. Ist aber auch noch ein bisschen Zeit bis 2030. Insgesamt haben wir hier 24 Prozent Frauenanteil. So. Nun stellt man sich immer wieder die Frage, woran das liegt und wie man das besser machen kann, und diskutiert das.

Heißt das, Veolia stellt derzeit vornehmlich Frauen ein?
Nein, in der Regel ist es so, dass man in der letzten Runde zwei Kandidaten haben möchte, einen Mann und eine Frau. Idealerweise. Oft ist es so, dass sich zu wenige Frauen bewerben. Aber auch mit dieser Erkenntnis kann ich nicht einfach Stopp sagen. Wenn ich merke, es bewerben sich wenige Frauen, und ich will aber welche, dann muss das Unternehmen den nächsten Schritt denken und fragen: Wie kann ich mich in Initiativen einbringen, die genau solche Themen vorbringen wollen? Da sind wir noch ein bisschen zurückhaltend.

Also daran mitzuwirken, Frauen zu ermutigen, sich zu bewerben?
Genau. Was uns betrifft: Wir müssen noch viel mehr an der Attraktivität unseres Geschäfts arbeiten. Das machen wir gerade mit einer Kampagne. Die heißt: We Are Resourcers. Das Wort „Resourcers" haben wir erfunden, das gibt es gar nicht im Englischen. Der Hintergrund ist der, dass man 2014 gesagt hat, der gemeinsame Slogan für alles, was Veolia tut – wir managen ja Wasserkreisläufe, Energiekreisläufe, Wertstoffkreisläufe – hat mit Ressourcen zu tun. Also wir wollen diejenigen sein, die Ressourcen zur Verfügung stellen, die dafür sorgen, dass Ressourcen nicht erschöpft sind, sondern regeneriert werden und dass sie dauerhaft zur Verfügung stehen und bewahrt werden. Daraus hat man jetzt mit dem Wunsch, die Tätigkeit der einzelnen Mitarbeiterinnen und Mitarbeiter zum Thema Ressourcen noch plastischer zu machen, ein paar Videos gedreht und eine Posterserie verteilt. Das zielt auf eine große Wertschätzung gegenüber den Mitarbeitenden, dass sie eben nicht nur Leiter einer Anlage sind, einer Sortieranlage oder so, sondern „Ressourcentdecker". Es geht also darum, gute Geschichten zu erzählen.

Das wirkt auf jeden Fall nach innen, aber ist es nicht auch für Sie eine Aufgabe, die Nachhaltigkeitsgeschichte von Veolia draußen zu erzählen?
Auf jeden Fall, das gehört zu meinem Arbeitsalltag, sowohl interne wie auch externe Kommunikation. Also, ich bin immer mit am Tisch, wenn es um das Vorbereiten von bestimmten Publikationen oder Webseiten geht, auch wenn es um bestimmte kommunikative Anlässe geht. Wir haben ein Mitarbeitermagazin, wo ich eigentlich immer eine Doppelseite gebucht habe. Da gibt es immer was zu erzählen aus meinem Umfeld, bis hin nach Paris, wo es auch immer noch Publikationen gibt. Wir haben ja auf unserer Website auch so einen Hub mit interessanten Nachrichten, auch aus der Kreislaufwirtschaftsszene, da kommen auch öfter Anregungen von mir, beispielsweise zur europäischen Woche der Abfallvermeidung. Alles Kommunikation, die im engen Austausch mit mir passiert.
Das ist das Besondere bei Veolia: Immer wenn wir einen neuen Auftrag oder eine Innovation kommunizieren, hat diese Nachricht einen Nachhaltigkeitsaspekt. Zuletzt war in der Presse, dass wir die erste Klärschlammtrocknungsanlage in Bayern eröffnet haben. Dass heißt, der Klärschlamm wird an der Anlage erst getrocknet, bevor er transportiert wird. Damit sparen wir CO_2. Was Kreislaufwirtschaft mit Klimaschutz zu tun hat, steht nur selten zur Debatte. Wenn man über Klimaschutz redet, ist ja in der Regel die Energiebranche in der Diskussion, und jetzt zunehmend Verkehr und Landwirtschaft. Aber selten bis gar nicht die Kreislaufwirtschaft. Und das meint ja nicht nur die Abfallwirtschaft, sondern auch die herstellenden Unternehmen, indem sie recycelte Rohstoffe einsetzen. Kreislaufwirtschaft bedeu-

[BEST PRACTICE]

tet ja letztlich, die Hersteller und die Recycler zusammenzubringen. Dass man da ganz viel bewegen kann, wird noch mal ein Baustein sein. Für uns ist es auch eine Chance, mit allen Geschäftsbereichen dieses Thema aufzugreifen und eben auch Zahlen zu präsentieren. Wir wollen ja, dass unsere Kunden davon erfahren. Deswegen machen wir ja so einen Nachhaltigkeitsbericht. Wir müssen das ja nicht.

Ihren neuen Nachhaltigkeitsbericht 2018 gibt es nur als kurze Broschüre online.
Die ist eigentlich nur als Teaser für die Microsite gedacht, wo die Zahlen ebenso wie der Bericht selbst, das heißt die Herleitung von der Strategie über die Ziele und schließlich konkrete Projekte, ausführlich nachzulesen sind.

Da kann auch jeder ran?
Natürlich. Das, was wir in dem Bericht 2016 auf 50 Seiten gedruckt vorliegen hatten, ist jetzt alles online.

Ein wichtiger Nachhaltigkeitsaspekt bei Unternehmen ist die Kontrolle ihrer Lieferkette. In Ihrem Nachhaltigkeitsbericht erwähnen Sie eine Plattform namens Ecovadis. Was hat es mit diesem Tool auf sich?
Das ist kein Veolia-Tool. Im Interesse der weltweiten Absicherung der Lieferkette gab es eine Vereinbarung wischen Veolia und Ecovadis auf Corporate-Ebene. Und über diese Kooperation haben wir in Deutschland die Möglichkeit, unsere zehn größten, bedeutendsten Lieferanten checken zu lassen. Wir werden von unseren Kunden auch selbst aufgefordert, uns auditieren zu lassen, weil wir ja auch Lieferant sind. Ecovadis ist eine Plattform, die alle möglichen Nachhaltigkeitsprozesse abfragt und Belege dafür verlangt. Dann gibt es eine Einschätzung, die sichtbar ist. Wenn ich das über mehrere Jahre mache, sehe ich: Was wird besser, was wird schlechter, was bleibt gleich? Eventuell gibt es Warnsignale, wenn in einzelnen Segmenten Ausrufezeichen auftauchen.

Könnten Sie da mal ein Beispiel nennen?
Der Veolia Umweltservice hat sich gerade auditieren lassen und das Silber-Label bekommen. Wie die es mir beschrieben haben, ist das in der Branche oberes Level. Stehen wir also schon mal ganz gut da.
Generell zum Thema Lieferkette bei Veolia muss man sagen: Wir sind ja kein Hersteller von irgendwas. Unser Produkt ist eine Dienstleistung. Insofern sind unsere Lieferketten für unsere Anlagen Maschinenteile, Fahrzeuge, PCs. Wenn ich mit unseren Einkäufern spreche, ist die Hauptaussage, dass über 90 Prozent der Lieferanten aus Deutschland kommen. Deren Verpflichtungen zum Thema Men-

schenrechte haben wir dokumentiert. Das steht in unseren Einkaufsrichtlinien, in den allgemeinen Einkaufsbedingungen und im Vertrag als Anhang.

Ecovadis erleichtert dieses Nachverfolgen der Lieferkette, ich kann die Daten freischalten, wenn ich von einem meiner Kunden dazu aufgefordert werde. Kommt später ein weiterer Kunde, kann der ebenfalls Einblick darin nehmen, was ich dort schon dokumentiert habe. Das ist sehr komfortabel.

Aber bei Ecovadis gibt es niemanden, der vor Ort geht und genauer hinguckt?

Nein, das ist der Nachteil. Ich muss das alles bloß dokumentieren. Aber es muss ja auch in einem vernünftigen Maß bleiben, der Aufwand, den man dafür betreibt.

Dennoch sind diese Verpflichtungen zur nichtfinanziellen Berichterstattung von der EU ein wichtiger Treiber dafür, wie sich das Verständnis für Nachhaltigkeit entwickelt hat. Wir merken es daran, dass die Nachfrage unserer Kunden nach einer dokumentierten Nachhaltigkeitsperformance steigt. Die fragen öfter nach, das merke ich ganz direkt.

Ist das eine Folge der CSR-Richtlinie?

Das glaube ich wohl. Es gibt schon so einen Trend hin zu verantwortungsvollem Wirtschaften, ja, für Deutschland kann man das auf jeden Fall sagen.

Über die Gesprächspartnerin

SYLKE FREUDENTHAL
Journalistin und Kauffrau, ist Beauftragte für nachhaltige Entwicklung bei Veolia Deutschland. Im Jahr 2000 gründete sie die Veolia Stiftung und führte bis 2014 deren Geschäfte. Zuvor war sie in der Unternehmenskommunikation der Gruppe VINCI tätig.

Kontakt

Veolia Deutschland
Beauftragte für nachhaltige Entwicklung
Sylke Freudenthal
Unter den Linden 21
10117 Berlin
Tel.: 030/206295670
E-Mail: sylke.freudenthal@veolia.com
https://nachhaltigkeit.veolia.de/

[BEST PRACTICE]

WILKENING+HAHNE GMBH+CO.KG

Wilkhahn: 30 Jahre Verantwortung für das Ganze

BURKHARD REMMERS

Mehr als Möbel

1907 gründeten die verschwägerten Tischlermeister Friedrich Hahne und Christian Wilkening eine eigene Tischlerei nahe bei Bad Münder. Rund 100 Unternehmen nutzten das Holz der umliegenden Buchenwälder, um Stühle herzustellen. Die Region galt als ein Zentrum der deutschen Stuhlfabrikation. Die Tischlerei wuchs, bald entstand eine Fabrik, in der in größerem Maßstab qualitätsvolle Massivholzstühle im bürgerlichen Geschmack der Zeit hergestellt wurden. Nach dem Zweiten Weltkrieg übernahmen die Gründersöhne Fritz Hahne und Vetter Adolf Wilkening die Geschicke des Unternehmens. Gemeinsam richteten sie das Unternehmen völlig neu aus. Unternehmensarchitektur, Mitarbeiter- und Sozialorientierung, Umweltverantwortung, Produktgestaltung und Marktbearbeitung entwickelten sich immer stärker zu einem stimmigen Gesamtbild, lange bevor sich die Idee einer Corporate Social Responsibility in der Wirtschaft etablierte.

Moderne Produktgestaltung mit innovativem Mehrwert ...

Wilkhahn entwickelte sich in enger Zusammenarbeit mit vom Bauhaus beeinflussten Architekten und mit der Ulmer Hochschule für Gestaltung zu einem Pionierunternehmen für moderne Möbelgestaltung. Neue Materialien wie Stahl und Kunststoff wurden verbunden mit einer Formgebung, die sich den Maximen der

Moderne verpflichtet sah: „Ziel ist es, langlebige Produkte zu entwickeln, den Gebrauchswert zu erhöhen und die Verschwendung zu reduzieren." Dieser Anspruch aus dem Gründungsmanifest der HfG Ulm (1953) wurde in den folgenden Jahrzehnten zur Maxime der Wilkhahn-Produktentwicklung. In den 1970er Jahren erfolgte die Konzentration auf „Büro- und Objektmöbel", 1980 die Markteinführung des legendären Bürostuhlprogramms FS-Linie.

Anfang der 1990er Jahre wurden nicht nur die ersten ökologischen Designrichtlinien der Branche erarbeitet, sondern auch das Geschäftsfeld Konferenzeinrichtungen als zweites Standbein entwickelt. Der Bürostuhl „Picto", 1992 vorgestellt, wurde zum Vorbild für ökologisch verantwortliche Produktgestaltung. Der erste mobile und faltbare Konferenztisch der Welt (Confair) machte Wilkhahn 1994 auch hier zum Vorreiter. In einem Forschungs- und Entwicklungskonsortium konzipierte Wilkhahn 1999 die weltweit ersten interaktiven Tische und Wände mit integrierten, berührungsempfindlichen Displays für die digital vernetzte Kooperation räumlich verteilter Teams.

Im dritten Geschäftsfeld „Informelle Kommunikation" setzten nach der Jahrtausendwende die Mehrzweckstühle Aline (2004), Occo, Metrik (2016) und Aula (2018) neue Maßstäbe. In 2010 eröffnete der Bürostuhl ON eine neue Kategorie für dreidimensionales Bewegungssitzen, das mit dem sportlich-dynamischen Programm IN (2015) und dem vielfältig gestaltbaren AT (2018) inzwischen weltweit als neuer Standard für gesundes, aktives Sitzen gilt und in allen Bereichen eingesetzt werden kann.

Verantwortung von der Wiege bis zu Bahre

Gemäß des Anspruchs, die Produktverantwortung „von der Wiege bis zur Bahre" zu übernehmen, implementierte Wilkhahn Umweltkriterien in den Design- und Entwicklungsprozess.

Produktgestaltung mit langfristiger Gültigkeit ist unser Gegenmodell zur Wegwerfgesellschaft. Wilkhahn-Produkte sind deshalb auf maximale Gebrauchsqualität, Langlebigkeit und Ressourcenschonung ausgelegt. Dies beinhaltet hochwertige Qualität, die durch Erlebbarkeit, Kontinuität und Perfektion überzeugt, zeitloses, eigenständiges Design, das durch Einfachheit, Ehrlichkeit und sinnliche Sachlichkeit fasziniert, und wegweisende Innovationen, die den Kunden dauerhaft Mehrwerte bei Ergonomie und Handhabung bieten. Die hohe Gebrauchsqualität, die einfache Demontage und austauschbare Komponenten sichern die Ressourceneffektivität der Produkte.

[BEST PRACTICE]

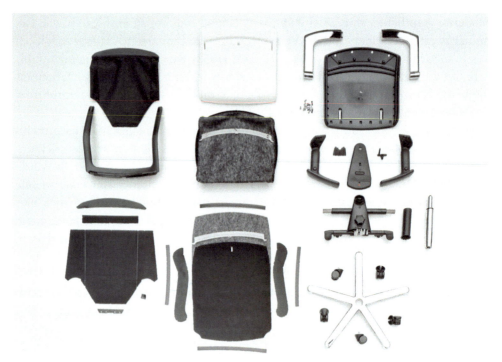

Die Produktentwicklung folgt den nachhaltigen Leitsätzen: möglichst lange Nutzungsdauer, möglichst geringer Materialeinsatz, hohe Recyclingfähigkeit der eingesetzten Materialen.
Foto: © Wilkhahn

... und internationalem Potenzial.

Die Gestaltungsprinzipien fanden auch international Anerkennung und ermöglichten schon bald ein florierendes Exportgeschäft, das im Laufe der Zeit systematisch ausgebaut wurde. Vor allem dem Bürostuhlprogramm FS-Linie war es zu verdanken, dass sich Wilkhahn international als ein führender Hersteller für innovative, hochwertige und designorientierte Büromöbel etablieren konnte. Zahlreiche Tochter- und Vertriebsgesellschaften wurden gegründet: zunächst mit dem Schwerpunkt in Europa, 1998 mit der Gründung von Wilkhahn Asia Pacific auch in Australien und Asien. Die Gesellschaft mit Sitz in Sydney entwickelte sich zur Basis der Markterweiterungen nach Singapur, Hongkong, China und Indien. 2005 folgte die Eröffnung des Vertriebsbüros in Dubai und in 2008 wurde die Wilkhahn Inc. mit Sitz in New York gegründet. Heute erzielt Wilkhahn rund 70 Prozent der Umsätze in den internationalen Märkten. Mit eigenen Niederlassungen und Lizenzpartnern in Japan, Marokko und Südafrika hat das Unternehmen die Voraussetzungen geschaffen, seine weltweit aktiven Kunden vor Ort in der gleichen Premium-Qualität wie in Europa zu bedienen und neue Kunden vor Ort zu gewinnen.

Um seine Verantwortung auch in einem zunehmend globalisierten Absatz- und Zuliefermarkt wahrzunehmen, trat Wilkhahn 2008 dem „Global Compact" bei. Das umfasst die Wahrung und Förderung der Menschenrechte, die Einhaltung und Förderung internationaler Arbeitsnormen, den Einsatz gegen jegliche Art von Korruption sowie die ständige Verbesserung der Umweltauswirkungen unseres Unternehmens durch Vorsorge und die Einhaltung von geltendem Umweltrecht. In 2009 unterzeichnete das Unternehmen ein Rahmenabkommen mit den internationalen Gewerkschaften (ILO) zur weltweiten Anerkennung und Förderung von sozialökologischen Standards und Arbeitnehmerinteressen nicht nur in der eigenen Unternehmensstruktur sondern auch in der gesamten Lieferkette.

Mitarbeiterorientierung

Doch nicht nur auf der Produktebene ging Wilkhahn neue Wege, auch das Miteinander im Unternehmen galt nach dem Kriegsende als zukunftsweisend: „Keine Anweisung ohne Begründung" stand für einen neuen Führungsstil, der geprägt war von Achtung und Respekt gegenüber den Mitarbeitern, unabhängig von sozialer Herkunft und Funktion im Unternehmen. Die Übernahme sozialer Unternehmensverantwortung schlug sich bereits in den 1950er Jahren in günstigen Firmenkrediten für die Mitarbeiter beim Hausbau nieder und in der Einführung einer betrieblichen Altersversorgung. Kooperatives Management und Mitarbeiterbeteiligung am Unternehmensgewinn sorgten nach außen für Aufsehen und nach innen für eine hohe Motivation und Identifikation der Menschen mit Wilkhahn. Mit der Einführung neuer Arbeitsformen wie teilautonomer Gruppen- und Projektarbeit wurde in den 1990er Jahren die traditionelle Meisterorganisation abgelöst. Die immaterielle Beteiligung an der Unternehmensentwicklung rückte immer stärker in den Vordergrund. Die großen Branchenkrisen im Nachgang des 11. September 2001 und der Weltwirtschafts- und Finanzkrise 2009 konnten so in enger Zusammenarbeit zwischen Management, Betriebsrat und Tarifparteien bewältigt werden. Vieles, was dort auf Unternehmensebene vereinbart wurde, fand später Eingang in die allgemeinen Tarifverträge. Zum 100sten Unternehmensgeburtstag wurde mit unternehmensweiter, internationaler Beteiligung der Strategieentwicklungsprozess Wilkhahn 2017 aufgesetzt, aktuell erfolgt die gemeinsame Umsetzung des Programms Wilkhahn 2020, das breit im Unternehmen verankert ist.

[BEST PRACTICE]

Architektur und ökologischer Wandel

Schon Ende der 1950er Jahre wurde das Bauen als Verantwortung vor der Zukunft begriffen: Herbert Hirche, ehemaliger Meisterschüler bei Ludwig Mies van der Rohe am Bauhaus, Mitglied in der Berliner Wiederaufbaukommission und später Professor in Weißensee und Stuttgart, entwickelte nicht nur moderne Möbel für Wilkhahn, sondern entwarf auch das 1959 fertiggestellte Verwaltungsgebäude. In den 1970er und 1980er Jahren entwickelte sich das ökologische Anliegen immer mehr zum dritten Baustein der Wilkhahn-Unternehmenskultur. 1988 wurden vier wegweisende Fabrikationspavillons des Architekten und Pritzckerpreisträgers Professor Frei Otto eröffnet, getreu der Maxime, dass bei Wilkhahn „keine zwei Backsteine mehr übereinander gelegt werden, bevor geklärt ist, ob das Gebäude ökonomisch vernünftig, ästhetisch langlebig und ökologisch verträglich ist sowie einen Beitrag zur Humanisierung der Arbeitswelt leistet." (1984)

Der ökologische Wandel wurde 1989 per Verwaltungsratsbeschluss zum festen Bestandteil des Unternehmensprogramms und Wilkhahn auch auf diesem Feld zum Branchenpionier. Die 1992 eröffnete, nächste Fabrikerweiterung, entworfen vom Architekten Thomas Herzog, wurde zum sichtbaren Symbol des ökologischen Wandels: mit seiner Holzkonstruktion, mit begrünten Dächern, mit intelligenter Tageslichtnutzung und mit einem Vordach, bei dem erstmalig modernste Solartechnologie eingesetzt wurde. Die Hallen gelten auch noch nach über einem Vierteljahrhundert als wegweisend und beispielgebend. Parallel wurde die alte Fabrik

Die Produktionshallen des Architekten Thomas Herzog von 1992 sind das sichtbare Symbol des ökologischen Wandels. Foto: © Wilkhahn

unter Erhalt der historischen Substanz von 1910 zur Hauptverwaltung umgebaut. Mehrfache, einfach durchzuführende Umnutzungen der Pavillons und der Hallenfelder in den vergangenen Jahren belegen die nachhaltige Nutzungsqualität dieser gebauten Unternehmenskultur.

Umweltcontrolling

Weltweit erstmalig in der Büromöbelindustrie wurde ein Konzept zum Umweltcontrolling und zum Abfallmanagement erarbeitet und umgesetzt. Neben vielen anderen Auszeichnungen erhielt Wilkhahn 1996 den hochdotierten „Deutschen Um-

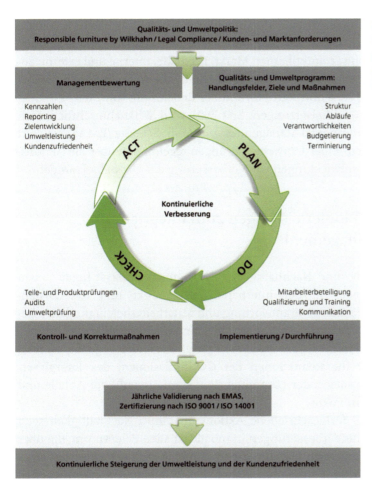

Modell zum Nachhaltigkeitsmanagementprozess bei Wilkhahn (Abb. aus Wilkhahn Umwelterklärung)

[BEST PRACTICE]

weltpreis" der Deutschen Bundesstiftung Umwelt für sein Gesamtkonzept des ökologischen Wandels. Im Ausstellungsprojekt „Zukunft der Arbeit im Spannungsfeld von Mensch, Natur, Technik und Markt" während der Weltausstellung EXPO 2000 in Hannover wurden die vielfachen Wechselwirkungen zwischen Innovation, sozialer Orientierung, ökologischer Verantwortung und ökonomischem Erfolg einer breiten Weltöffentlichkeit zugänglich gemacht.

Öffentliche Transparenz

In der Publikation „Wilkhahn Grün – ein Unternehmen im ökologischen Wandel" berichtete das Unternehmen bereits 1995 umfangreich über die verschiedenen Felder und Aktivitäten der ökologischen Verantwortung. Unter dem Titel „Wilkhahn Mehrwerte" folgte im Jahr 2000 einer der ersten Nachhaltigkeitsberichte im Mittelstand überhaupt. Die Schwerpunktthemen Markt, Produkte, interne und externe Sozialperspektive, Umweltmanagement und gesellschaftliche Verantwortung wirken ebenso aktuell wie die Querschnittsstruktur mit der Benennung von Zielkonflikten, Produktauswirkungen und Zielsetzungen. Seit 2001 wird Wilkhahn jährlich nach dem europäischen Environmental Management and Audit Scheme (EMAS) validiert und berichtet im Rahmen seiner Umwelterklärungen regelmäßigt über die Aktionsprogramme und Weiterentwicklungen zur Verbesserung der Umweltleistungen.

Von ökologischen Pionierleistungen zum integrierten Nachhaltigkeitsmanagement

Das integrierte Qualitäts- und Nachhaltigkeitsmanagement umfasst heute neben den Gestaltungsprinzipien und den internationalen Produkt- und Materialstandards auch Fragen der Führungsverantwortung und Mitarbeiterbeteiligung, der Gesundheitsförderung und des Arbeitsschutzes. Die Handlungsfelder für die Umweltverantwortung im engeren Sinne betreffen die Produktions- und Logistikprozesse. Hier stehen vor allem die Reduktionen der CO_2-Emissionen, des Energieverbrauchs, des Materialeinsatzes, der Lösemittel (VOC-Emissionen), der Abfälle und des Wasserverbrauchs im Fokus.

Über das regelmäßig fortgeschriebene Aktionsprogramm Nachhaltigkeit setzt Wilkhahn kontinuierliche Verbesserungen in möglichst allen Feldern um, die über eine Ampelkennzeichnung nach Handlungsbedarf und Wirkhebel priorisiert sind. So wurden in den letzten Jahren die wichtigsten Wilkhahn-Programme nach

Übersichtsmatrix zu Relevanz und Verbesserungspotenzial der unterschiedlichen Handlungsfelder in Bezug auf die verschiedenen Nachhaltigkeitsaspekte. (Abb. aus Wilkhahn Umwelterklärung)

Greenguard®, einem strengen amerikanischen Standard für Innenraumeignung und Luftreinhaltung zertifiziert. Seit 2013 werden auf Wunsch Konferenz- und Arbeitstische in der gewohnten Wilkhahn-Produktqualität gefertigt, die mit dem international anerkannten FSC®-Gütesiegel für Holz aus verantwortungsvoller Waldwirtschaft ausgezeichnet sind. Nachhaltige Investitionen in die Fertigung stärkten den Fertigungsstandort Bad Münder, indem die Verarbeitungsqualität erhöht, der Arbeitsschutz auf hohem Niveau gesichert und durch energieeffiziente Wärmerückgewinnung weitere ökologische Fortschritte erzielt wurden. Die Umstellung auf eine innovative, umweltfreundliche Energieversorgung auf der Basis erneuerbarer Energiequellen wurde in den letzten Jahren bei Wilkhahn erfolgreich sukzessive fortentwickelt, sodass im Jahr 2018 bereits 55 Prozent des Gesamtenergiebedarfs durch „Renewables" wie Biogas, Solarthermie und Photovoltaik gedeckt werden konnten.

[BEST PRACTICE]

Der Bewegungshocker Print StoolOne von 2018 ist das jüngste Kind in der nachhaltigen Produktpalette: Er wurde aus dem Biokunststoff Lignin am 3D-Drucker gefertigt.
Foto: © Wilkhahn

Das Zusammenspiel der verschiedenen Nachhaltigkeitsdimensionen zeigt sich beispielsweise beim Bürostuhl ON: Mit hohen internationalen Designpreisen ausgezeichnet, darunter dem „Best of NeoCon 2010" und dem „Designpreis Deutschland 2011", hat sich ON in kurzer Zeit als neuer internationaler Benchmark für gesundes Sitzen etabliert – und er wurde als erster Bürostuhl 2012 vom Deutschen Umweltminister mit dem Bundespreis Ecodesign ausgezeichnet. Mit einer limitierten Erstauflage des Bewegungshockers PrintStool One schließlich wurde 2018 evaluiert, wie 3D-Drucktechnologien mit minimalem und abfallfreiem Materialeinsatz zu einer neuen Ästhetik führen können, wie das dezentrale Herstellungskonzept Einsparungen in der Logistik erzielt und wie mit Lignin ein Biokunststoff als Basismaterial eingesetzt werden kann, der nicht im Wettbewerb zur Lebensmittelproduktion steht. Der Einsatz einer Maschine für die Herstellung von maßgeschneiderten Kartonagen „on demand" für Auslieferungen (seit 2013) und die sukzessive Umstellung auf transportoptimierte Mehrwegverpackungen im Pendelverkehr zwischen Produktionsstandorten und Hauptlieferanten (seit 2017) sorgen für eine signifikante Materialreduktion in der Logistik.

Die Verleihung des B.A.U.M.-Umweltpreises 2018 an den Wilkhahn-Nachhaltigkeitsmanager Jörg Hoffmann ist eine schöne Anerkennung für die gelungene

Transformation von ökologischen Pionierleistungen in ein integriertes Nachhaltigkeitsmanagement, das alle unternehmerischen Aktivitäten umfasst. Ganz nach dem Motto, dass man Gutes immer noch besser machen kann!

Über den Autor

BURKHARD REMMERS
verantwortet seit 1995 bei Wilkhahn den Bereich Internationale Kommunikation und Public Relations. Als Autor zahlreicher internationaler Fachpublikationen, Buchbeiträge und Vorträge gilt er als Experte für die Zusammenhänge von Architektur, Kommunikation, Ergonomie und Design im Kontext zukunftsfähiger Office-Konzepte.

Kontakt
Wilkhahn Wilkening+Hahne GmbH+Co.KG
Fritz-Hahne-Straße 8
31848 Bad Münder
Tel.: 05042/999-0
E-Mail: info@wilkhahn.de
www.wilkhahn.com

Initiativen, Verbände und Organisationen

BUNDESDEUTSCHER ARBEITSKREIS FÜR UMWELTBEWUSSTES
MANAGEMENT E.V.

B.A.U.M. – feste Wurzeln, breites Dach

Was 1984, als es in Deutschland noch kein Bundesumweltministerium gab, als Arbeitskreis für umweltfreundliche Materialwirtschaft begann, ist heute mit weit über 500 Mitgliedern das größte Unternehmensnetzwerk seiner Art in Europa. Unter dem Kürzel B.A.U.M. setzt sich der Bundesdeutsche Arbeitskreis für Umweltbewusstes Management e.V. seit nunmehr 35 Jahren erfolgreich für nachhaltiges, neues Wirtschaften ein. Neben vielen bekannten Unternehmen sind auch Verbände und Institutionen Fördermitglieder. Zusätzlich zur Hauptgeschäftsstelle in Hamburg sind in Deutschland drei Regionalbüros für das Netzwerk aktiv.

Ziel von B.A.U.M. ist es, Unternehmen, Kommunen und Organisationen für die Belange des vorsorgenden Umweltschutzes sowie die Vision des nachhaltigen Wirtschaftens zu sensibilisieren und bei der ökologisch wirksamen, ökonomisch sinnvollen und sozial gerechten Realisierung zu unterstützen. Als Informations- und Kontaktnetzwerk schafft B.A.U.M. Plattformen für aktiven und praxisorientierten Wissens- und Erfahrungsaustausch und pflegt vielfältige nationale und internationale Kontakte in Wirtschaft, Wissenschaft, Verbänden, Politik und Medien. B.A.U.M. wirkt in zahlreichen Gremien beratend mit, um seine Mitglieder wirksam zu vertreten, zwischen ungleichen Interessen zu vermitteln und Impulse für eine erfolgreiche Nachhaltigkeitsstrategie zu setzen.

[INITIATIVEN UND ORGANISATIONEN]

Informieren ...

B.A.U.M. verbreitet Informationen seiner Mitglieder und stellt Informationen für sie und für weitere Interessierte bereit. Dies geschieht vor allem über die Website www.baumev.de sowie den monatlich erscheinenden Newsletter und die gängigen Social-Media-Kanäle. Auch die Kanäle klassischer Medienarbeit nutzt B.A.U.M. und veröffentlicht bei besonderen Anlässen wie der Verleihung des B.A.U.M.-Umweltpreises oder zu politischen Stellungnahmen Pressemitteilungen, die auch auf www.baumev.de/Presse zu finden sind. Außerdem publizieren Mitglieder des Vorstands regelmäßig zu aktuellen Nachhaltigkeitsthemen in den Medien. Jeweils zu Beginn eines Jahres widmet sich das B.A.U.M.-Jahrbuch einem aktuellen Schwerpunktthema. Dieses Thema, für 2019 „New Work", bildet über das Jahr auch die inhaltliche Klammer.

Der B.A.U.M.-Vorsitzende Prof. Dr. Maximilian Gege ist zudem Mitherausgeber des Magazins forum Nachhaltig Wirtschaften. Die vierteljährlich erscheinende Zeitschrift ist das reichweitenstärkste CSR-Magazin für Politik, Wirtschaft, Non-Profit-Organisationen und Gesellschaft im deutschsprachigen Raum.

Austausch initiieren ...

Mit dem Ziel, an Nachhaltigkeitsfragen interessierte und für Umwelt und Gesellschaft engagierte Menschen zum Informations- und Erfahrungsaustausch zusammenzubringen, führt das Netzwerk verschiedene Veranstaltungen durch, bei denen in unterschiedlichsten Formaten mehr Nachhaltigkeit diskutiert und implementiert werden soll. Beim „Gipfelgespräch", einer dreitägigen Bergwanderung, geht es zünftig zu; bei den B.A.U.M.-Netzwerktreffen, die regional bei Mitgliedsunternehmen stattfinden, wird der thematische Fokus eingegrenzt. Mit Hilfe des neuen Workshop-Formats „Wälder beraten Wirtschaft" können Unternehmenslenker vom Ökosystem Wald lernen. Closed-shop-Veranstaltungen wie das Sustainability Leadership Forum, das B.A.U.M. gemeinsam mit dem Center for Sustainability Management der Leuphana Universität Lüneburg bereits seit 2004 organisiert, ermöglichen den offenen Austausch mit Experten. Die jährlich stattfindende B.A.U.M.-Tagung mit Verleihung der renommierten B.A.U.M.-Umweltpreise gilt als Familientreffen der Nachhaltigkeitsszene.

Neben der aktiven Kommunikation für Nachhaltigkeit und der Durchführung themenspezifischer Veranstaltungen führt das Netzwerk Projekte zu Schwerpunktthemen durch. Exemplarisch möchten wir in diesem Jahrbuch zwei Projekte vorstellen, die uns aktuell besonders am Herzen liegen.

nachhaltig.digital

Die These, dass die Digitalisierungsdebatte in der Gesellschaft zu stark von technologischen und ökonomischen Aspekten dominiert wird, während soziale, ökologische und ethische Gesichtspunkte unterrepräsentiert bleiben, veranlasste B.A.U.M. gemeinsam mit der Deutschen Bundesstiftung Umwelt (DBU) nachhaltig.digital ins Leben zu rufen. Das Projekt bietet dem Mittelstand, dem Rückgrat der deutschen Wirtschaft, eine Plattform zu den Themen Nachhaltigkeit und Digitalisierung, auf der er sich informieren und austauschen kann. Vorreiter kombinieren bereits nachhaltige und digitale Aspekte in ihren Produkten oder Prozessen. Diesen Unternehmen wird durch nachhaltig.digital Raum geboten, sich zu präsentieren und zu vernetzen. Wer sich inspirieren lassen möchte, ist ebenso willkommen.

Ein ganztätiger Auftaktkongress gab im Mai 2018 den Startschuss für die Plattform. Eröffnet wurde der Tag durch den Generalsekretär der DBU, Alexander Bonde, und durch Melanie Kubin-Hardewig als Vertreterin des Gastgebers Telekom. Nach Impulsvorträgen von hochkarätigen Referentinnen und Referenten – u.a. Daniela Rathe von der Porsche AG, einem der Sponsoren des Projekts, VAUDE-Geschäftsführerin Antje von Dewitz sowie Werner Landhäußer, geschäftsführender Gesellschafter der Mader GmbH & Co. KG – konnten die Teilnehmenden an mehr als zwanzig Thementischen vertiefende Diskussionen und Gespräche zu den Fragestellungen der Vorträge und darüber hinaus führen. Im Zuge des Ausbaus der Plattform zu der Anlaufstelle für Nachhaltigkeit und Digitalisierung entsteht derzeit eine Sammlung von Good-Practice-Beispielen von Unternehmen, Institutionen und Projekten, die Nachhaltigkeit und Digitalisierung bereits zusammendenken. Im Zentrum steht die Frage, wie Unternehmen Digitale Technologien so einsetzen können, dass sie sich fit für die Zukunft machen und gleichzeitig zu einer nachhaltigen Entwicklung beitragen. Antworten gibt es auch beim Jahreskongress der Kompetenzplattform für Nachhaltigkeit und Digitalisierung im März 2019 in Osnabrück. So bietet nachhaltig.digital online wie offline Inspiration und Information für Mittelständler sowie die Chance, sich mit anderen interessierten Unternehmen auszutauschen und zu vernetzen.

Nachhaltige Finanzen

Aktuell steht bei B.A.U.M. auch das Thema Nachhaltige Finanzanlagen im Fokus. Da der Begriff „nachhaltig" nicht geschützt ist, kann sich jedes beliebige Finanzprodukt mit dem Prädikat „Nachhaltigkeit" schmücken, ohne dass für Kunden ersicht-

[INITIATIVEN UND ORGANISATIONEN]

lich ist, mit welchen Anlagekriterien der Fondsinvestor operiert. So investieren Kunden unwissentlich in Unternehmen, die Rüstungsgüter herstellen, in Atom- oder Kohlekraftwerke investieren oder wegen Korruption, Steuerhinterziehung, mangelnder Sozialstandards etc. kritisiert werden.

Der B.A.U.M.-Vorsitzende Prof. Dr. Maximilian Gege hat deshalb mit seinem Team ein umfassendes Konzept sowie eine neue, innovative Analyse- und Bewertungsmatrix entwickelt, um interessante Unternehmen weltweit auszuwählen und zuverlässig einzuschätzen. Im Zuge dieses Prozess entstand die Green Growth Futura GmbH, eine von Professor Gege eigens gegründete Analyse- und Research-Agentur; sie ist Teil des B.A.U.M.-Netzwerks.

In Zusammenarbeit mit der GLS Bank und der Green Growth Futura GmbH ist der B.A.U.M. Fair Future Fonds entstanden, der im Oktober 2018 aufgelegt wurde. Sofern die Zielrendite von sechs Prozent überschritten wird, kommt eine gemeinwohlorientierte Erfolgsbeteiligung zum Tragen, mit der primär Kinderprojekte weltweit gefördert werden, aber natürlich auch weitere Projekte, die z.B. Nachhaltigkeit in der Wirtschaft voranbringen.

Kontakt

Bundesdeutscher Arbeitskreis für
Umweltbewusstes Management
(B.A.U.M.) e.V.
Osterstraße 58
20259 Hamburg
Tel.: 040/49 07 11 00
E- Mail: info@baumev.de
www.baumev.de

BÜNDNIS FÜR NACHHALTIGE TEXTILIEN

Das Bündnis für nachhaltige Textilien: sozial und ökologisch auf dem Weg

Das Bündnis für nachhaltige Textilien wurde Ende 2014 auf Initiative von Bundesminister Dr. Gerd Müller gegründet, um die sozialen, ökologischen und ökonomischen Bedingungen entlang der gesamten Lieferkette des Textil- und Bekleidungssektors nachweislich und kontinuierlich zu verbessern.

Zusammenschluss der relevanten gesellschaftlichen Akteure

Das Bündnis bringt als Multiakteurs-Initiative Unternehmen, Nichtregierungsorganisationen, Verbände, Bundesregierung, Gewerkschaften und Standardorganisationen an einen Tisch. Die Unternehmen im Bündnis stehen für rund die Hälfte des Einzelhandelsumsatzes der deutschen Textil- und Modebranche. Trotz häufig unterschiedlicher Interessenslagen haben die Mitglieder gemeinsame Bündnisziele, prioritäre Handlungsfelder sowie einen verbindlichen Prozess der Zielverfolgung vereinbart. Dieses gemeinsame Vorgehen erzeugt eine große Hebelwirkung und kann Probleme lösen, die ein Akteur alleine nicht bewältigen kann.

Verbindliche Ziele für kontinuierliche Verbesserungen

Alle Mitglieder des Bündnisses sind verpflichtet, Maßnahmenpläne zur Umsetzung verbindlicher Ziele einzureichen und zu veröffentlichen. Darin beschreiben sie, welche Maßnahmen etwa in den Bereichen menschenwürdige Arbeitsbedingungen, Umweltschutz und faire Löhne im eigenen Unternehmen und bei ihren Lieferanten ergriffen werden sollen. Die Maßnahmenpläne müssen seit dem Jahr 2018, die entsprechenden Fortschrittsberichte ab 2019 auf der Website des Bündnisses veröffentlicht werden. Allein im Jahr 2018 wurden 115 Maßnahmenpläne mit über 1.300 konkreten Aktivitäten eingereicht und publiziert.

Eine zentrale Anforderung an die Mitglieder ist die Umsetzung der unternehmerischen Sorgfaltspflichten, wie die OECD sie für die Textil- und Bekleidungsbranche aufbereitet hat. Diese umfassen z. B. Risikoanalysen, die systematische Erfassung von Geschäftspartnern und Produzenten, die risikobasierte Umsetzung von Maßnahmen in der Lieferkette, die Schaffung von Zugängen zu Beschwerdemechanismen und die Berichterstattung. Auf dieser Basis müssen dann weitere konkrete Ziele verfolgt werden, wie z. B. die Bekämpfung von Kinderarbeit, Verbesserungen im Umweltschutz, die Verbannung von vielen giftigen Chemikalien aus der Produktion. Hinzu kommen die Zahlung existenzsichernder Löhne und die Steigerung der Verwendung nachhaltiger Baumwolle auf mindestens 70 Prozent der Gesamtmenge im Bündnis bis 2025.

Soziale Bündnisziele

1. Vereinigungsfreiheit und Kollektivverhandlungen
2. Erwerbstätigkeit, Verbot von Zwangsarbeit, Vertragssklaverei, Schuldknechtschaft, Leibeigenschaft und Gefängnisarbeit
3. Verbot von Diskriminierung, Belästigung und Misshandlung
4. Verbot von Kinderarbeit und Schutz jugendlicher Arbeitnehmer*innen
5. Lohn/Einkommen und Sozialleistungen
6. Arbeitszeit
7. Gesundheit und Sicherheit

Bündnisinitiativen: Zusammen mehr erreichen als allein

Ein weiteres Handlungsfeld der Bündnisarbeit ist das gemeinsame Engagement im Rahmen von Bündnisinitiativen in Produktionsländern. Diese sollen strukturelle Herausforderungen mit Unternehmen und anderen relevanten Partnern vor Ort sowie mit internationalen Organisationen angehen. Das Textilbündnis kann hier mit der Einkaufskraft der Unternehmen sowie dem Know-how und den Kontakten von NGOs, Gewerkschaften, Standardorganisationen und der Bundesregierung viel bewegen. Zwei Bündnisinitiativen haben ihre Arbeit im Jahr 2018 aufgenommen:

Bündnisinitiative Chemikalien- und Umweltmanagement in China und Bangladesch

Zahlreiche Mitglieder des Bündnisses engagieren sich in dieser Initiative für das Chemikalien- und Umweltmanagement in Zulieferfabriken. Derzeit entwickeln die Teilnehmer*innen zielgruppenspezifische Konzepte und Materialien zur Verbreitung von technischem Wissen, zur Bewusstseinsbildung sowie für die politische Diskussion vor Ort und setzten Trainings auf Fabrikebene um.

Bündnisinitiative Verbesserung von Arbeitsbedingungen in Tamil Nadu

Diese Bündnisinitiative zielt darauf, die Arbeitsbedingungen in der Textil- und Bekleidungsindustrie im südindischen Tamil Nadu systematisch zu verbessern, insbesondere für Frauen und Mädchen in Spinnereien. In enger Zusammenarbeit mit den indischen Partnern will die Initiative Veränderungen auf drei Ebenen anstoßen: Sensibilisierung für die Rechte von Arbeitnehmer*innen, Schulungen zu Beschwerdemechanismen und Trainings von staatlichen Inspektoren.

[INITIATIVEN UND ORGANISATIONEN]

Dialog und Wissensaustausch

Wesentliche Voraussetzungen dafür, dass die Mitglieder ihrer individuellen Verantwortung gerecht werden und sich effektiv gemeinsam engagieren können, sind der Aufbau von Wissen, der intensive Erfahrungsaustausch und die Gegenseitige Unterstützung. Das Bündnis versteht sich daher auch als Informationsplattform und Wissensnetzwerk, in das jedes Mitglied seine individuellen Netzwerke, sein Wissen und seine Erfahrungen einbringen soll. Über regelmäßige Treffen, ein Social Intranet, Webinare, Workshops und Projektarbeit werden effektiv Wissen und Erfahrungen geteilt und Informationen vermittelt.

Internationale Kooperationen: Weltweit an einem Strang ziehen

In der global organisierten Textilindustrie bedarf es international abgestimmter Vorgehensweisen, um Synergien zu nutzen, Kräfte zu bündeln und den Aufwand zu begrenzen. So kann in der Breite mehr Nachhaltigkeit entstehen und die Bündnisziele können erreicht werden. Das Bündnis hat dazu bereits sieben strategische Kooperationen geschlossen, mit ACT und der Fair Wear Foundation mit dem Schwerpunkt auf existenzsichernde Löhne, mit SAC und dem niederländischen Textilbündnis, um europaweit das Konzept der unternehmerischen Sorgfaltspflichten zu verankern, mit ZDHC und SAICM im Bereich Chemikalien- und Umweltmanagement und mit Textile Exchange zur Förderung der Entwicklung und der Nutzung nachhaltiger Fasern und Materialien.

Internationale Kooperationspartner des Bündnisses

Action Collaboration Transformation (ACT)
Agreement on Sustainable Garments and Textile (AGT)
Fair Wear Foundation
Strategic Approach to International Chemicals Management (SAICM)

Verbesserungen in der Lieferkette sind möglich

„Der Ansatz des Textilbündnisses ermöglicht es, echte Verbesserungen bei den Arbeits- und Umweltbedingungen in Textil-Lieferketten zu erreichen – durch einen

Dreiklang aus Wahrnehmung individueller Verantwortung und Sorgfaltspflichten, gemeinsamen Initiativen in den Produktionsländern und gegenseitiger Unterstützung und Lernen." Dr. Jürgen Janssen, Leiter des Bündnissekretariats

Kontakt

Bündnis für Nachhaltige Textilien e.V.
Bündnissekretariat
c/o Deutsche Gesellschaft für Internationale Zusammenarbeit (GIZ) GmbH
Friedrich-Ebert-Allee 36
53113 Bonn
Tel.: 0228/4460-3560
E-Mail: mail@textilbuendnis.com
www.textilbuendnis.com

[INITIATIVEN UND ORGANISATIONEN]

CHEMIE[3]
Die Nachhaltigkeitsinitiative Chemie[3]

Die großen globalen Trends unserer Zeit – der Klimawandel, das rasante Wachstum der Weltbevölkerung bei begrenzten Ressourcen oder die Urbanisierung – stellen neue Anforderungen an die Unternehmen. So ist die Frage in den Fokus gerückt, wie sich die Unternehmensaktivitäten entlang der gesamten globalen Wertschöpfungskette auf eine nachhaltige Entwicklung auswirken.

Diese Entwicklung zeigt sich insbesondere in der Verabschiedung der Globalen Nachhaltigkeitsziele – den Sustainable Development Goals (SDGs) – der Vereinten Nationen im Jahr 2015, der darauf aufbauenden Neuauflage der Deutschen Nachhaltigkeitsstrategie der Bundesregierung von 2016 und des Nationalen Aktionsplans Wirtschaft und Menschenrechte (NAP, ebenfalls 2016). Der NAP fordert Unternehmen auf, über ein entsprechendes Lieferkettenmanagement die Einhaltung von Nachhaltigkeitsstandards entlang der Lieferketten sicherzustellen. Das gilt auch für kleine und mittlere Unternehmen.

Zunehmend wollen sich auch Kunden, Kapitalgeber (Stichwort „Sustainable Finance"), Nichtregierungsorganisationen und – nicht zuletzt – die eigenen Beschäftigten ein umfassendes Bild über die Unternehmen, ihre globalen Geschäftstätigkeiten und deren Auswirkungen auf Mensch und Natur machen.

Nachhaltigkeit als Chance

Bereits 2013 haben die drei großen Organisationen der chemischen Industrie in Deutschland – der Wirtschaftsverband VCI, die Gewerkschaft IG BCE und der

Arbeitgeberverband BAVC – diese Entwicklungen ins Auge gefasst und die Nachhaltigkeitsinitiative Chemie³ gegründet. Gemeinsam wollen sie Nachhaltigkeit als Leitbild in der Branche verankern. Mit der Initiative möchten die drei Partner außerdem dazu beitragen, die Position der Chemie als Schlüsselindustrie für eine nachhaltige Entwicklung weiter auszubauen. Bereits heute leistet die Branche wesentliche Beiträge zu einer nachhaltigen Entwicklung und den SDGs. Nachhaltigkeit verstehen die Chemie³-Partner als einen Dreiklang aus

- wirtschaftlichem Erfolg (auf der Basis von Innovationen und wettbewerbsfähigen Rahmenbedingungen),
- dem Schutz von Mensch und Umwelt (durch umweltfreundliche Produkte und Verfahren, hohe Sicherheitsstandards und Produktverantwortung) sowie
- gesellschaftlicher und sozialer Verantwortung (auf dem Fundament der sozialen Marktwirtschaft, der Chemie-Sozialpartnerschaft und guter Arbeit).

Den Kern von Chemie³ bilden die zwölf „Leitlinien zur Nachhaltigkeit für die chemische Industrie in Deutschland". Sie sind auf die Chemie zugeschnitten. Unternehmen und Beschäftigten bieten sie Orientierung, wie sie Nachhaltigkeit im Betriebsalltag umsetzen können.

Die „Leitlinien zur Nachhaltigkeit für die chemische Industrie in Deutschland"

1. Nachhaltigkeit in die Unternehmensstrategie integrieren
2. Wertentwicklung und Investitionen nachhaltig gestalten
3. Wirtschaftliche Stabilität stärken und globale Zusammenarbeit ausbauen
4. Mit Innovationen Beiträge zur nachhaltigen Entwicklung leisten
5. Nachhaltigkeit in betrieblichen Prozessen umsetzen
6. Gute Arbeit sichern und Sozialpartnerschaft leben
7. Demografischen Wandel gestalten und Fachkräftebedarf sichern
8. Mensch, Umwelt und biologische Vielfalt schützen
9. Ressourceneffizienz und Klimaschutz fördern
10. Als guter Nachbar Engagement und Verantwortung zeigen
11. Transparenz herstellen und Integrität leben
12. Dialog pflegen und Beteiligungsmöglichkeiten fördern

Die vollständigen Leitlinien sind unter www.chemiehoch3.de abrufbar.

[INITIATIVEN UND ORGANISATIONEN]

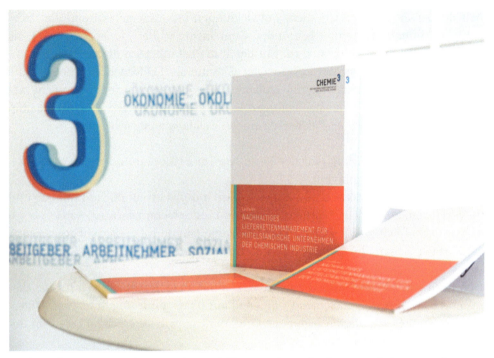

Zu den Informationsangeboten und Praxishilfen von Chemie³ gehören Leitfäden. Sie sollen Unternehmen dabei unterstützen, Nachhaltigkeit in den Unternehmensalltag zu integrieren.
Foto: © VCI/Arne Landwehr

Wichtige Anforderungen der SDGs und des NAP sind in den Chemie³-Leitlinien von 2013 bereits abgebildet. So beinhalten letztere den Ressourcen- und Klimaschutz, nachhaltiges Wirtschaftswachstum, Sozialpartnerschaft, betriebliche Umwelt- und Sozialstandards in den weltweiten Wertschöpfungsketten sowie Maßnahmen gegen Kinder- und Zwangsarbeit. Gemeinsam setzen die SDGs und die Chemie³-Leitlinien den Rahmen für die Branche, um nachhaltig – ökonomisch, ökologisch und sozial verantwortungsvoll – zu wirtschaften.

Chemie³-Angebote für Unternehmen

Damit Unternehmen und Beschäftigte Nachhaltigkeit im Betrieb besser umsetzen können, hat Chemie³ Praxishilfen und Informationsangebote entwickelt. Sie orientieren sich an den Leitlinien und politischen Rahmenbedingungen wie den SDGs, dem NAP oder der deutschen Umsetzung der Corporate Social Responsibility

(CSR)-Richtlinie für die nichtfinanzielle Berichterstattung von Unternehmen. Die Chemie³-Angebote richten sich vor allem an kleinere und mittlere Unternehmen (KMU) und sind – gemessen am Aufwand – stufenweise aufgebaut.

- So stellt die Webinar-Reihe „Nachhaltigkeit in der Unternehmenspraxis" ein eher niederschwelliges Angebot da, in die verschiedenen Aspekte der Nachhaltigkeit einzusteigen. In den einstündigen Webinaren erläutern Experten und Praktiker Beispiele nachhaltigen Wirtschaftens.
- Ein weiteres Angebot bilden die Fachveranstaltungen von Chemie³: Hier diskutieren die Teilnehmenden die Anforderungen verschiedener Nachhaltigkeitsthemen mit Praktikern aus Unternehmen und der Wissenschaft.
- Für einzelne Nachhaltigkeitsaspekte hat Chemie³ Leitfäden erarbeitet, die den KMU einen bedarfsgerechten Einstieg in ein konkretes Thema ermöglichen. So bietet ein Leitfaden eine Anleitung zum Auf- und Ausbau eines „Nachhaltigen Lieferkettenmanagements". Darin eingeflossen sind die Erfahrungen von mittelständischen Unternehmen, die sich an einem Pilotprojekt zum nachhaltigen Lieferkettenmanagement beteiligt haben. Ein weiterer Leitfaden beschreibt, wie man Schritt für Schritt in die Nachhaltigkeitsberichterstattung einsteigen kann. Auch dieser Leitfaden wurde in einem Pilotprojekt entwickelt.
- Für Unternehmen, die Nachhaltigkeit systematisch angehen wollen, hat Chemie³ einen Nachhaltigkeits-Check entwickelt. Mit ihm können die Firmen prüfen, in welchen wichtigen Handlungsfeldern sie sich verbessern können. Auch den Check haben Unternehmen im Rahmen eines Pilotprojekts erprobt.

Die Praxishilfen und Informationsangebote von Chemie³ sind unter www.chemie-hoch3.de abrufbar. Einzelne Bestandteile sind nur für Mitglieder von VCI, IG BCE und BAVC bestimmt.

Chemie³ sucht den Dialog

Eine Nachhaltigkeitsinitiative wie Chemie³ lebt auch vom Dialog mit den Stakeholdern. Ohne Impulse und kritische Anregungen von außen lässt sich die Initiative nicht erhalten und weiterentwickeln. Gleichzeitig möchte Chemie³ die Belange der Branche verständlich nach außen darlegen. Deshalb sucht die Initiative den kontinuierlichen Austausch mit Vertretern von Politik, Wirtschaft, Wissenschaft und Zivilgesellschaft und lädt regelmäßig zu Stakeholder-Veranstaltungen ein.

[INITIATIVEN UND ORGANISATIONEN]

Chemie³ sucht den Dialog und Austausch mit Stakeholdern, um die Initiative weiterzuentwickeln. Deshalb führt sie regelmäßig Dialogveranstaltungen durch, von kurzen Formaten mit einer begrenzten Teilnehmerzahl bis hin zu großen eintägigen Veranstaltungen.
Foto:© VCI/Nürnberger

Fortschrittsindikatoren

Ein wesentliches Anliegen der Initiative Chemie³ und ihrer Stakeholder ist Transparenz und die Messbarkeit der Nachhaltigkeitsfortschritte der Branche. Deshalb haben die drei Partner in einem intensiven Prozess untereinander und zusammen mit zahlreichen Experten Indikatoren entwickelt. Die Indikatoren beruhen auf den Chemie³-Leitlinien und erfassen wirtschaftliche, ökologische und soziale Kriterien. 2018 wurden die Indikatoren erstmals erhoben. Die Ergebnisse sind im Chemie³-Fortschrittsbericht auf der Chemie³-Website sowie in einer gedruckten Kurzfassung abrufbar.

Kontakt

Verband der Chemischen Industrie e. V. (VCI)
Berthold Welling
Tel.: 030/200599-16
E-Mail: welling@vci.de

Industriegewerkschaft Bergbau, Chemie, Energie (IG BCE)
Xaver Schmidt
Tel.: 0511/7631 186
E-Mail: xaver.schmidt@igbce.de

Bundesarbeitgeberverband Chemie e. V. (BAVC)
Dr. Andreas Ogrinz
Tel.: 0611/7788162
E-Mail: andreas.ogrinz@bavc.de

www.chemiehoch3.de
E-Mail: kontakt@chemiehoch3.de.

[INITIATIVEN UND ORGANISATIONEN]

IHK BONN/RHEIN-SIEG

Unternehmen übernehmen Verantwortung

Die Arbeit des CSR-Kompetenzzentrums Rheinland

Unternehmen müssen Gewinnen machen – wollen sie zukunftsfähig sein, Arbeitsplätze sichern und neue schaffen, Steuern zahlen. Doch gerade in Zeiten der Globalisierung stellt sich die Frage nach der darüber hinaus gehenden Verantwortung von Unternehmen. Corporate Social Responsibility – die gesellschaftliche Verantwortung von Unternehmen ist gefragt. Für den Standort, für den Umgang mit Mitarbeitenden, Zulieferern und Kunden, für die Auswirkungen auf Umwelt und Natur, für das Engagement bei Kunst und Kultur oder Sport und Bildung. In diesem Sinne will das CSR-Kompetenzzentrum Rheinland kleine und mittelständische Unternehmen informieren und sensibilisieren, sie auf ihren Wegen begleiten. Seit Januar 2016 ist das CSR-Kompetenzzentrum bei der Industrie- und Handelskammer (IHK) Bonn/Rhein-Sieg angesiedelt.

Die IHK Bonn/Rhein-Sieg lebt als Selbstverwaltung der regionalen Wirtschaft vom „Mitmachen". Als Interessenvertretung der regionalen Wirtschaft gestaltet die IHK die (Wirtschafts-)Region Bonn/Rhein-Sieg (mit). Das Leitbild des Ehrbaren Kaufmanns ist integraler Bestandteil des Selbstverständnisses der IHK. Manifestieren sich diese Werte in den unternehmerischen Strategien und den Zielen der Unternehmen, so kommt die gesellschaftliche Verantwortung von Unternehmen zum Tragen.

Ziel des CSR-Kompetenzzentrums ist es, die Region zukunftsfest zu gestalten, indem es die Übernahme gesellschaftlicher Verantwortung für Unternehmen zu einer Selbstverständlichkeit entwickelt. Es startete am 1. Januar 2016 und wurde drei Jahre vom Ministerium für Wirtschaft, Energie, Industrie, Mittelstand und Hand-

Ziel des CSR-Kompetenzzentrums ist es, praxisgerechte Informationen zu vermitteln über die vier Handlungsfelder Markt, Mitarbeiter/Arbeitsplatz, Umwelt und Gemeinwesen. Bild: © IHK Bonn

werk des Landes NRW mit Mitteln aus dem Europäischen Fonds für regionale Entwicklung (EFRE) unterstützt. Partner der IHK war die Hochschule Bonn-Rhein-Sieg mit ihrem Fachbereich Wirtschaftswissenschaften am Standort Rheinbach. IHK und Hochschule hatten sich 2015 mit ihrem Konzept neben vier weiteren Kompetenzzentren in NRW gegen 25 Mitbewerber durchsetzen können.

Nach dem Ende der finanziellen Förderung zum 31. Dezember 2018 führt die IHK Bonn/Rhein-Sieg das CSR-Kompetenzzentrum zunächst bis Ende 2021 weiter. Ziel des CSR-Kompetenzzentrums ist es, Aktivitäten im Bereich CSR mit bedarfsorientierten Veranstaltungen und Informationen als Managementansatz verständlich und nutzbar zu machen. Es soll zentraler und fester Ansprechpartner sein und praxisgerechte Informationen vermitteln. Das betrifft die vier Handlungsfelder Markt, Mitarbeiter/Arbeitsplatz, Umwelt und Gemeinwesen. Wichtig ist der ganzheitliche Ansatz, wobei die gesellschaftliche Verantwortung von Unternehmen nicht als lästige Pflichtaufgabe gesehen wird, sondern als Strategie und Methode, um Wettbewerbsvorteile am Markt zu erreichen. Damit wird zugleich an die Prinzipien des Ehrbaren Kaufmanns angeknüpft.

Die in Zusammenarbeit mit der Hochschule Bonn-Rhein-Sieg erstellte CSR-Regionalstudie 2017 zeigt, dass das Thema CSR schon bei 56 Prozent der Unternehmen der Region bekannt ist, viele jedoch die Vielfältigkeit ihrer CSR-Aktivitäten nicht bewusst wahrnehmen und kommunizieren. So kennt jedes zweite mittelständische Unternehmen in der Region Bonn/Rhein-Sieg den Begriff CSR. Für fast alle (98 Prozent) stehen aber Umsatz und Gewinn im Vordergrund, gefolgt von

[INITIATIVEN UND ORGANISATIONEN]

Die CSR-Freitagswerkstätten sind offene Diskussionsforen mit Unternehmen, Bürgern, Hochschulen und Organisationen. Foto: © IHK Bonn

Fürsorge und Sozialangeboten für die eigenen Mitarbeiter (97 Prozent). Während Gesetze und Vorschriften von 95 Prozent der Befragten als sehr wichtig oder eher wichtig genannt werden, rangieren ressourcenschonendes, umweltgerechtes Wirtschaften (84 Prozent) und Engagement für die Gesellschaft (60 Prozent), vor allem in Form von Spenden, deutlich dahinter.

Bei seinen Aktivitäten wird das CSR-Kompetenzzentrum Rheinland mittlerweile von über 20 CSR-Botschafterinnen und Botschaftern unterstützt. Sie gehen mit gutem Beispiel voran und motivieren andere Unternehmerinnen und Unternehmer. CSR-Botschafter*innen sind Marion Frohn (Lebenshilfe Bonn), Andera Gadeib (Dialego AG aus Aachen), Manuela Gilgen (Gilgen's Bäckerei und Konditorei aus Hennef), Maike Hagedorn (Carl Knauber Holding GmbH & Co. KG aus Bonn), Gisela Hein (gh-marketing aus Swisttal), Caroline Kogel (Lancom Systems aus Würselen), Tamae Meixner (meixner&friends agentur für pr und events aus Bonn), Severine Profitlich (Profitlich & Co. Immobilien KG aus Bonn), Claudia Severin (Führung Et Kommunikation aus Bonn), Anja Grützenbach-Kappes und Christoph Kappes (Christoph Kappes – Die Erlebnisgastronomie GmbH aus Lohmar), Mareike Ropers und Professor Dr. Winfried Polte (Hochschule Bonn-Rhein-Sieg), Andreas Klotz (Tipp4 GmbH aus Meckenheim), Sandor Krönert und Timo Müller (beide Tanzhaus

[IHK BONN/RHEIN-SIEG]

Die CSR-Frühstücke stehen unter dem Motto „Von Unternehmen für Unternehmen". Unternehmen stellen ihre CSR-Strategie vor, sodass kleine und mittelständische Unternehmen von den Großen lernen, sich aber auch untereinander austauschen. Ziel ist der Aufbau eines Unternehmensnetzwerkes zum Thema CSR in der Region Bonn/Rhein-Sieg. Foto: © IHK Bonn

Bonn GmbH), Stephan Multhaupt (deep white aus Bonn), Wolfgang Pütz (Bonner Verein für gemeindenahe Psychiatrie e. V. / GVP Gemeinnützige Werkstätten Bonn GmbH), Holger Schwan (Projektservice Schwan GmbH aus Meckenheim), Wilfried Thünker (Der Thünker – Business Center in Bonn) und Werner Vendel (Getränke-Service Werner Vendel aus Bonn). Das CSR-Botschafterkonzept ist auch vom NRW-Wirtschaftsministerium für die weiteren CSR-Kompetenzzentren in NRW übernommen worden.

Das CSR-Botschafter-Netzwerk arbeitet an der Weiterentwicklung und Nachhaltigkeit des CSR-Kompetenzzentrums Rheinland mit. In eigenen Botschafter-Workshops werden die Anregungen engagierter Unternehmerinnen und Unternehmer aufgenommen und in Programm und Ausgestaltung des CSR-Kompetenzzentrums umgesetzt. Eigene CSR-Botschafter-Stammtische sollen den Austausch untereinander fördern. Das CSR-Netzwerk ist dadurch in der Region Bonn/Rhein-Sieg und im südlichen Rheinland erweitert und gefestigt worden. Engagierte Unternehmerinnen und Unternehmer stehen als CSR-Ansprechpartner*innen zur Verfügung und geben gute Beispiele für erfolgreiche CSR-Strategien und Umsetzung. Zur Nachahmung empfohlen. Unternehmerinnen und Unternehmer können ihre Erfahrungen besser direkt an weitere Unternehmer*innen weiter geben. Die CSR-Botschafter gaben und geben wichtige Impulse für Themenauswahl und weiteren Aktivitäten des CSR-Kompetenzzentrums. Sie verstetigen die Aktivitäten in der Region.

Die CSR-Freitagswerkstätten widmen sich wichtigen gesellschaftlichen Fragestellungen am Standort Bonn/Rhein-Sieg aus der Sicht der regionalen Wirtschaft. Was können Unternehmen zur Lösung beitragen? Welche Anspruchsgruppen gilt es zu beteiligen? Wie können gemeinsam Lösungen bearbeitet werden? Gemeinsam mit allen Anspruchsgruppen werden wichtige Themen in und für die Region diskutiert und nach Lösungen gesucht. Dabei werden jeweils (Haus-)Aufgaben verteilt, die bis zur nächsten Freitagswerkstatt umgesetzt werden sollen. Eine jeweilige Dokumentation der Veranstaltung wird auf der Internetseite zur Verfügung gestellt.

Unterschiedliche Unternehmen (und NGOs) präsentieren bei den CSR-Frühstücken durch ihre Aktivitäten die große Bandbreite der CSR-Aktivitäten in den verschiedenen Handlungsfeldern. So ergeben sich Anregungen für weitere Unternehmen. Die CSR-Aktivitäten werden so in der Region sichtbar gemacht.

Diese Aktivitäten werden durch das CSR-Kompetenzzentrum Rheinland in den nächsten drei Jahren fortgeführt. Weitere Partner sind immer willkommen.

Kontakt

CSR Kompetenzzentrum Rheinland
IHK Bonn/Rhein-Sieg
Michael Pieck
Bonner Talweg 17
53113 Bonn
Tel.: 0228/22 84 -130
E-Mail: pieck@bonn.ihk.de
http://csr-kompetenzzentrum.de

[DGCN]

DEUTSCHES GLOBAL COMPACT NETZWERK (DGCN)
Nachhaltige und verantwortungsvolle Unternehmensführung – weltweit

United Nations Global Compact

Der UN Global Compact ist die weltweit größte und wichtigste Initiative für verantwortungsvolle Unternehmensführung. Entlang zehn universeller Prinzipien verfolgt er die Vision einer inklusiven und nachhaltigen Weltwirtschaft, die allen Menschen und Märkten nutzt – heute und in Zukunft. Mit ihrem Beitritt zum UN Global Compact zeigen bereits über 13.000 Unternehmen und Organisationen aus Zivilgesellschaft, Politik und Wissenschaft in 170 Ländern, dass sie diese Vision verwirklichen wollen.

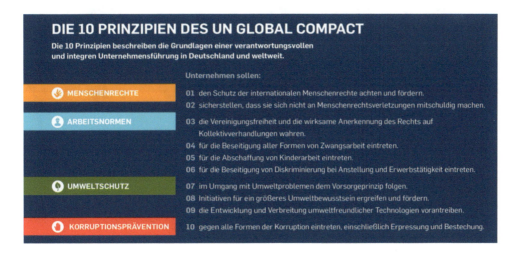

[INITIATIVEN UND ORGANISATIONEN]

Deutsches Global Compact Netzwerk

Im Deutschen Global Compact Netzwerk (DGCN) versammeln sich die deutschen Unterzeichner des UN Global Compact: Derzeit sind dies rund 420 Unternehmen – von DAX-Konzernen über Mittelständler bis hin zu kleinen Spezialisten – und knapp 60 Organisationen aus Zivilgesellschaft, Wissenschaft und dem öffentlichen Sektor. Im Netzwerk können sie sich über alle Themen der unternehmerischen Verantwortung informieren, Ideen austauschen und gemeinsam an praxisorientierten Lösungen arbeiten. Das DGCN entstand auf die Initiative deutscher Unternehmen im Jahr 2000 als eine der ersten nationalen Plattformen. Als offizielles lokales Netzwerk sind seine Aufgaben und Pflichten in einem Memorandum of Understanding mit dem UN Global Compact definiert: Nur solange es diese erfüllt, darf es sich als Deutsches Global Compact Netzwerk bezeichnen.

Lenkungskreis

Der Lenkungskreis bestimmt die strategische und inhaltliche Ausrichtung des DGCN. Er wird von den Teilnehmern gewählt, setzt sich aus Vertretern aus Wirt-

Teilnehmerkonferenz des Deutschen Global Compact Netzwerkes in Berlin, 2018, Foto: © DGCN/Konstantin Börner

schaft, Politik und Zivilgesellschaft zusammen und arbeitet nach dem Konsensprinzip. Bei Entscheidungen orientiert er sich am Meinungsbild der Teilnehmer. In Abstimmung mit dem Stiftungsbeirat hat er zudem ein Mitspracherecht bei der Verwendung der Stiftungsgelder.

Vielfältige Interessensvertretung

Die Vertreter von Unternehmen und Zivilgesellschaft im Lenkungskreis werden alle zwei Jahre von den Teilnehmern des DGCN gewählt. Die Zusammensetzung des Lenkungskreises spiegelt das Selbstverständnis des Netzwerks wieder: ein von Unternehmen getriebenes Multistakeholder-Netzwerk, in dem sich die Teilnehmer auf Augenhöhe austauschen: vier Vertreter der teilnehmenden Unternehmen (plus zwei Stellvertreter), zwei Vertreter der teilnehmenden zivilgesellschaftlichen Organisationen, zwei Abgesandte der beteiligten Bundesministerien, weitere beratende, nichtstimmberechtigte Mitglieder (diese werden im Konsens vom Lenkungskreis berufen).

Warum teilnehmen?

Die Unterzeichnung des UN Global Compact bietet Unternehmen die Chance, ihre Geschäftsbeziehungen entlang international anerkannter Nachhaltigkeitsstandards zu gestalten. Eine Entscheidung mit Mehrwert:

Sie tragen zu einer gerechten und nachhaltigen Weltwirtschaft bei.

Die 10 Prinzipien sind die Grundlage für eine integre Unternehmensführung und eine zukunftsorientierte Wirtschaftsordnung. Mit Ihrer Selbstverpflichtung und Ihrem Engagement gestalten Sie diese mit.

Sie setzen ein Zeichen.

Sie präsentieren sich am Markt als Teilnehmer einer unabhängigen und überparteilichen Initiative unter dem Dach der Vereinten Nationen. Sie signalisieren Geschäftspartnern, Investoren, Mitarbeitern und der Öffentlichkeit, dass Sie Verantwortung übernehmen.

[INITIATIVEN UND ORGANISATIONEN]

Sie erreichen Ihre Nachhaltigkeitsziele.

Mit Hilfe von Lern- und Dialogformaten entwickeln Sie alltagstaugliche Strategien und Maßnahmen für Ihr Nachhaltigkeitsmanagement. Dabei profitieren sowohl Einsteiger als auch Fortgeschrittene vom interdisziplinären Austausch.

Sie erhalten neue Impulse und vernetzen sich global.

Durch Ihre Teilnahme am Netzwerk behalten Sie die Entwicklungen der Nachhaltigkeitsdebatte im Blick. Sie knüpfen in Deutschland und international Kontakte und lernen innovative Geschäftsmodelle und Lösungen für das Nachhaltigkeits- und Risikomanagement kennen.

Die Arbeitsweise des DGCN

Mit verschiedenen Lern- und Dialogformaten fördert das DGCN den gegenseitigen Austausch und Wissenstransfer. CSR-, Nachhaltigkeits-, Umwelt- und Compliance-Manager können je nach Wissensstand und Bedarf die für sie passenden Angebote nutzen.

Angebote

- Leitfäden: Umfassender Themenüberblick mit Praxisbeispielen
- Webinare: Einführung in ein Thema mit geeigneten Lösungsansätzen
- Coachings: Praxisorientierte Vermittlung von Themen in der Gruppe
- Tools: Erprobte Methoden zur Anwendung in der Praxis
- Peer Learning Group: Kontinuierlicher, themenspezifischer Erfahrungsaustausch
- Netzwerktreffen & Veranstaltungen: Multistakeholder-Dialog und Erfahrungsaustausch

Was erwartet Sie noch?

Mit der Unterzeichnung des UN Global Compact verpflichten Sie sich, die zehn Prinzipien umzusetzen und zu einer nachhaltigen Entwicklung beizutragen. Um im Netzwerk auf Augenhöhe arbeiten zu können, sind daran folgende Erwartungen geknüpft:

Umsetzung

Der Unterzeichnung sollen Taten folgen – die Teilnehmer sollen Kernelemente unternehmerischer Verantwortung und Nachhaltigkeit in ihre Strategien und Geschäftsmodelle integrieren.

Finanzielle Unterstützung

Gemäß den Teilnahmebedingungen für Unternehmen des UN Global Compact müssen Unternehmen mit einem Jahresumsatz von über USD 50 Millionen einen finanziellen Beitrag an die Foundation for the Global Compact in New York leisten. Deutsche Unternehmen mit einem Jahresumsatz unter USD 50 Millionen werden gebeten, eine Spende an die gemeinnützige Stiftung Deutsches Global Compact Netzwerk (Stiftung DGCN) zu leisten.

[INITIATIVEN UND ORGANISATIONEN]

Kommunikation

Die Teilnehmer berichten jährlich über ihren Fortschritt bei der Umsetzung der zehn Prinzipien und ihrer Nachhaltigkeitsstrategie. Der Bericht ist für alle Stakeholder, die Teilnehmer des Netzwerks und die interessierte Öffentlichkeit zugänglich.

Erfahrungsaustausch

Der Erfolg der Arbeit im Netzwerk beruht auf vertrauensvollem Dialog, der fachlichen Zusammenarbeit und dem gegenseitigen Lernen. Das DGCN wie auch die globale Initiative leben vom Engagement aller Teilnehmer und Partner.

Kontakt

Geschäftsstelle Deutsches Global Compact Netzwerk (DGCN)
c/o Deutsche Gesellschaft für Internationale Zusammenarbeit (GIZ) GmbH
Reichpietschufer 20
10785 Berlin
Tel.: 030/72614-32
E-Mail: globalcompact@giz.de
www.globalcompact.de
@GlobalCompactDE

[DNWE]

DNWE – DEUTSCHES NETZWERK WIRTSCHAFTSETHIK E. V.

Kurzporträt:
Deutsches Netzwerk Wirtschaftsethik

Die Diskussion um moralische Neuorientierungen der Wirtschaft ist eine zentrale und grundlegende Herausforderung für unsere Gesellschaft. Die Suche nach friedlichen Lösungen für Konflikte erfordert neue Formen des Dialogs zwischen Praxis und Wissenschaft. Diesen Dialog zu fördern und zu führen, ist zentrales Ziel des Deutschen Netzwerk Wirtschaftsethik.

Das Netzwerk als Mittler zwischen Praxis und Wissenschaft im deutschsprachigen Raum

Das Deutsche Netzwerk Wirtschaftsethik (DNWE) wurde im Mai 1993 in Bad Homburg gegründet. Mitglieder des gemeinnützigen Vereins können natürliche und juristische Personen werden. Gegenwärtig sind mehr als 500 Mitglieder registriert, darunter viele Vertreter aus Wirtschaft, Politik, Kirchen und Wissenschaft. Die Geschäfte werden von einem ehrenamtlichen Vorstand sowie der Geschäftsstelle geführt. Ihm steht ein Kuratorium mit Persönlichkeiten aus Wirtschaft, Wissenschaft und Gesellschaft beratend zur Seite. Das DNWE ist ein nationaler Verband des European Business Ethics Network (EBEN), das 1987 in Brüssel gegründet wurde und sich um die Förderung des interkulturellen Dialogs über Fragen der Wirtschafts- und Unternehmensethik bemüht. EBEN hat derzeit über 1.100 Mitglieder in 20 Ländern und unterhält Kontakte zu allen wichtigen internationalen Vereinigungen im Bereich der Wirtschaftsethik.

[INITIATIVEN UND ORGANISATIONEN]

Das DNWE verfolgt das Ziel, den Austausch von Gedanken und Ideen über ethische Fragen des Wirtschaftens zu fördern und wirtschaftliches Handeln ethisch zu orientieren. Im Sinne des Netzwerkgedankens treffen sich Vertreter und Vertreterinnen der Wissenschaft, z. B. aus den Bereichen Volks- und Betriebswirtschaft, Philosophie, Theologie, Recht, Psychologie der Praxis, z. B. Unternehmer, Manager, Wirtschafts- und Sozialpolitiker, und der Verbände, Kirchen, Interessengruppen und Medien.

Zu diesem Zweck fördert und unterstützt das DNWE alle Anstrengungen von Unternehmen, Verbänden und Institutionen, die auf die praktische Umsetzung moralischer Grundsätze und Ansprüche in Wirtschaftsfragen abzielen.

Werte – Strukturen – Entscheidungen

Gegenstand unserer Arbeit sind alle Fragen der Wirtschafts- und Unternehmensethik:
- Wir thematisieren nicht nur Sachfragen, sondern die grundlegenden Werte, normativen Annahmen und Standards einer Debatte.
- Wir erörtern geeignete institutionelle Anreizstrukturen und Handlungsebenen.
- Wir diskutieren die Herausforderungen des Wettbewerbs, klären vorliegende Dilemmasituationen und unterstützen dadurch verantwortbare Entscheidungen

Leitthemen

Wir sind keine Lobbyorganisation zur Propagierung bestimmter moralischer Positionen. Unsere gemeinsame Fragestellung ist, wie moralische Anliegen in wirtschaftlichen Prozessen zur Geltung kommen können und wann auch nicht. Mit diesem Grundverständnis beteiligen wir uns an den vielfältigen Diskursen zu unseren

Leitthemen:
- Nachhaltige Entwicklung und Menschenrechte
- Integrität und Compliance
- Unternehmensverantwortung (CSR)
- Grundfragen und Bildung

Orientierungsmaßstäbe

Das DNWE ist überkonfessionell und überparteilich und keiner speziellen moralisch-politischen Überzeugung verpflichtet. Uns eint die Suche nach ernsthaften und verallgemeinerbaren Argumenten (z. B. durch wissenschaftliche Reflexion) und nach praxistauglichen Vorschlägen und Lösungen für Dilemmasituationen, die oft nur in kontinuierlicher Zusammenarbeit verschiedener Anspruchsgruppen (Stakeholder) gefunden werden können.

Besondere Orientierungsleistung haben in neuerer Zeit folgende Dokumente und Initiativen:
- UN Global Compact (2000)
- OECD Leitsätze für Multinationale Unternehmen (1976, Neufassung 2011)
- Manifest Globales Wirtschaftsethos (2010)
- DIN ISO 26.000 (2010)
- UN-Leitprinzipien für Wirtschaft und Menschenrechte (2011)
- Sustainable Development Goals (2015)

Mitglieder

Aktuell sind ca. 500 natürliche oder juristische Personen (Unternehmen, Verbände, Institutionen) Mitglied im DNWE. Diese kommen aus unterschiedlichen Arbeitsfeldern:
- Fachwissenschaftler aus Disziplinen mit wirtschafts-ethischem Bezug wie z. B. VWL, BWL, Philosophie, Theologie, Recht, Psychologie, Soziologie sowie Vertreter von Bildungsorganisationen
- Unternehmen und Professionals aus Unternehmen und Verbänden, beispielsweise aus den Bereichen Sustainability, CSR und Compliance

[INITIATIVEN UND ORGANISATIONEN]

- fachliche Intermediäre, wie z. B. spezialisierte Berater, Kommunikations- und Ratingagenturen
- engagierte Bürger und Vertreter zivilgesellschaftlicher Gruppen
- Studierende und Young Professionals (organisiert in Kooperation mit sneep, dem studentischen Netzwerk für Wirtschafts- und Unternehmensethik)

Aktivitäten

- Regionalforen in einigen Bundesländern, thematische Arbeitskreise, z. B. das Forum Compliance & Integrity (organisiert im Zentrum für Wirtschaftsethik dem Forschungsinstitut des DNWE)
- Veranstaltungen und Tagungen wie den jährlichen Business-Ethics-Summit
- Publikationen wie das Forum Wirtschaftsethik
- Mitwirkung im politischen Dialog, z. B. im CSR-Forum der Bundesregierung, in Gremien, Ausschüssen und auf Podien
- Austausch mit internationalen Experten, z. B. im Rahmen unseres Dachverbandes European Business Ethics Network
- der Preis für Unternehmensethik, welcher seit 2000 in jedem zweiten Jahr verliehen wird

Über das Zentrum für Wirtschaftsethik – Forschung und Entwicklung

Das Zentrum für Wirtschaftsethik (ZfW) ist das wissenschaftliche Institut des DNWE. Seit seiner Gründung dient es „der wissenschaftlichen Bearbeitung aller Fragen der Wirtschaftsethik im nationalen und internationalen Bereich, insbesondere jedoch die Entwicklung, die Implementierung und die Evaluierung von Ethik-Programmen, die von Unternehmen und Institutionen in den verschiedenen Branchen und gesellschaftlichen Bereichen angewendet werden können." (Satzung des ZfW). Im Jahr 2013 wurde die Arbeit des ZfW neu strukturiert.

Als Forschungsinstitut begleitet und unterstützt das ZfW die Arbeit des DNWE durch wissenschaftliche Expertise und eigene Forschungsarbeiten.

Zwei Fachforen dienen der Entwicklung und Verbreitung wissenschaftlich fundierter Standards und Programme des Werte-Managements. Dabei fokussiert das Forum Compliance & Integrity (1999-2011: Anwenderrat für Werte-Management) seit 2011 auf Fragen modernen und nachhaltig wirksamen Integrity- und Compliance-Managements. Das in 2016 begründete Forum Compliance im Mittelstand dient einem beidseitigen Wissenstransfer zwischen Forschung und Praxis und der Förderung und Verbreitung eines werteorientierten Wirtschaftens im Mittelstand.

Der Evaluierung und Auditierung von Werteprogrammen dient die Arbeit des ZfW Compliance Monitor, vor allem in Zusammenarbeit mit dem EMB Wertemanagement Bau e.V., dessen Entstehung nicht unwesentlich auf Arbeiten aus dem ZfW und DNWE zurückgeht. Seit der Verschmelzung in 2017 ist das Tochterunternehmen ZfW Compliance Monitor GmbH auch rechtlich wieder Teil der ZfW gGmbH.

Kontakt

Deutsches Netzwerk Wirtschaftsethik – EBEN Deutschland e.V.
Mehringdamm 60
10961 Berlin
Tel.: 030/23627675
E-Mail: info@dnwe.de

[INITIATIVEN UND ORGANISATIONEN]

HANDWERK MIT VERANTWORTUNG E.V.

Handwerk mit Verantwortung

Was mag in einer hochtechnisierten Welt, dem globalen Dorf, paradoxer klingen, als dass das Handwerk ein Gutteil der Lösung zukünftiger wirtschaftlicher, gesellschaftlicher und sozialer Probleme sein kann? Auf einem Weg, den sich der Großteil der lebenden Menschen nicht bewusst ausgesucht hat, auf dem der technische und digitale Fortschritt mit rasender Geschwindigkeit über die Erdoberfläche hinwegfegt, können die „langsamen" Fähigkeiten und Fertigkeiten des handwerklichen Könnens dazu beitragen, wieder verantwortungsvoll auf unser Tun und Handeln zu blicken, die erworbenen Produkte als „menschengemacht" und die Ressourcen als begrenzt wertzuschätzen. Die Fragen nach der Kultur der Arbeit, nach Lebensstilen, Ästhetik oder Konsum, kurzum zur kulturellen Tiefenstruktur unseres Wirtschaftens, müssen neu gestellt, neu beantwortet werden.

Kulturschatz Handwerk

Jenseits von Grundbedürfnissen, zu denen auch Gesundheit gehört, sind Freunde und Familie aber auch eine sinnvolle, gute Arbeit wichtige Faktoren für das Glück von Menschen. Richard Sennett definiert in seinem Buch „Handwerk" gute Arbeit als eine Arbeit, die um ihres Selbst willen gut gemacht wird. Der Lohn der Arbeit liegt also auch in der Arbeit selber. Der Aspekt der Könnerschaft, der Aspekt des Einsatzes „kreativer Mittel" geht allerdings noch einmal darüber hinaus. Das Prinzip „Könnerschaft" hat neben der sozialen Dimension „Sinn" die spirituelle Dimension der Arbeit „am eigenen Selbst". Es geht also darum, etwas um des eigenen Selbst willen nicht nur gut, sondern immer besser zu machen. Hier liegt der Aspekt der Identifikation mit dem eigenem Werk und der Verantwortung dafür, der Menschen dauerhaft mit ihrer Arbeit zufrieden stellt. Dazu bedarf es auch, dass die Arbeit aus der diffamierenden Betrachtung der „Work-Life-Balance" herausgenommen und wieder als eine menschengemäße Aneignung von Umwelt- und Selbsterfahrung und Selbstvermittlung definiert wird. Durch Arbeit bestätigt sich die Erfahrung der Selbstwirksamkeit und beinhaltet den Aspekt der Selbstermächtigung durch Praxis über die Selbstverwirklichung hinaus. Das Gefühl der Selbstermächtigung wird durch die Herrschaft über die eigene Lebenszeit im selbständigen unternehmerischen Handeln zu einem gelingenden Leben hin erweitert.

Handwerkliche Meisterschaft ist personengebunden, sie kann nicht theoretisch durch Bücher und Filme erworben werden. Meisterschaft im Handwerk muss gelebt, weitergegeben und bewahrt werden, geradezu als „Kulturschatz Handwerk". Handwerk, Handwerkskunst und handwerkliche Kernkompetenzen sind ein Stück Identität. Qualifizierung, Können und Qualität sind identitätsstiftend für das Handwerk bzw. Stärken des Handwerkers. Die Erzeugnisse von Handwerksunternehmen sind aber nur dann auf Dauer gut und von hoher Qualität, wenn der handwerkliche Anspruch an die Arbeit und an das Produkt gelebt wird: Vielfalt, Schönheit, Sinnlichkeit, Materialästhetik.

Das Handwerk der Zukunft

Das Handwerk der Zukunft knüpft an traditionelle Arbeitsweisen, Fertigkeiten, Qualitäten oder Materialien an und entwickelt sich weiter. Ein transparenter Herstellungsprozess nach kulturellen, ökologischen und ökonomischen Standards schafft Vertrauen, rückhaltlose Information schafft Glaubwürdigkeit. Beides sorgt für eine höhere Kundenzufriedenheit. Darüber hinaus geht es nicht nur darum, das Vertrauen der Kunden zu erlangen, sondern dem Käufer das Vertrauen entgegen zu bringen, dass er diese Form des nachhaltigen Wirtschaftens durch sein Kaufverhalten würdigt.

Handwerk und Innovation passen gut zusammen, wenn in Nutzen und nicht in Produkten gedacht wird. Die Zukunft des Handwerkes liegt auch im 21. Jahrhundert in der Kompetenz, der Kraft, der Phantasie, der Sorgfalt und der Liebe der Handwerker zu ihrer Arbeit. Das „Denken der Zukunft" im Handwerk ist nicht die industriefreundliche „Durchdigitalisierung" der Gewerke, sondern die Rückbesinnung auf die solidarisierenden Impulse und das gemeinschaftsstiftende und gesellschaftsformende Impetus von Menschen, die ihr Handwerk verstehen.

Handwerk bietet die beste Möglichkeit durch die Unmittelbarkeit des Tuns mit handwerklichen Fähigkeiten als Mensch mit anderen Menschen auf verschiedensten Gebieten (Werkstatt, Schule, Universität, Kindergarten, usw.) zu interagieren und damit eine Stellung im Arbeitsleben zu bewahren, die auf schöpferischer Ebene der der geistigen Arbeit gleichkommt. Gerade die kurzen Wege der lokalen und regionalen Binnenversorgung handwerklicher Produkte und Dienstleistungen, die „short distance economy", werden dazu beitragen, dass die Urbanisierung in den Städten nach dem Motto „Jedem Quartier seine Handwerker" gelingt.

Die Umsetzung einer Nachhaltigkeitsstrategie im Handwerk ist eine große Chance für die Betriebe, die eigene Situation und Position am Markt zu verbessern, wenn dieses Thema inhaltlich und in der Durchführung konsequent angegangen wird. Diejenigen Handwerksbetriebe, die ihre Stärken und Potentiale in Richtung nachhaltigen Wirtschaftens erkennen und anwenden, schaffen einen „Markt im Markt". Die besten Chancen sich auf diesem zu positionieren und zu behaupten, bietet im Handwerk der Unternehmenszusammenschluss über die einzelnen Gewerke hinweg. Somit hängt der Erfolg einer Nachhaltigkeitsstrategie letzten Endes von der Existenz verantwortungsvoll agierender Unternehmen ab, die in dem fortgesetzten Prozess der wirtschaftlichen Neuorientierung die Initiative ergreifen, die sich gemeinwohlorientierten Leitprinzipien verpflichtet fühlen und ihrem wirtschaftlichen Handeln persönliche Verantwortung als Navigationslinie zur Orientierung vorzeichnen.

Der Verein Handwerk mit Verantwortung

Ein Zusammenschluss nachhaltig wirtschaftender Unternehmen im Handwerk ist der gemeinnützige Verein Handwerk mit Verantwortung e.V., der auf eine Initiative aus dem Jahr 2014 zurückgeht. Der Verein Handwerk mit Verantwortung e.V. bekennt sich zum Leitprinzip nachhaltiger Entwicklung und bietet Kunden Hilfe und Orientierung auf dem Weg zu nachhaltigen Waren und Dienstleistungen. Alle Mitgliedsbetriebe wollen dabei mitwirken, dass bei der Ausführung handwerklicher Arbeiten und Dienstleistungen möglichst kein Beitrag zu Umweltzerstörung und Menschenrechtsverletzungen geleistet wird. Die ökologischen und sozialen Problematiken beim Ab- und Anbau von Rohstoffen und Rohprodukten sowie bei der Verarbeitung und Entsorgung führen zur Verpflichtung, sich aktiv mit Nachhaltigkeit im Handwerk auseinanderzusetzen.

[HANDWERK MIT VERANTWORTUNG]

Die Leitprinzipien des Vereins geben jedem Mitglied die Leitplanken vor. Natürlich versteht sich jedes Mitglied als „auf dem Weg"-befindlich und das es auch intern Vorreiter gibt, wird als ein positiver kompetitiver Faktor gewertet. Um das nachhaltige Engagement zu dokumentieren ist jedem Mitglied aufgegeben, einen Nachhaltigkeitsbericht nach DIN 26000 oder eine GWÖ-Bilanz zu schreiben oder den DNK-Entsprechensreport zu verfassen. Im Verein gibt es dazu unterstützende Sachkunde, die ein zügiges und gelingendes Ergebnis gewährleisten kann. Des Weiteren versteht sich der Verein als Erfahrungspool und Lernplattform zur fortschreitenden Implementierung des nachhaltigen Wirtschaftens im Handwerk und der einzelnen Gewerke. Unterstützung erfährt der Verein von wissenschaftlicher Seite durch das Zentrum für Nachhaltiges Unternehmertum ZNU der Privatuniversität Witten/Herdecke.

Sollte es gelingen, dass verantwortliche Bewusstsein über die Einzigartigkeit des Lebens und das Nachhaltige Wirtschaften im Handwerk zu stärken, zu fördern und dieses von Seiten steuernder Institutionen durch Steuererleichterungen, verbesserte Kreditvergabe, milderes Rating durch Einbezug des Kriteriums des nachhaltigen Engagements (Engagementnachweis über validierbare Nachhaltigkeitsbilanzierung), Abgaben- und Gebührenverringerung sowie Erleichterung der Gründung und dem Erhalt von Handwerksbetrieben in den Städten und Gemeinden und Förderung von Neuansiedelungen in ländlichen Räumen unterstützt werden, so wird die Lebensqualität des Einzelnen und der Zusammenhalt in der Solidargemeinschaft insgesamt in den Ballungsräumen und die Attraktivität der Regionen steigen.

Kontakt
Timothy C. Vincent
Steinbildhauerei
Vincent REME-Straße 20
58300 Wetter
Tel.: 02335/88 05 03
E-Mail: info@handwerk-mit-verantwortung.de
www.handwerk-mit-verantwortung.de

[INITIATIVEN UND ORGANISATIONEN]

KLIMASCHUTZ-UNTERNEHMEN E. V.
Vordenken, vorleben, vorangehen!

Viele Unternehmen vertreten die vorgefasste Meinung, dass Klimaschutz in der Geschäftswelt mit hohen Auflagen und Investitionen verbunden ist.

Wir, die Klimaschutz-Unternehmen, überzeugen alle Bedenkenträger gerne vom Gegenteil: Klimaschützende und energieeffiziente Maßnahmen und Prozesse in den verschiedensten Stufen der Wertschöpfungskette und ein durchdachter Umgang mit den vorhandenen Ressourcen zahlen sich aus – und werden zu einem wichtigen Wettbewerbsvorteil. Denn nicht nur Geschäftspartner legen Wert auf Nachhaltigkeit. Auch die Verbraucher und Konsumenten werden immer kritischer und interessieren sich für die ökologische Haltung der für sie in Frage kommenden Produzenten und Dienstleister.

Wir sind ein innovatives Netzwerk von Unternehmen in Deutschland und wollen einen entscheidenden Beitrag zur Energiewende und zum Erreichen der klimapolitischen Ziele leisten. Im Klimaschutzplan 2050 der Bundesregierung heißt es: Bis zum Jahre 2020 sollen die Treibhausgas-Emissionen um mindestens 40 Prozent gegenüber 1990 gesenkt werden, bis 2030 und mindestens 55 Prozent – und bis 2040 um mindestens 70 Prozent. Bis zum Jahr 2050 soll das Land dann weitgehend treibhausgasneutral sein.

Die Klimaschutz-Unternehmen wurden 2009 auf Anregung der Bundesministerien für Wirtschaft und Energie (BMWi) und für Umwelt, Naturschutz und nukleare Sicherheit (BMU) sowie durch den Deutschen Industrie- und Handelskammertag (DIHK) ins Leben gerufen. Das Besondere an unserem Verband ist: Die Aufnahme erfolgt nur nach bestandener inhaltlicher Prüfung der Leistungen bei Klimaschutz

[KLIMASCHUTZ-UNTERNEHMEN]

Teilnehmer*innen des jährlich stattfindenden Klimaschutztages, der vom Klimaschutz-Unternehmen e. V. durchgeführt wird. Foto: Sascha Hilgers, © Klimaschutz-Unternehmen e. V.

und Energieeinsparung. Das macht die Wertigkeit der Sache aus, denn es handelt sich um eine objektiv festgesellte und keine selbstpostulierte Exzellenz.

Als Exzellenzinitiative der deutschen Wirtschaft sind wir mit unserem Knowhow gefragte Gesprächspartner für Gesellschaft, Politik und Wirtschaft. Wir wollen anderen mit richtungsweisenden Ideen sowie neuen Technologien, Produktionsprozessen, Produkten und Dienstleistungen als Vorreiter und Vorbild dienen – ganz nach unserem Motto: Vordenken, vorleben, vorangehen!

Offen für alle Interessenten

Wer etwas bewegen will, ist bei uns herzlich willkommen. Ganz gleich, ob es sich dabei um eine kleine Firma handelt oder um einen international agierenden Konzern – uns verbindet das gemeinsame Ziel. Es ist auch nicht entscheidend, in welcher Branche ein Unternehmen tätig ist. Wichtig ist nur, dass es – im wahrsten Sinne des Wortes – ausgezeichnete Leistungen bei Klimaschutz und Energieeffizienz vorweisen kann. Denn eine Auszeichnung, verliehen in Form einer Urkunde von den Initiatoren BMWi, BMU und DIHK, ist gleichzeitig die Aufnahme in den Verein.

[INITIATIVEN UND ORGANISATIONEN]

Teilnehmer*innen der zweimal jährlich stattfindenden Konferenzen der Klimaschutz-Unternehmen. Foto: Michael Münch, © Georgsmarienhütte GmbH

Jedes in Deutschland ansässige Unternehmen kann sich als Klimaschutz-Unternehmen bewerben (https://bewerben.klimaschutz-unternehmen.de/). Ob eine solche Bewerbung erfolgversprechend ist, wird von unserer Geschäftsstelle geprüft. Vorab kann sich jeder Interessent auch schon selbst bei einem Quick Check auf unserer Website ein Bild von seinen Chancen machen. Sind diese aussichtsreich, wird eine Bewerbung empfohlen. Dazu stellt die jeweilige Firma ihre Klimaschutz- und Energieeffizienzleistungen in allen Unternehmensteilen ausführlich dar – und diese werden dann unter ganzheitlichen unternehmerischen Aspekten und nach speziellen Kriterien von einem unabhängigen Umweltgutachter bewertet. Anschließend entscheidet ein Beirat, ein unabhängiges Fachgremium aus verschiedenen Experten, über die Aufnahme. Nach einer positiven Empfehlung durch den Beirat kann die Firma Mitglied im Klimaschutz-Unternehmen e. V. werden. Sich danach auf seinen Lorbeeren auszuruhen, funktioniert allerdings nicht:

Um die hohen Ansprüche und die Qualität unserer Auszeichnung zu garantieren, müssen die Mitglieder in einem Monitoring regelmäßig über ihre Leistungen berichten. Und um unserer Vorbildfunktion für andere Unternehmen gerecht zu werden und diese zu inspirieren, veröffentlichen wir jedes Jahr unsere Best Practices.

[KLIMASCHUTZ-UNTERNEHMEN]

Alles für den Klimaschutz

Wir stehen alle vor großen Herausforderungen für die Zukunft: Unsere Ressourcen sind endlich – gleichzeitig steigt aber aufgrund der zunehmenden Weltbevölkerung die Nachfrage nach ihnen. Effizienz wird also eine noch stärkere Bedeutung bekommen, verantwortungsvolles wirtschaftliches Handeln muss zu einer neuen Grundeinstellung werden. Konkrete Lösungsvorschläge zur Effizienzsteigerung präsentieren wir auf unserer Webseite, sogenannte „Erfolgsrezepte". Nachmachen ausdrücklich erlaubt!

Klimaschutz und Energieeffizienz gehören heute zu den wichtigsten Themen in unserer Gesellschaft. Jeder hat die Zeichen der Zeit erkannt und damit auch die Notwendigkeit, den beginnenden Klimawandel aufzuhalten. Erkennen ist aber nur die eine Seite der Medaille – nachhaltiges und nachweisbares Handeln die andere.

Wir Klimaschutz-Unternehmen möchten hier als Impuls- und Ideengeber zum Nachdenken anregen und zum Mitmachen motivieren. Denn je mehr mitmachen, desto mehr können wir erreichen.

Kontakt

Klimaschutz-Unternehmen e.V.
Domstraße 8
14482 Potsdam
Tel.: 0331/273 618 34
E-Mail: geschaeftsstelle@klimaschutz-unternehmen.de
www.klimaschutz-unternehmen.de

[INITIATIVEN UND ORGANISATIONEN]

MITTELSTANDSINITIATIVE ENERGIEWENDE UND KLIMASCHUTZ (MIE)

Energieeffizienz als Nachhaltigkeitsaspekt im Handwerk: Die MIE und ihre zentralen Werkzeuge

MARCEL QUINTEN, HANS-ULRICH THALHOFER

Projektrahmen: Hintergrund, Ziel und Umsetzung

Eine umweltverträgliche und wirtschaftlich nachhaltige Zukunft in Deutschland ist ohne eine erfolgreiche Energiewende heute nicht mehr denkbar. Der notwendige Erfolg fußt auf vielen Faktoren, insbesondere aber darauf, dass Akteure aus allen Bereichen der Wirtschaft und Gesellschaft in die anstehenden Aufgaben miteinbezogen werden und die erforderlichen Veränderungsprozesse engagiert und zielstrebig unterstützen.

Gerade auch Deutschlands Klein- und Mittelständische Unternehmen (KMU) müssen sich heute den Herausforderungen der Energiewende stellen – es gilt, Effizienzpotenziale gezielt zu erheben und Maßnahmen sowie Strategien hin zu größerer Energie- und Ressourceneffizienz umzusetzen. Eine besondere Herausforderung ist dies für Kleinst-, Klein- und mittelständische Betriebe des Handwerks: Dort mangelt es häufig an schnell verfügbaren Informationen, an Personal oder auch an Finanzierungsmöglichkeiten, um die erforderlichen Maßnahmen festzustellen und die notwendigen Investitionsentscheidungen zu treffen und umsetzen zu können.

An dieser Stelle setzt die „Mittelstandsinitiative Energiewende und Klimaschutz" (MIE) an: Das durch den Zentralverband des Deutschen Handwerks (ZDH) und den Deutschen Industrie- und Handelskammertag (DIHK) getragene Förderprojekt von Bundesumwelt- und Bundeswirtschaftsministerium, unterstützt seit 2013 Handwerksunternehmen auf ihrem Weg zu mehr Energieeffizienz im Betrieb. Sieben Umweltzentren des Handwerks setzen die im Rahmen der Initiative erforderlichen Arbeiten in der Fläche um – dazu zählen das Umweltzentren der Handwerkskammer Hamburg, Hannover, Koblenz, Leipzig, Münster, Ostthüringen (Gera) sowie der HWK des Saarlandes (Saarbrücken).

Im Rahmen der Mittelstandsinitiative wurde „aus der Praxis für die Praxis", gemeinsam mit Handwerksbetrieben, ein bundesweit einheitlicher Beratungsstandard geschaffen, mit dem Ziel, das Energieeffizienz-Wissen der Betriebe zu stärken und sie bei der Umsetzung von Effizienzmaßnahmen zu unterstützen. Dabei wurden in einer ersten Phase (2013-15) zunächst speziell an die Bedürfnisse des Handwerks angepasste Instrumente zur Effizienzberatung entwickelt und getestet. In der zweiten Projektphase (2016-2018) wurden diese Werkzeuge um weitere ergänzt und über „Transferpartner" in die bundesweite Umsetzung überführt. So ist ein Netzwerk aus mittlerweile 34 Handwerkskammern, sechs Verbänden und sechs weiteren Akteuren entstanden.

Kern der Initiative ist die kostenlose, orientierende Vor-Ort Beratung im Betrieb – der sogenannte „Effizienzdialog" – bei Bedarf auch ergänzt um eine Umsetzungsbegleitung. Neben Informationsfilmen, Webinaren, Effizienzsteckbriefen und sogenannten „Modellbetrieben" (= Vorreiter im Bereich Energieeffizienz), sind es insbesondere das „Energiebuch" und der „Leitfaden Energieeffizienz im Handwerk", die als zentrale Werkzeuge des Projekts den Beratungsprozess vereinfachen und Betriebe bestmöglich unterstützen. Auf diese beiden Instrumente möchten wir im Folgenden etwas näher eingehen.

Zentrale Instrumente der Mittelstandsinitiative

Der Leitfaden Energieeffizienz im Handwerk

Die bisherigen Erkenntnisse und Materialien des MIE-Projektes wurden im „Leitfaden Energieeffizienz im Handwerk" zusammengefasst. Das webbasierte, mit der Beraterplattform des Handwerks BISTECH verknüpfte Wissensportal fungiert als zentrales Instrument zur Vermittlung des MIE-Beratungsstandards an die Transferpartner, deren Berater sowie die Handwerksbetriebe. Es ist über www.energieeffizienz-handwerk.de für jeden zugänglich und wird während der Projektlaufzeit kontinuierlich aktualisiert und um neue Themen erweitert.

Der Online-Leitfaden bietet zahlreiche Verbesserungsvorschläge im Hinblick auf die betriebliche Energieeffizienz. Mehrere Einstiegsmöglichkeiten werden geboten:

Der Zugang über die Rubrik **Gewerke** ermöglicht den direkten Einstieg in sieben besonders energieintensive Gewerke des Handwerks. Im Gegensatz zu den „Weite-

[INITIATIVEN UND ORGANISATIONEN]

Leitfaden Energieeffizienz im Handwerk

ren Gewerken", die auf diesem Weg ebenfalls zugänglich sind, ist hier die Detailtiefe besonders groß. Die Gewerke werden in einem Einführungsteil kurz vorgestellt und es finden sich umfangreiche Informationen zu den typischen Energieverbrauchern, Einsparpotenzialen, Hilfsmitteln für Betriebsberatungen sowie relevanten Messgeräten.

Ergänzend zu diesem gewerkspezifischen Teil wurden unter einem zusätzlichen Punkt wichtige **Querschnittsthemen** aufbereitet, die in nahezu allen Betrieben vorkommen, z. B. Beleuchtung, Druckluft, Gebäudehülle oder Erneuerbare Energien.

Über den Punkt **Werkzeugkoffer** ist zudem ein direkter gewerkspezifischer Zugang zu den digitalen Hilfsmitteln der MIE geschaffen worden. Hier lassen sich die

Instrumente zusammenstellen, welche für die jeweils konkrete Situation im Handwerksbetrieb benötigt werden – dazu gehören insbesondere:

- *Checklisten* zur energetischen Erstaufnahme des Betriebes („Gesprächsprotokoll")
- *Steckbriefe* mit Hauptverbrauchern des jeweiligen Gewerkes und Einsparpotenzialen
- *Modellbetriebe* als Best Practice für Energieeffizienz und Modellbetriebssteckbriefe
- *Best Practice Filme und O-Töne* von Handwerksbetrieben zur Umsetzung von Maßnahmen
- *Webinar-Lehrfilme* mit Tipps und Tricks zum Thema Energieeffizienz
- *Messgeräteliste und -karten*, die sich in der Beratung als besonders sinnvoll erwiesen haben
- *Merkblätter* zur Mobilität und weiteren Themen
- *Verlinkungen* zu hilfreichen externen Angeboten
- *Energiebuch* für Handwerksbetriebe

Für das **Energiebuch**, das im nächsten Absatz detailliert vorgestellt wird, wurde über die Startseite des Leitfadens zudem ein direkter Zugang geschaffen.

Die Texte und Bilder des Web-Leitfadens stehen zur freien Verfügung und können unter Einhaltung der auf der Webseite beschriebenen Nutzungsbedingungen – üblicherweise ein Verweis auf das Projekt – nachgenutzt werden.

Das Energiebuch für Handwerksbetriebe

Das Energiebuch ist das zentrale, im Rahmen der Mittelstandsinitiative entwickelte Instrument, um alle energiebezogenen Daten eines Handwerksbetriebes zu bündeln und übersichtlich darzustellen; dies macht es zur idealen Grundlage für die Energieeffizienzberatung im Handwerk. Seit seiner Veröffentlichung 2017 begleitet das Instrument Geschäftsführer/Energiebeauftragte auf dem Weg zu mehr Energieeffizienz und wird mit großem Interesse von den Beratern und Betrieben angenommen.

Daten können im Energiebuch sowohl für jeden einzelnen Energieträger als auch für die zentralen Verbraucher sowie den Fuhrpark erfasst werden. Bei Nutzung des Instruments über mehrere Jahre, lassen sich dank des übersichtlichen Aufbaus, der unterstützenden Grafiken und der grundlegenden Auswertungsmöglichkeiten leicht Trends zum Gesamtenergieverbrauch des Betriebes ableiten, die letztlich die Grundlage für mögliche zukünftige Einsparoptionen schaffen. Dabei

[INITIATIVEN UND ORGANISATIONEN]

Handwerkspräsident Hans-Peter Wollseifer (l.) mit den Leitern der sieben Umweltzentren, die an der Entwicklung des Energiebuchs beteiligt waren. Foto: © Schmidhuber

wurde das Energiebuch als Ordnersystem mit neun verschiedenen Registern und entsprechenden Aufnahmebögen konzipiert, hierzu gehören u. a.:

- Detail-Erfassungsbögen für die zentralen Energieträger (Strom, Wärme, Kraftstoffe) + Wasser
- Erfassungsbögen für Maschinen und Fuhrpark
- Auswertungsbögen Energiekosten & -emissionen
- Informationen zu Gebäuden & Anlagen sowie möglichen Zertifizierungsoptionen

Mit Blick auf die zunehmende Digitalisierung im Handwerk wurde das Energiebuch konsequenterweise zu einer digitalen Version, dem sogenannten E-Tool, weiterentwickelt. In dieser elektronischen, auf MS-Excel basierenden Variante, können alle Energiedaten digital hinterlegt werden. Erforderliche Umrechnungen, erste grundlegende Auswertungen und jahresweise Vergleiche erfolgen dabei komplett automatisiert. So fließen bspw. die Jahresverbrauchswerte aller Energieträger automatisch in die Ermittlung verschiedener Kennzahlen ein. Alle Datenblätter aus der Print-Version des Energiebuchs sind im digitalen E-Tool enthalten. Darüber hinaus

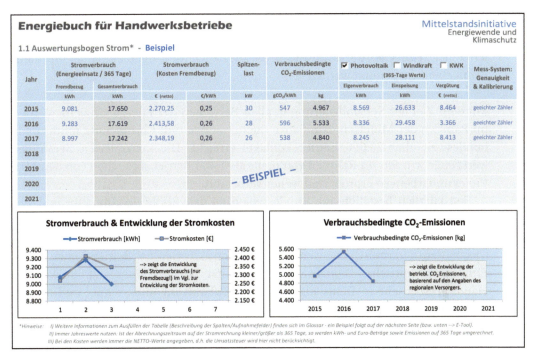

Energiebuch für Handwerksbetriebe – Auswertungsbogen

wurden in das E-Tool auch zwei nützliche Hilfstools integriert, eines zur Berechnung von Jahresmittelwerten für Betriebe, die Heizöl als Energieträger nutzen und eines zur Dokumentation von Zählerständen (bis zu drei Werte pro Tag). Das E-Tool (digitale Version) kann direkt unter www.energieeffizienz-handwerk.de/download-energiebuch als Excel-Datei heruntergeladen werden.

Die hohe Passfähigkeit des Energiebuchs/E-Tools für kleine und Kleinstbetriebe zeigt sich insbesondere auch dadurch, dass in mehreren Bundesländern das E-Buch als Zugangsvoraussetzung zu den Landes-Umweltprogrammen anerkannt wird: Umweltpakt Saarland, Umweltpartnerschaft Hamburg, Nachhaltigkeitsabkommen Thüringen und Umweltallianz Sachsen.

Darüber hinaus liefert das Energiebuch die Datengrundlage für weitere Energieeffizienz-Initiativen bzw. gesetzliche Vorschriften. Für die im Rahmen der Initiative Energieeffizienznetzwerke (IEEN) gegründeten Handwerks-Netzwerke wird das Energiebuch z. B. auch als das vorgeschriebene Netzwerkarbeitsbuch verwendet. Hierzu wurde ein eigenes Netzwerk-Register geschaffen.

Zum anderen stellt das Energiebuch für KMU die erste Stufe auf dem Weg zur Einführung eines Energiemanagement-Systems nach der sogenannten „Spitzenausgleich-Effizienzsystemverordnung" (SpaEfV) dar. Ein vollständig ausgefülltes Energiebuch bildet automatisch die ersten beiden Tabellen des „Alternativen Systems" der SpaEfV ab; die dritte Tabelle ist zusätzlich im E-Buch enthalten und kann damit ebenfalls genutzt werden

Mit dem Ziel der Sensibilisierung in allen Bereichen der Energieeffizienz wurden im Rahmen der Mittelstandsinitiative Energiewende und Klimaschutz mittlerweile bundesweit über 20.000 Betriebskontakte erreicht. Die konzipierten Beratungswerkzeuge wurden im Rahmen von mehr als 1.400 Betriebsbesuchen von den MIE Projektmitarbeitern erprobt und weiter verbessert.

Erst kürzlich bestätigte die Bundesregierung den Erfolg der Initiative und verlängerte die Förderung zum zweiten Mal. Somit läuft die Initiative nun bis ins Jahr 2021 und wird zukünftig – neben der orientierenden Beratung von Handwerksbetrieben – auch in zahlreichen weiteren Bereichen aktiv werden (Betriebsentwicklung, Effizienzstammtische, Digitalisierung, Mobilität, Weiterbildung, ...). So können Handwerksbetriebe in Deutschland auch in Zukunft im Klimaschutz und bei der Verbesserung ihrer Energieeffizienz unterstützt werden.

Über die Autoren

MARCEL QUINTEN

ist als Mitarbeiter der Saar-Lor-Lux Umweltzentrum GmbH schwerpunktmäßig für die Projektorganisation und -koordination der Mittelstandsinitiative im Handwerk und insbesondere für die technische Umsetzung des Energiebuchs sowie des digitalen E-Tools zuständig; zudem fungiert er als Berater für Handwerksbetriebe in den Bereichen Energie, Klimaschutz und Fördermittel. Foto: P. Kerkrath

HANS-ULRICH THALHOFER

ist Geschäftsführer der Saar-Lor-Lux Umweltzentrum GmbH der Handwerkskammer des Saarlandes. Neben der Projektkoordination für die Mittelstandsinitiative steuert er die Aufgabenbereiche Energieberatung, Umweltberatung, Entwicklungszusammenarbeit und Regionalmanagement des Umweltzentrums. Foto: P. Kerkrath

Kontakt

Für Fragen zum Energiebuch für Handwerksbetriebe

Saar-Lor-Lux Umweltzentrum GmbH
Hohenzollernstraße 47-49
66117 Saarbrücken
Tel.: 06 81/58 09-264
E-Mail: umweltzentrum@hwk-saarland.de
www.saar-lor-lux-umweltzentrum.de

Für allgemeine Fragen zur Mittelstandsinitiative im Handwerk

Zentralverband des Deutschen Handwerks
Mohrenstraße 20/21
10117 Berlin
Tel.: 030/20619-267
E-Mail: info@zdh.de
www.mittelstand-energiewende.de
www.energieeffizienz-handwerk.de

[INITIATIVEN UND ORGANISATIONEN]

BUNDESVERBAND DER GRÜNEN WIRTSCHAFT
UnternehmensGrün

UnternehmensGrün gibt der nachhaltigen Wirtschaft eine politische Stimme. Seit der Gründung 1992 engagieren sich Unternehmerinnen und Unternehmer für eine nachhaltige Wirtschaftswende und die dafür notwendigen politischen Rahmenbedingungen.

Als parteipolitisch unabhängiger Unternehmensverband bündelt UnternehmensGrün die Forderungen und Visionen der Mitglieder. Wichtige Anliegen sind

- Ökologisch orientiertes Wirtschaften und soziale Verantwortung von Unternehmen
- Förderung einer regionalen, klein- und mittelbetrieblich ausgerichteten Wirtschaft
- eine umweltorientierte Förder-, Steuer- und Abgabenpolitik
- eine ökologisch orientierte Beschaffungs- und Investitionspolitik

Dabei ist der ökologisch ausgerichtete Verband vor allem ideell in der branchenübergreifenden Lobbyarbeit tätig.

Werte und Wurzeln

Als sich 1992 UnternehmensGrün gründete, kommentierte dies ein FDP-Landtagsabgeordneter in Stuttgart mit den Worten: „Ein ökologischer Unternehmerverband – das gibt's doch gar nicht!". Aber der Gründungsimpuls vor 27 Jahren war eben ge-

[UNTERNEHMENSGRÜN]

rade die Überzeugung, dass Ökologie und Wirtschaftlichkeit kein Widerspruch sind. Heute tragen diese Ideen mehr als 300 Mitglieder.

Die Authentizität ist bis heute ein Markenzeichen von UnternehmensGrün – da sich der Verband von anderen Unternehmensverbänden nicht nur durch seine inhaltliche Ausrichtung, sondern auch durch seine Akteure und Repräsentanten unterscheidet. Die handelnden Vorstände sind nicht Angestellte des Verbandes und auch nicht Angestellte ihrer Verbandsunternehmen. Sie sind persönlich haftende Gesellschafter und Geschäftsführer, Inhaber ihrer Betriebe und damit auch für Gesprächspartner in der Politik authentische Wirtschaftsvertreter.

Arbeitsweise

In der politischen Lobbyarbeit geht es dem Verband darum, mit dem Erfahrungshintergrund zumeist klein- und mittelständischer Unternehmen und ausgeprägtem Nachhaltigkeitsbezug, für solche Rahmensetzungen einzutreten, die Nachhaltiges Wirtschaften erleichtern und größere Chancen für ökologisch wirtschaftende Unternehmen bieten.

Tätigkeitsschwerpunkte sind z.B. die Veranstaltungsreihe Umwelt-Wirtschaftsethik, die in Kooperation mit der GLS Bank und EUROSOLAR mit großem Erfolg

[INITIATIVEN UND ORGANISATIONEN]

durchgeführt wird und das Juniorenfirmenprojekt. Das anfangs von der Deutschen Bundesstiftung Umwelt geförderte und seit 2010 in Kooperation mit dem Umweltministerium Baden-Württemberg fortgeführte Projekt „Juniorenfirmen auf dem Weg zum nachhaltigen Wirtschaften", ist mittlerweile ein fester Bestandteil des Bildungsangebots für junge Menschen.

Projekte

In seiner Verbandsgeschichte hat UnternehmensGrün eine Reihe von Projekten angestoßen, durchgeführt und begleitet.

Im Januar 2015 hat der Verband z.B. gemeinsam mit Partnerorganisationen aus Frankreich und Österreich das europäische Netzwerk ECOPRENEUR.EU gegründet. Gemeinsam werden wir auf europäischer Ebene politische Lobbyarbeit für eine Umgestaltung der Wirtschafts-, Umwelt- und Energiepolitik im Sinne der Nachhaltigkeit machen. ECOPRENEUR.EU fördert soziale Innovationen in den Unternehmen. Im Fokus steht eine regionale, auf kleine und mittlere Unternehmen ausgerichtete Wirtschaftsstruktur.

Als zukunftsorientierter Verband engagiert sich UnternehmensGrün seit zehn Jahren auch im Bereich Bildung für Nachhaltige Entwicklung. In verschiedenen Projekten für Schüler*innen und Auszubildende wird der nächsten Generation der nachhaltige Wirtschaftsgedanke nähergebracht. Das Verbundprojekt „mach Grün!" wird im Rahmen des ESF-Bundesprogramms des BMU „Berufsbildung für nachhaltige Entwicklung befördern. Über grüne Schlüsselkompetenzen zu klima- und ressourcenschonendem Handeln im Beruf (BBNE)" durchgeführt. Das Projekt bietet jungen Menschen zwischen 14 und 25 Jahren Erlebnisräume zur Erkundung des „Greenings" der Berufe. Im Zentrum stehen Workcamps zur Berufsorientierung, Wettbewerbe und ein Grüner Gipfel. Konkrete Erfahrungen in Unternehmen, mit interessanten Persönlichkeiten aus Wissenschaft und Praxis helfen Jugendlichen, ihre eigenen Potentiale zu erkennen.

Das im Jahr 2008 als UN-Dekaden-Projekt „Bildung für nachhaltige Entwicklung" ausgezeichnete und in seiner Pilotphase durch die Deutsche Bundesstiftung Umwelt geförderte in der ökologisch ausgerichteten Berufsbildung verankerte Projekt „Umweltprofis von Morgen" fördert bei Schüler*innen und Auszubildenden (Juniorinnen und Junioren) unternehmerisches Denken und Handeln unter dem Leitbild nachhaltigen Wirtschaftens. Es vermittelt ihnen bereits vor Berufseintritt ein Verständnis über die Vereinbarkeit von Wirtschaft, Umwelt und sozialer Gerechtigkeit.

Im Projekt „Pilot-Matching-Marktplatz zwischen Umwelt NGOs und Unternehmen" bündeln Akteure aus Wirtschaft (KMU) und Umweltorganisationen (kleinere Umwelt-NGOs) ihre Ressourcen und Kompetenzen, um gemeinsam neue Lösungswege zu gehen. Die Transformation zu einer nachhaltigen Wirtschaft und das Anstoßen notwendiger sozialer Innovationen erfordern heute immer mehr Kooperationen. Um Kooperationen zwischen kleinen und mittleren Unternehmen und kleineren Umwelt-NGOs zu stärken, wird im Rahmen des Projektes ein „Marktplatz" geschaffen, auf dem Pilot-Matchings initiiert werden.

Mobilitätswende – Wir sind bereits mittendrin!

Mehr als 200 Teilnehmer*innen diskutierten am 18.10.2018 auf der Jahrestagung „So geht Mobilitätswende!" von UnternehmensGrün e.V. in Kooperation mit der Heinrich-Böll-Stiftung darüber, welche politischen Rahmenbedingungen eine wirkliche Mobilitätswende braucht. Innovative Lösungen aus der Wirtschaft und ein vielfältiges Experimentierfeld zeigten auf, wie die Mobilitätswende gelingen kann. Die Mobilitätswende, insbesondere unter dem Aspekt der ökologischen Nachhaltigkeit ist für UnternehmensGrün ein Thema, das in den Vordergrund gerückt gehört.

Für einen dauerhaften und umfassenden Wandel im Mobilitätssektor sind Unternehmen als Akteure nicht wegzudenken. Darum schaffen unsere Mitgliedsunternehmen Tatsachen und erhöhen damit als Vorbilder den Anreiz für andere Unternehmen, es ihnen nachzutun.

Kontakt
UnternehmensGrün e.V.
Bundesverband der grünen Wirtschaft
Unterbaumstraße 4
10117 Berlin
Tel: 030/325 99 683
E-Mail: info@unternehmensgruen.de
www.unternehmensgruen.org

[INITIATIVEN UND ORGANISATIONEN]

WIRTSCHAFTSINITIATIVE NACHHALTIGKEIT (WIN)

Die Wirtschaftsinitiative Nachhaltigkeit (WIN)

Eine Initiative der Nachhaltigkeitsstrategie Baden-Württemberg mit eigenem Nachhaltigkeitsmanagementsystem

VOLKER WEHLE

Mit der WIN-Charta auf dem Weg zum nachhaltigen Wirtschaften

Etablierte Nachhaltigkeitssysteme wie der Global Reporting Initiative (GRI) oder der Deutschen Nachhaltigkeitskodex (DNK) des Rats für Nachhaltige Entwicklung der Bundesregierung sind vor allem auf Bundes- oder globaler Ebene von Bedeutung.

Der baden-württembergische Initiativkreis der Wirtschaftsinitiative Nachhaltigkeit (WIN) stellte heraus, dass speziell auch kleine und mittlere Unternehmen ein umsetzbares Qualitätsmerkmal Nachhaltigkeit benötigen. Das Qualitätsmerkmal soll dabei sowohl eine Beurteilungs-/ Bewertungsfunktion als auch eine Kommunikationsfunktion zur Nachhaltigkeit in Unternehmen erfüllen und über eine regionale Landeskomponente verfügen. Als Ergebnis ist gemeinsam mit dem Initiativkreis der WIN die „WIN-Charta" entstanden.

Die WIN-Charta stellt eine freiwillige Verpflichtung zur Nachhaltigkeit dar und soll für Unternehmen in Baden-Württemberg, die bereits über Nachhaltigkeitsberichterstattung oder über nationale oder internationale Zertifizierungen verfügen, Doppelungen vermeiden und gleichzeitig vor allem aber kleineren Unternehmen den Einstieg in ein Qualitätsmerkmal Nachhaltigkeit ermöglichen. Die WIN-Charta orientiert sich sowohl bei den Kriterien als auch bei den Indikatoren an den bestehenden Systemen wie des Global Reporting Initiativ (GRI) oder dem Deutschen Nachhaltigkeitskodex (DNK). Die WIN-Charta steht nicht in Konkurrenz zu diesen

Am 20. Mai 2014 unterzeichnen die ersten 38 Unternehmen aus Baden-Württemberg die WIN-Charta. 2018 ist die Zahl der unterzeichnenden Unternehmen auf 171 angewachsen.
Foto: © Umweltministerium Baden-Württemberg

bestehenden Systemen, sondern will den Zugang zum nachhaltigen Wirtschaften für die Unternehmen ermöglichen, für die aufgrund ihrer Größe oder ihres regionalen Wirkumfelds der DNK oder der GRI zu groß erscheinen.

Gleichzeitig enthält die WIN-Charta eine erkennbare Landeskomponente, die ein baden-württembergisches Qualitätsmerkmal Nachhaltigkeit glaubhaft rechtfertigt und von den bestehenden Systemen abhebt.

Die WIN-Charta besteht aus zwölf Leitsätzen, die inhaltlich die Aspekte der Nachhaltigkeit (Ökonomie, Ökologie und Soziales) abdecken, gemeinsame Grundwerte formulieren und Orientierungspunkte für die Umsetzung im regionalen und lokalen Kontext bieten.

Durch die Unterzeichnung der WIN-Charta verpflichten sich Unternehmen öffentlich zu der in den Leitsätzen formulierten Werthaltung sowie den aus den Leitsätzen abgeleiteten Zielen. Ebenso benennen die Unternehmen bereits bei der Unterzeichnung der WIN-Charta ein baden-württembergisches WIN!-Projekt aus ihrer Region, welches sie fördern werden. Darüber hinaus erklären sich die Unterzeichner bereit, über die ergriffenen Maßnahmen in einem regelmäßigen Turnus in Form eines standardisierten und damit vergleichbaren Berichtes schriftlich Rechenschaft abzulegen. Dies bietet den Unternehmen die Möglichkeit, ihr nachhaltiges Engagement nach außen zu kommunizieren und so den steigenden Interessen am

[INITIATIVEN UND ORGANISATIONEN]

Die sechs Schritte im Charta-Prozess. Grafik: © Umweltministerium Baden-Württemberg

Nachhaltigkeitsengagement der Unternehmen mit sichtbaren Taten nachzukommen. Alle Unterzeichner werden auf der WIN-Website gelistet und erhalten ein WIN-Charta Unterzeichnerlogo, mit dem sie ihre Nachhaltigkeitsanstrengungen öffentlichkeitswirksam kennzeichnen können.

Die Charta-Schritte

- Charta Unterzeichnung und Listung
- Umsetzung der Nachhaltigkeitsmaßnahmen im Unternehmen
- Vor-Ort-Unterstützung durch WIN!-Projekte
- Berichterstattung
- Kontrolle durch die Öffentlichkeit
- Erneuerung der Verpflichtung

Die WIN-Charta ermöglicht es, durch eine schlanke Berichtsform und die selbst zu wählende Schwerpunktsetzung des Nachhaltigkeitsengagements vor allem kleineren und mittleren Unternehmen ihr Engagement im Bereich der Nachhaltigkeit strukturiert und glaubhaft zu kommunizieren und gleichzeitig in ihrem Unternehmensumfeld soziales und/oder nachhaltiges Engagement zu fördern. Auch große Unternehmen, die eventuell bereits über Nachhaltigkeitsberichterstattung verfügen, können mit ihren einzelnen Betriebsstätten im Land durchaus von der WIN-Charta profitieren.

Kleine und mittelständische Unternehmen (KMU) bilden mit 56 Prozent die Mehrheit der WIN-Charta-Unterzeichner. Knapp ein Drittel der Unternehmen hat sogar weniger als 20 Mitarbeiter und Mitarbeiterinnen, darunter auch einige Ein-Personen-Unternehmen. Dies zeigt, dass sich im Rahmen der WIN-Charta auch kleine Betriebe mit komplexen Nachhaltigkeitsthemen auseinandersetzen können. Gleichwohl bringen auch einige größere Unternehmen ihre Erfahrungen und Perspektiven in den Prozess ein. Bei rund einem Drittel der Unternehmen handelt es sich um Konzerne mit über 1.000 Mitarbeitern.

Am WIN-Charta-Prozess beteiligen sich Unternehmen verschiedenster Branchen. Vom Bergbau über Industrie und Handwerk bis zum Dienstleistungssektor adressieren die WIN-Charta-Unternehmen spezifische Nachhaltigkeitsherausforderungen. Das Netzwerk lebt von den unterschiedlichen Perspektiven und Aspekten, die dabei in den Erfahrungsaustausch einfließen. Zu den am häufigsten vertretenen Branchen gehören die Dienstleistungsbereiche „Information und Kommunikation" sowie „Planung und Beratung". Des Weiteren sind auch viele Unternehmen aus „Bau und Handwerk" sowie der Lebensmittelbranche vertreten.

Eine weitere Besonderheit der WIN-Charta ist die Prüfung der Nachhaltigkeitsberichterstattung durch die Öffentlichkeit. Es entfällt ein aufwändiges und kostspieliges Prüfungsverfahren durch eine Zertifizierungsstelle oder ähnliches. Stattdessen müssen die Berichte aber veröffentlicht werden (Homepage des Unternehmens) und sind somit den Anspruchsgruppen jederzeit verfügbar. Der besondere Anspruch des WIN-Charta-Nachhaltigkeitsmanagementsystems ist es, kompakt, prägnant und nachvollziehbar zu berichten. Dadurch wird ein direkter Dialog zwischen Unternehmen und Anspruchsgruppen befördert und der gewünschte Austausch ermöglicht. Die ersparten Aufwendungen für ein aufwendiges Prüfverfahren, zum Beispiel durch eine externe Prüfinstitution, sollen direkt in ein in der WIN-Charta verpflichtend vorgeschriebenes regionales WIN-Projekt fließen.

Ziel der WIN-Charta

Insgesamt soll die WIN-Charta den Einstieg in das nachhaltige Wirtschaften ermöglichen. Durch den zeitlichen Ablauf der WIN-Charta, der nach 15 Monaten mit einem Nachhaltigkeitsbericht endet, sowie der sich daran anschließenden vorgese-

[INITIATIVEN UND ORGANISATIONEN]

Unterzeichnung der WIN-Charta von Minister Franz Untersteller, MdL und Herrn Wolfgang Schmalz. Foto: © Umweltministerium Baden-Württemberg

henen Erneuerung der Verpflichtung kann ein kontinuierlicher Verbesserungsprozess angestoßen werden, der das Nachhaltigkeitsniveau von Runde zu Runde weiter erhöht und beispielsweise auch in deutlich umfangreichere Berichterstattungen wie die des DNK oder des GRI münden kann. Gleichzeitig sehen aber auch national oder international agierende Großunternehmen, die bereits nach dem DNK oder dem GRI Nachhaltigkeitsberichte erstellen, durch eine zusätzliche Unterzeichnung der WIN-Charta durchaus positive Effekte für ihre Betriebsstätten in Baden-Württemberg. Lokale Standorte können so für die Mitarbeitenden und die direkten Anspruchsgruppen im unmittelbaren Umfeld eine glaubhafte und umsetzbare Nachhaltigkeitsberichterstattung aufbauen und Engagement in Sachen Nachhaltigkeit sichtbar und kommunizierbar machen.

Mit der WIN-Charta wird das Ziel verfolgt, nachhaltiges Wirtschaften in Baden-Württemberg breit zu verankern und das Nachhaltigkeitsniveau Schritt für Schritt zu erhöhen. Mit der WIN-Charta können auch die Verpflichtungen der EU-CSR-Richtlinie erfüllt werden, die für bestimmte Unternehmen ab einer gewissen Größe eine Nachhaltigkeitsberichterstattung zwingend vorschreibt. Zumal berichtspflichtige Unternehmen teilweise auch ihre Zulieferer und Geschäftspartner in diese Berichtspflicht einbinden müssen, haben Unternehmen, die nach der WIN-Charta arbeiten, einen zusätzlichen Nutzen.

Die Unternehmen werden bei der Umsetzung der WIN-Charta begleitet. Mit WIN-Charta-Workshops, Netzwerktreffen, Unterstützerkreistreffen sowie umfangreichen Handreichungen wie Leitsatzdossiers mit Best-Practice-Beispielen sowie Beratung über Telefon und Intranet sowie der eigenen WIN-Charta-Homepage (www.win-bw.com) flankiert die Geschäftsstelle des Landes Baden-Württemberg die konkrete Umsetzung der Wirtschaftsinitiative Nachhaltigkeit in den Unternehmen.

Die WIN-Charta, ein Projekt für die Wirtschaft im Rahmen der Nachhaltigkeitsstrategie des Landes Baden-Württemberg

„Soziale Verantwortung, Ökonomie und Ökologie sind keine Gegensätze. Vielmehr werden Unternehmen mittel- und langfristig nach meiner Überzeugung nur dann erfolgreich sein können, wenn sie diese Aspekte als echte Chance und Notwendigkeit begreifen." Minister Franz Untersteller

Die Landesregierung von Baden-Württemberg hat Nachhaltigkeit zum zentralen Entscheidungskriterium ihres Regierungs- und Verwaltungshandelns gemacht. Dazu hat sie bereits vor über zehn Jahren eine Nachhaltigkeitsstrategie auf den Weg gebracht und beständig weiterentwickelt. Die Nachhaltigkeitsstrategie baut auf den politischen Zielen der Landesregierung auf und dient als Plattform für nachhaltige Entwicklung. Als kritischen und kompetenten Begleiter hat die Landesregierung den Beirat für nachhaltige Entwicklung ins Leben gerufen. Die Geschäftsstelle der Nachhaltigkeitsstrategie im Ministerium für Umwelt, Klima und Energiewirtschaft ist die konzeptionelle und organisatorische Kompetenzstelle der Nachhaltigkeitsstrategie und dient als Schnittstelle zwischen Beirat, Öffentlichkeit und Landesregierung.

Schwerpunktthemen der Nachhaltigkeitsstrategie

Nachhaltige Entwicklung umfasst eine Vielzahl von Themen und Fragestellungen. Im Rahmen der Nachhaltigkeitsstrategie wurden für Baden-Württemberg besonders wichtige Schwerpunktthemen definiert. Diese umfassen die Schwerpunkte „Energie und Klima", „Ressourcen", „Bildung für nachhaltige Entwicklung", „Nachhaltige Integration" und „Nachhaltige Mobilität". Durch die inhaltliche Konzentration ist eine intensivere Bearbeitung aktueller Fragestellungen zielgerichtet möglich.

[INITIATIVEN UND ORGANISATIONEN]

Zielgruppen-Initiativen

Nachhaltige Entwicklung ist ein Thema für die gesamte Gesellschaft. Daher spricht die Nachhaltigkeitsstrategie Baden-Württemberg alle Bürgerinnen und Bürger des Landes an. Drei besonders relevante Zielgruppen – die Jugend, die Kommunen und die Wirtschaft – werden darüber hinaus über drei spezifische Initiativen aktiv in die Nachhaltigkeitsstrategie Baden-Württemberg eingebunden. Die Wirtschaft ist eine zentrale Zielgruppe der Nachhaltigkeitsstrategie, denn sie spielt eine tragende Rolle für die nachhaltige Entwicklung des Landes. Unternehmen, die werte- und zukunftsorientiert arbeiten, erlangen Wettbewerbsvorteile, sind als Arbeitgeber attraktiv und verbessern die Lebensqualität in Baden-Württemberg. Im Rahmen der Wirtschaftsinitiative Nachhaltigkeit (WIN) werden differenzierte Maßnahmen und Programme entwickelt und umgesetzt. Nachhaltiges Wirtschaften soll dadurch zum Markenzeichen im Land werden. Um die Praxiserfahrung und das Wissen nachhaltig agierender Unternehmen und Experten aus Verbänden sowie Vertreterinnen und Vertreter der Landesverwaltung mit einzubinden, wurde im Jahr 2010 der Initiativkreis der WIN ins Leben gerufen. Unter dem Vorsitz des Umweltministers beraten und entwickeln hier Vertreterinnen und Vertreter aus der Wirtschaft die Herausforderungen und Lösungen nachhaltigen Wirtschaftens. Als Ausfluss und zentrales Produkt ist so die WIN-Charta, ein Nachhaltigkeitsmanagementsystem speziell für kleine und mittlere Unternehmen in Baden-Württemberg, entstanden.

Über den Autor

VOLKER WEHLE
ist Leiter der Geschäftsstelle der Nachhaltigkeitsstrategie und des Referats für Grundsatzfragen der Umweltpolitik, Nachhaltigkeit, nachhaltiges Wirtschaften im Ministerium für Umwelt, Klima, und Energiewirtschaft Baden-Württemberg

Kontakt

Geschäftsstelle der Nachhaltigkeitsstrategie
Ministerium für Umwelt, Klima und Energiewirtschaft Baden-Württemberg
Kernerplatz 9
70182 Stuttgart
Tel.: 0711/126-2661
E-Mail: charta@win-bw.com
www.win-bw.com/win/wirtschaftsinitiative-nachhaltigkeit-win.html

Wettbewerbe & Awards

An Wettbewerben teilzunehmen, Zertifikate zu erwerben und Preise zu gewinnen, können wichtige Bestandteile bei der Einführung eines Nachhaltigkeitsmanagements in Unternehmen sein. Die Außenwirkung und der Imagegewinn solcher Awards liegen auf der Hand, wenn eine unabhängige Jury aus Expertinnen und Experten die eigenen Leistungen im Bereich Nachhaltigkeit beurteilt, bestätigt und auszeichnet. Das erleichtert die Dialoge mit Stakeholdern und stärkt die Glaubwürdigkeit in der Kommunikation mit Geschäftspartnern und Kunden. Auch nach innen lässt sich die Implementierung eines Nachhaltigkeitsmanagements in die Unternehmensprozesse mithilfe von Wettbewerben und Zertifikaten steuern. Die Anforderungsprofile und Regelwerke können gute Leitfäden bei der Unternehmensführung sein und helfen die Anstrengungen zu messen. Nicht zuletzt motiviert eine Auszeichnung die Mitarbeiterinnen und Mitarbeiter.

Deutscher Nachhaltigkeitspreis

Der Deutsche Nachhaltigkeitspreis ist die nationale Auszeichnung für Spitzenleistungen der Nachhaltigkeit in Wirtschaft, Kommunen und Forschung. Mit fünf Wettbewerben (darunter der Next Economy Award für „grüne Gründer"), über 800 Bewerbern und 2.000 Gästen zu den Veranstaltungen ist der Preis der größte seiner Art in Europa. Die Auszeichnung wird von der Stiftung Deutscher Nachhaltigkeitspreis in Zusammenarbeit mit der Bundesregierung, kommunalen Spitzenverbänden, Wirtschaftsvereinigungen, zivilgesellschaftlichen Organisationen und Forschungseinrichtungen vergeben. Rahmen für die Verleihung ist der Deutsche Nachhaltigkeitstag im Dezember in Düsseldorf.

Deutscher Nachhaltigkeitspreis 2019
(Preisverleihung im Dezember 2018)

FÜR UNTERNEHMENSPARTNERSCHAFTEN

Fosera Solarsystems GmbH & Co.KgaA mit VITALITE Zambia Ltd.
Aus der Begründung der Jury: „Fosera hat die Vision, Afrika, Asien und Lateinamerika mit bezahlbaren Solarenergiesystemen zu versorgen. Zusammen mit seinem Partner VITALITE will das in Ulm ansässige Unternehmen in ländlichen Gebieten Sambias Zugang zu erneuerbarer Energie schaffen. Die Erreichung der SDGs ist für beide Firmen Unternehmensziel: Mit dem Verkauf der Systeme wird Zugang zu erneuerbarer Energie geschaffen, Armut bekämpft, die Gleichstellung der Geschlechter verbessert und die lokale Wirtschaft gestärkt."

[WETTBWERBE & AWARDS]

DEUTSCHLANDS NACHHALTIGSTES GROSSUNTERNEHMEN
Symrise AG
Aus der Begründung der Jury: „Als Vorreiter in Sachen Nachhaltigkeit forciert Symrise kontinuierlich seine Maßnahmen zum langfristigen Erhalt der Biodiversität in gefährdeten Ökosystemen."

DEUTSCHLANDS NACHHALTIGSTES UNTERNEHMEN MITTLERER GRÖSSE
KNIPEX-Werk C. Gustav Putsch KG
Aus der Begründung der Jury: „Das Unternehmen leistet einen Beitrag zur ökonomischen, ökologischen und sozialen Nachhaltigkeit, der weit über unternehmerisches Eigeninteresse hinausgeht."

Milchwerke Berchtesgadener Land Chiemgau eG
Aus der Begründung der Jury: „Der faire Milchpreis der genossenschaftlich organisierten Molkerei sichert die Existenz von 1.700 Landwirten und sorgt so für den Erhalt des Natur- und Kulturraums Alpenregion. Die Molkerei Berchtesgadener Land versteht sich als Botschafter für faires, verantwortungsvolles Wirtschaften und engagiert sich vorbildlich für das Tierwohl und den Erhalt der Biodiversität."

DEUTSCHLANDS NACHHALTIGSTES KMU
BeoPlast Besgen GmbH
Aus der Begründung der Jury: „BeoPlast setzt als regionales KMU wegweisende Nachhaltigkeitsstandards in der Automobilbranche und setzt zusätzlich immer wieder Impulse bei Auftraggebern, sich auch selbst zukunftsfähig auszurichten.Mit seiner klimaneutralen Produktion beweist das Unternehmen, dass diese technisch machbar und wirtschaftlich erfolgreich ist."

Deutscher Nachhaltigkeitspreis 2018
(Preisverleihung im Dezember 2017)

DEUTSCHLANDS NACHHALTIGSTES GROSSUNTERNEHMEN
Deutsche Telekom AG

DEUTSCHLANDS NACHHALTIGSTES UNTERNEHMEN MITTLERER GRÖSSE
Alfred Ritter GmbH & Co. KG
Rinn Beton- und Naturstein GmbH & Co. KG

[DEUTSCHER NACHHALTIGKEITSPREIS]

DEUTSCHLANDS NACHHALTIGSTES KMU
Sodasan Wasch- und Reinigungsmittel GmbH

DEUTSCHLANDS NACHHALTIGSTE MARKE
Andechser Molkerei Scheitz GmbH

SONDERPREIS „RESSOURCENEFFIZIENZ"
DSD – Duales System Holding GmbH & Co. KG

JUBILÄUMSPREIS FÜR UNTERNEHMEN
FRoSTA Tiefkühlkost GmbH

Quelle: https://www.nachhaltigkeitspreis.de/

Kontakt
Stiftung Deutscher Nachhaltigkeitspreis
Neuer Zollhof 3
40221 Düsseldorf
Tel.: 0211/5504 5510
E-Mail: buero@nachhaltigkeitspreis.de
www.nachhaltigkeitspreis.de

[WETTBWERBE & AWARDS]

CSR Preis der Bundesregierung

Die Bundesregierung prämiert Betriebe, die nachhaltiges Handeln in ihre Geschäftstätigkeit integrieren. Corporate Social Responsibility steht für eine verantwortungsvolle und zukunftsfähige Unternehmensführung. Mit dem CSR-Preis sollen herausragende Beispiele gesellschaftlicher Verantwortung honoriert werden und zur Nachahmung motivieren: Ausgezeichnet werden Unternehmen, die vorbildlich faire Geschäftspraktiken und eine mitarbeiterorientierte Personalpolitik umsetzen, natürliche Ressourcen sparsam nutzen, Klima und Umwelt schützen, sich vor Ort engagieren und Verantwortung auch in der Lieferkette übernehmen.

Darüber hinaus erhält jedes teilnehmende Unternehmen eine Einzelauswertung, um sein CSR-Engagement weiter auszubauen. Innerhalb der Bundesregierung ist das Bundesministerium für Arbeit und Soziales (BMAS) federführend.

3. CSR-Preis der Bundesregierung 2017

UNTERNEHMEN MIT ÜBER 1000 BESCHÄFTIGTEN
Grohe AG

UNTERNEHMEN MIT 250 BIS 999 BESCHÄFTIGTEN
Rapunzel Naturkost GmbH

UNTERNEHMEN BIS 249 BESCHÄFTIGTE
Gundlach Bau und Immobilien GmbH & Co. KG

SONDERPREIS „VERANTWORTUNGSVOLLES LIEFERKETTENMANAGEMENT"
Weleda AG

[CSR PREIS DER BUNDESREGIERUNG]

SONDERPREIS „BETRIEBLICHE INTEGRATION GEFLÜCHTETER MENSCHEN"
Bayerische Blumen Zentrale GmbH
boeba Montagen- und Alumium-Bau GmbH
ESTA Apparatebau GmbH & Co. KG
mevanta Pflegegesellschaft mbH
Milchviehbetrieb Wolters / Bauernkäserei Wolters GmbH
Schmauder & Rau GmbH

Quelle: http://www.csr-in-deutschland.de/DE/CSR-Preis/

Kontakt
Wettbewerbsbüro CSR-Preis der Bundesregierung
Bundesministerium für Arbeit und Soziales (BMAS)
Wilhelmstraße 49
10117 Berlin
Tel.: 030/18 527 0
E-Mail: info@csr-preis-bund.de
www.csr-preis-bund.de

[WETTBWERBE & AWARDS]

Deutscher CSR Preis

Mit der Verleihung des Deutschen CSR-Preises geben Veranstalter, Mitveranstalter und Beirat des Deutschen CSR-Forums herausragenden Leistungen im Bereich CSR eine öffentlichkeitswirksame Plattform. Sie tragen dazu bei, dass gesellschaftliche Verantwortung von Unternehmen und im Unternehmen wahrgenommen wird. Die verschiedenen Kategorien des Preises berücksichtigen die vielfältigen Möglichkeiten, CSR zu leben und nachhaltig zu wirtschaften.

Preisträger 2018

KATEGORIE: DEUTSCHER CSR-AWARD

Prof. Dr. Claus Hipp

Aus der Begründung der Jury: „Sein konsequentes Engagement für Werte und Qualität, Nachhaltigkeit und Umweltschutz ebenso wie für verantwortungsbewusstes und soziales Management sind Grundlage seines jahrzehntelangen unternehmerischen Wirkens. Das CSR-Forum zeichnet ihn für diese Lebensleistung aus."

KATEGORIE: ÖKOLOGISCHES ENGAGEMENT

TAKKT AG

Aus der Begründung der Jury: „TAKKT hat sich das Ziel gesetzt, bis Ende 2020 seine Vorbildfunktion in der Branche in Sachen Nachhaltigkeit weiter auszubauen. Mit SCORE (Sustainable Corporate Responsibility) haben sie eine konzernweite Organisationsstruktur etabliert, um Nachhaltigkeit im gesamten Unternehmen zu verankern. So können Maßnahmen über alle Ebenen und Sparten hinweg umgesetzt und gesteuert werden."

[DEUTSCHER CSR PREIS]

KATEGORIE: GLOBALE VERANTWORTUNG

Forest Finance Service GmbH

Aus der Begründung der Jury: „Mit Direktinvestments in den zertifizierten Anbau von Holz, Kakao, Datteln und Oliven schaffen Kunden in Schwellenländern nachhaltig bewirtschaftete Forst- und Agroforstsysteme, die faire Arbeitsplätze schaffen und Klima- und Artenschutz unterstützen. Die Investoren können mit ihrem Engagement Erträge aus der Erzeugung von ökologisch produzierten Produkten erzielen."

KATEGORIE: ZIVILGESELLSCHAFTLICHES ENGAGEMENT

DACHSER SE

Gemeinsam mit dem internationalen Kinderhilfswerk terre des hommes leistet Dachser seit 2005 in verschiedenen Projekten in Indien, Nepal, Brasilien und Namibia Hilfe zur Selbsthilfe, um sowohl die Lebensbedingungen als auch Schul- und Ausbildung benachteiligter Minderheiten zu fördern. ‚Von der Bildung zur Nachhaltigkeit' ist hierbei das Motto."

Quelle: https://www.csrforum.eu/csr-preis/

Kontakt

Deutsches CSR-Forum
c/o Kolping Bildungswerk Württemberg e.V.
Theodor-Heuss-Straße 34
70174 Stuttgart
Tel.: 0711/217439-40
E-Mail: wir@csrforum.eu
www.csrforum.eu/csr-preis

[WETTBWERBE & AWARDS]

EMAS Umweltmanagement

Das Bundesumweltministerium und der Deutsche Industrie- und Handelskammertag e. V. zeichnen alle 2 Jahre hervorragende und beispielgebende Unternehmen und Organisationen aus, die ein Umweltmanagementsystem nach EMAS betreiben. Die Gewinnerinnen und Gewinner qualifizieren sich gleichzeitig für eine Bewerbung bei den European Business Awards for the Environment (EBAE) in der Kategorie „Management".

Vom Kleinbetrieb bis zum Konzern mit vielen Standorten – an dem für 2016 erstmals ausgeschriebenen Wettbewerb nahmen EMAS-Organisationen unterschiedlicher Branchen und Betriebsgrößen teil. Auch Organisationen der öffentlichen Verwaltung waren aufgerufen, sich zu bewerben. Die Jury setzt sich aus Expertinnen und Experten des BMU, DIHK, des Umweltbundesamtes (UBA), der Deutschen Akkreditierungs- und Zulassungsgesellschaft für Umweltgutachter (DAU) und dem Umweltgutachterausschuss (UGA) zusammen.

Preisträger 2018

KATEGORIE: KLEINE UNTERNEHMEN
Rheinsberger Preussenquelle GmbH

KATEGORIE: MITTLERE UNTERNEHMEN
BODAN Großhandel für Naturkost GmbH

KATEGORIE: GROSSE UNTERNEHMEN
Roth Werke GmbH

Quelle: http://www.emas.de

[EMAS UMWELTMANAGEMENT]

Kontakt

Umweltgutachterausschuss (UGA)
beim Bundesministerium für Umwelt, Naturschutz und
nukleare Sicherheit
Bernburger Straße 30/31
10963 Berlin
Tel.: 030/297732-30
E-Mail: info@uga.de
www.emas.de

DIHK Deutscher Industrie- und Handelskammertag
Breite Straße 29
10178 Berlin
Tel.: 030/20308-2205
E-Mail: emas@dihk.de
www.emas.de

[WETTBWERBE & AWARDS]

Deutscher Innovationspreis für Klima und Umwelt (IKU)

Die Veranstalter – das Bundesumweltministerium und der Bundesverband der Deutschen Industrie – zeichnen alle zwei Jahre industriell verwertbare Innovationen aus, die Umwelt und Klima schützen. Bewerben können sich Unternehmen und Organisationen der Wirtschaft sowie Forschungseinrichtungen. Um die große Bandbreite der Innovationen abzubilden, wird der IKU in fünf Wettbewerbskategorien vergeben. Die eingereichten Bewerbungen werden vom Fraunhofer-Institut für System- und Innovationsforschung wissenschaftlich bewertet. Auf dieser Grundlage wählt eine hochrangig besetzte Jury die Preisträger aus.

Preisträger 2017

KATEGORIE: PROZESSINNOVATIONEN FÜR DEN KLIMASCHUTZ
Viessmann Kühlsysteme GmbH

KATEGORIE: PRODUKT- UND DIENSTLEISTUNGSINNOVATIONEN FÜR DEN KLIMASCHUTZ
Creapaper GmbH

KATEGORIE: UMWELTFREUNDLICHE TECHNOLOGIEN
Mayer & Cie. GmbH & Co. KG

KATEGORIE: UMWELTFREUNDLICHE PRODUKTE UND DIENSTLEISTUNGEN
LANXESS AG gemeinsam mit den Projektpartnern INVITE GmbH, HELLER-LEDER GmbH & Co. KG

[DEUTSCHER INNOVATIONSPREIS FÜR KLIMA UND UMWELT]

KATEGORIE: KLIMA- UND UMWELTSCHUTZTECHNOLOGIETRANSFER IN ENTWICKLUNGS- UND SCHWELLENLÄNDERN UND IN STAATEN OSTEUROPAS

MicroEnergy International GmbH, Renewables Academy AG (RENAC)

Quelle: https://www.iku-innovationspreis.de

Kontakt
Fraunhofer-Institut für System- und Innovationsforschung ISI
Breslauer Straße 48
76139 Karlsruhe
Tel.:0721/6809-0
www.iku-innovationspreis.de

[WETTBWERBE & AWARDS]

Deutscher Umweltpreis

Mit dem Umweltpreis würdigt die Deutsche Bundesstiftung Umwelt (DBU) Leistungen von Persönlichkeiten, die vorbildlich zum Schutz der Umwelt beitragen. Die Auszeichnung wendet sich an Personen, deren innovative Produkte und technische Prozessverbesserungen, erfolgreiche Forschungsergebnisse oder Lebensleistungen im Zeichen eines nachhaltigen Umweltschutzes stehen. Jedes Jahr erreichen die DBU-Geschäftsstelle in Osnabrück viele Kandidatenvorschläge. Die Empfehlungen werden dann einer unabhängigen 16-köpfigen Experten-Jury aus Wissenschaft, Wirtschaft und Gesellschaft vorgelegt. „Ob mittelständische Unternehmer oder Wissenschaftler – mit dem Preis zeichnen wir Persönlichkeiten aus, die sich mit ihren innovativen Projekten, Maßnahmen oder Lebensleistungen vorbildlich für den Schutz der Umwelt eingesetzt haben oder einsetzen", sagt DBU-Pressesprecher Franz-Georg Elpers. Ihre Leistungen sollten modellhaft und praktisch umsetzbar sein, um einen möglichst großen Nachahmungseffekt zu erzielen.

Preisträger 2018

Prof. Dr. Antje Boetius
Die Forschung von Frau Prof. Boetius zeigt deutlich, dass der Mensch mit Treibhausgasen, Überfischung, Wasserverschmutzung etc. selbst die unzugänglichsten Winkel unserer Erde beeinflusst.

Leipziger Abwasser-Experten
Die Leipziger Abwasser-Experten haben neuartige Systemlösungen für die dezentrale Abwasserreinigung in einem schwierigen politischen Umfeld konsensfähig gemacht und in die Praxis umgesetzt – für wirksamen Wasserschutz.

Quelle: https://www.dbu.de

[DEUTSCHER UMWELTPREIS]

Kontakt

Deutsche Bundesstiftung Umwelt
Referat Deutscher Umweltpreis
An der Bornau 2
49090 Osnabrück
Birgit Diekhaus (Sekretariat)
Tel.: 0541/9633 422
E-Mail: b.diekhaus@dbu.de
www.dbu.de/umweltpreis

[WETTBWERBE & AWARDS]

B.A.U.M. Umweltpreis

Mit dem B.A.U.M.-Umweltpreis zeichnet B.A.U.M. ganz bewusst engagierte Einzelpersonen und nicht Organisationen aus. Der Preis wurde 1993 ins Leben gerufen, um vor allem die Arbeit der „Macher" in Unternehmen und Institutionen, die Arbeit derer, die das Umwelt- und Nachhaltigkeitsmanagement verantworten und operativ umsetzen, anzuerkennen. Aber auch CEOs, die für nachhaltige Entwicklung in ihrem Unternehmen stehen, werden ausgezeichnet. Außerdem werden Journalisten und Wissenschaftler geehrt, die sich durch ihre Publikationen bzw. ihre Forschung um Umweltschutz und Nachhaltigkeit verdient gemacht haben. Seit 2004 wird auch ein Internationaler B.A.U.M.-Sonderpreis an bekannte Persönlichkeiten vergeben, die sich auf besondere Weise für den internationalen Natur- und Umweltschutz bzw. im sozialen Bereich engagieren.

Preisträger 2018

INTERNATIONALER B.A.U.M.-SONDERPREIS
Marie Nasemann, fairknallt

KATEGORIE: GROSSUNTERNEHMEN
Dr. Frank Appel, Deutsche Post DHL Group
Bettina Würth, Adolf Würth GmbH & Co. KG

KATEGORIE: KLEINE UND MITTELSTÄNDISCHE UNTERNEHMEN
Florian Hammerstein und Hans Hermann Münchmeyer, Original Food GmbH
Jörg Hoffmann, Wilkhahn – Wilkening+ Hahne GmbH + Co. KG
Christine Miedl, Sparda-Bank München eG

[B.A.U.M. UMWELTPREIS]

Kontakt
Bundesdeutscher Arbeitskreis für Umweltbewusstes Management
(B.A.U.M.) e.V.
Osterstraße 58
20259 Hamburg
Tel.: 040/49 07 11 00
E-Mail: info@baumev.de
www.baumev.de/Auszeichnung.html

[WETTBWERBE & AWARDS]

Nachhaltigkeitswettbewerbe für Start-ups und Gründer

Next Economy Award

Der Next Economy Award (NEA) ist der Deutsche Nachhaltigkeitspreis für Gründer. Träger der Auszeichnung ist der Stiftungsverein Deutscher Nachhaltigkeitspreis e.V. in Zusammenarbeit mit dem Bundesministerium für Wirtschaft und Energie, dem Rat für Nachhaltige Entwicklung und dem Deutschen Industrie- und Handelskammertag (DIHK). Der NEA richtete sich an Unternehmen und Organisationen, die mit ihrer auf Wachstum und Verbreitung angelegten Idee Antworten auf die sozialen und ökologischen Fragen unserer Zeit geben. (Quelle: Homepage)

> *Kontakt*
> Stiftung Deutscher Nachhaltigkeitspreis
> Neuer Zollhof 3
> 40221 Düsseldorf
> Tel.: 0211/5504 5510
> E-Mail: buero@nachhaltigkeitspreis.de
> www.nexteconomyaward.de

StartGreen Award

Der StartGreen Award stärkt Gründerinnen und Gründern der Green Economy den Rücken. Er unterstützt innovative Start-ups im Bereich Klimaschutz und Nachhaltigkeit und macht sie sichtbar. (Quelle: Homepage)

Kontakt
Borderstep Institut für Innovation und Nachhaltigkeit
gemeinnützige GmbH
Clayallee 323
14169 Berlin
Tel.: 030/306 45 100-0
E-Mail: kontakt@start-green.net
https://start-green.net/

WIWIN AWARD

Der WIWIN AWARD prämiert Vorreiter der Nachhaltigkeit. Aus allen Bewerbungen aus den Bereichen Erneuerbare Energien, Energieeffizienz, Elektromobilität, Nachhaltiges Bauen, Ökologische Landwirtschaft sowie Sozialunternehmen prämiert WIWIN in einem mehrstufigen Bewerbungsverfahren das beste deutsche Start-up für Nachhaltigkeit. WIWIN vernetzt ökologisch und sozial orientierte Anleger und Start-ups und bereitet somit den Weg für eine nachhaltige Zukunft. (Quelle: Homepage)

Kontakt
wiwin GmbH & Co. KG
Große Bleiche 18–20
55116 Mainz
Projektleitung: Jonas Becker
Tel.: 06131/9714 142
E-Mail: becker@wiwin.de
https://wiwin-award.de

[WETTBWERBE & AWARDS]

Weitere Preise

Preis für Unternehmensethik

Der Preis für Unternehmensethik wird vom Deutschen Netzwerk Wirtschaftsethik (DNWE) seit dem Jahr 2000 im Zweijahresturnus an beispielgebende Initiativen um die praktische, prozessorientierte Ausgestaltung der Unternehmensethik vergeben. (Quelle: Homepage)

> *Kontakt*
> dnwe Deutsches Netzwerk Wirtschaftsethik – EBEN Deutschland e. V.
> Mehringdamm 60
> 10961 Berlin
> Tel.: 030/23627675
> E-Mail: info@dnwe.de
> www.dnwe.de/preis-fuer-unternehmensethik.html

Mein gutes Beispiel

„Mein gutes Beispiel" ist ein bundesweiter Preis für das gesellschaftliche Engagement von kleinen, mittelständischen und familiengeführten Unternehmen mit einer ständigen Kategorie für das Handwerk. Hinzu kommt die Kategorie „Jung und Innovativ". Der Wettbewerb wird seit 2011 jährlich durchgeführt. Thematisch zielt der Preis auf Engagement für Mitarbeiter sowie auf Engagement für das Gemeinwesen. Der Wettbewerb wird federführend von der Bertelsmann Stiftung in Kooperation mit DIE JUNGEN UNTERNEHMER, dem Zentralverband des Deutschen Handwerks (ZDH), dem Reinhard-Mohn-Institut für Unternehmensführung (RMI) an der Universität Witten/Herdecke und engagierten mittelständischen Unternehmen durchgeführt. (Quelle: Homepage)

[WEITERE PREISE]

Kontakt
Wettbewerbsbüro „Mein gutes Beispiel"
Tel.: 069/97097507 29
http://mein-gutes-beispiel.de

Umweltpreis für Unternehmen Baden-Württemberg

Immer mehr Unternehmen in Baden-Württemberg setzen auf betrieblichen Umweltschutz und nachhaltiges Wirtschaften und sind so Vorbilder für die Wirtschaft und die Bürger im Land. Diese vorbildlichen Unternehmen sollen mit dem Umweltpreis ausgezeichnet werden. Der Wettbewerb richtet sich an Unternehmen und Selbstständige aus Industrie, Handel, Handwerk und Dienstleistung. Mit dem Preis werden Unternehmen vor allem für neue Ideen und Ansätze ausgezeichnet, die zu einer nachhaltigen wirtschaftlichen Entwicklung beitragen. Der Wettbewerb wird im zweijährigen Turnus ausgeschrieben. Die Preisgelder müssen für betriebliche Umweltschutzmaßnahmen eingesetzt werden. (Quelle: Homepage)

Kontakt
Ministerium für Umwelt, Klima und
Energiewirtschaft Baden-Württemberg
Kernerplatz 9
70182 Stuttgart
Tel.: 0711/126-2652
https://um.baden-wuerttemberg.de/de/wirtschaft/betrieblicher-umweltschutz/umweltpreis-fuer-unternehmen/

Eco Performance Award

Der Eco Performance Award ist die führende europäische Auszeichnung für Nachhaltigkeit in der Transport- und Logistikbranche. Geehrt werden Unternehmen, die ökonomische und ökologische Aspekte in Einklang bringen. Neben dem wirtschaftlichen Erfolg und dem Einsatz für den Umweltschutz wird auch das Engagement des Unternehmens für die eigenen Mitarbeiter und die Gesellschaft von der Jury honoriert. (Quelle: Homepage)

[WETTBWERBE & AWARDS]

Kontakt
Universität St.Gallen
Institut für Supply Chain Management
Dufourstrasse 40a
9000 St.Gallen
Schweiz
Tel.: +41 (0)71/224 7134
E-Mail: eco_performance@unisg.ch
www.eco-performance-award.com

Green Product Award

Der internationale Green Product Award bietet eine Plattform für Hersteller, Designstudios, Agenturen, die sich mit ihren Produkten und Services hinsichtlich der Aspekte Design, Innovation und Nachhaltigkeit auszeichnen und die sich am deutschen Markt präsentieren wollen. (Quelle: Homepage)

Kontakt
White lobster GmbH & Co. KG
Tempelhofer Ufer 23-24
10963 Berlin
Tel.: 030/25742 880
E-Mail: wl@white-lobster.com
www.gp-award.com

Fachmessen
Glossar
Register

Fachmessen/Termine/Veranstaltungen

HELDENMARKT

2.–3. März 2019 in Nürnberg
Veranstalter: Forum Futura UG
Messe für nachhaltigen Konsum
www.heldenmarkt.de

REGIONALFORUM NACHHALTIGKEIT

5. März 2019 in Detmold
Veranstalter: Landesarbeitsgemeinschaft Agenda 21 NRW e.V.
Die Regionalforen innerhalb Nordrhein-Westfalens haben das Ziel, verschiedene Akteure aus Politik, Wirtschaft, Verwaltung, Zivilgesellschaft und Wissenschaft zu vernetzen.
www.lag21.de/termine/regionalforen-nachhaltigkeit

3. JAHRESTAGUNG RENN.MITTE: KOMMUNEN UND ZIVILGESELLSCHAFT – NACHHALTIGKEIT GEMEINSAM GESTALTEN

8. März 2019 in Leipzig
Veranstalter: RENN.mitte
https://www.renn-netzwerk.de/veranstaltungen

ENERGY STORAGE EUROPE

12.–14. März 2019 in Düsseldorf
Veranstalter: Messe Düsseldorf GmbH
Internationale Leitmesse und Konferenz zum Thema Energiespeicher
www.energy-storage-online.de

[FACHMESSEN / GLOSSAR / REGISTER]

12. DEUTSCHER INNOVATIONSGIPFEL

14. März 2019 in München
Veranstalter: REVIEW Event & Communication und PREVIEW Consulting
DIGITALISIERUNG – INNOVATIONEN – NACHHALTIGKEIT – STRATEGIEN
Der Deutsche Innovationsgipfel ist ein branchen-, fach- und technologieübergreifendes Entscheidertreffen, vom Start-up über den Mittelstand bis hin zu Global Brands.
www.deutscher-innovationsgipfel.de

3. BIOLEBENSMITTELCAMP 2019

16.–17. März 2019 in Fulda
Veranstalter: The CampCompany
Das 3. BiolebensmittelCamp findet 2019 unter dem Motto „Zeit für Lichtblicke, Geistesblitze, Sternstunden" statt. Bei der Ideenwerkstatt treffen sich Hersteller, Erzeuger, Bio-Hoteliers, Gastronomen und Berater.
www.biolebensmittelcamp.com

KLIMA & ENERGIE – MESSE FÜR ENERGIE, KLIMASCHUTZ, BAUEN, WOHNEN UND UMWELTFREUNDLICHE MOBILITÄT

17. März 2019 in Kiel
Veranstalter: fabrik 10 – Promotion- und Eventagentur
Auf der Messe Klima & Energie in Kiel präsentieren auf insgesamt 1.500 Quadratmetern 85 Aussteller, Vereine und Verbände ihre Produkte und Dienstleistungen.
https://fabrik10.de/28/KLIMA_&_ENERGIE_KIEL.html

DIALOGFORUM „UNTERNEHMEN BIOLOGISCHE VIELFALT 2020"

20. März 2019 in Berlin
Veranstalter: ‚Biodiversity in Good Company' Initiative e. V., Bundesamt für Naturschutz
Dialogforum für und mit Experten aus Wirtschaft und Politik zum Thema Artenvielfalt/Biodiversität.
www.ubi2020-dialogforum.de

NACHHALTIG.DIGITAL JAHRESKONGRESS 2019

20. März 2019 in Osnabrück
Veranstalter: DBU – Deutsche Bundesstiftung Umwelt, B.A.U.M. e.V.

[FACHMESSEN / TERMINE / VERANSTALTUNGEN]

Mit und für den Mittelstand sucht die Kompetenzplattform für Nachhaltigkeit und Digitalisierung von DBU und B.A.U.M. e.V. nach digitalen Antworten für eine nachhaltige Entwicklung. Der Jahreskongress 2019 steht unter den Leitthemen „Künstliche Intelligenz", „Messbarkeit" und „New Work" und wie diese in den drei unternehmerischen Dimensionen „People", „Products" und „Processes" für eine nachhaltig.digitale Transformation genutzt werden können.
https://nachhaltig.digital

DGCN TEILNEHMERKONFERENZ

21. März 2019 in Berlin
Veranstalter: Deutsches Global Compact Netzwerk
Im Mittelpunkt der Plenumsdiskussion wird das Thema „Gesellschaft im Wandel – Verantwortung und Rolle der Wirtschaft" stehen. Anschließend finden praxisnahe Workshops zu den Themenschwerpunkten statt.
www.globalcompact.de/de/aktivitaeten/termine/TNK-Maerz-2019.php

NEW ENERGY HUSUM

21.–24. März 2019 in Husum
Veranstalter: Messe Husum & Congress
Fach- und Verbrauchermesse und Kongress zu Erneuerbaren Energien
www.new-energy.de

REGIONALFORUM NACHHALTIGKEIT

22. März 2019 in Düsseldorf
Veranstalter: Landesarbeitsgemeinschaft Agenda 21 NRW e.V.
Die Regionalforen innerhalb Nordrhein-Westfalens haben das Ziel, verschiedene Akteure aus Politik, Wirtschaft, Verwaltung, Zivilgesellschaft und Wissenschaft zu vernetzen.
www.lag21.de/termine/regionalforen-nachhaltigkeit

WBI – WASSER BERLIN INTERNATIONAL

26.–28. März 2019 in Berlin
Veranstalter: Messe Berlin weltweit
Internationale Fachmesse und Kongress der Wasserwirtschaft
www.wasser-berlin.de

[FACHMESSEN / GLOSSAR / REGISTER]

UPJ-JAHRESTAGUNG 2019 – ENGAGIERT, INNOVATIV UND WELTOFFEN

28. März 2019 in Berlin
Veranstalter: UPJ e.V.
Vorträge und Diskussionen zu den Themen: Wie können Unternehmen, jedes für sich, in Zusammenarbeit mit anderen Unternehmen, mit der Zivilgesellschaft, Politik und Verwaltung zu einer nachhaltigen Entwicklung beitragen? Und wie können sich Unternehmen angesichts von Protektionismus und Populismus im öffentlichen Diskurs und mit praktischen Maßnahmen für eine weltoffene und vielfältige Gesellschaft positionieren und einsetzen?
www.upj-jahrestagung.de

INTEGRATED ENERGY

1.–5. April 2019 in Hannover
Veranstalter: Hannover Messe
Internationale Leitmesse für integrierte Energiesysteme und Mobilität
www.hannovermesse.de/de/ausstellung/leitmessen/energy/

15. DEUTSCHES CSR-FORUM

3. April 2019 in Stuttgart
Veranstalter: Kolping Bildungswerk e.V.
Motto: „Ökonomie des Klimawandels. Nachhaltiges Finanzsystem"
www.csrforum.eu

TERRATEC

3.–5. April 2019 in Leipzig
Veranstalter: Leipziger Messe GmbH
Fachmesse für Entsorgung, Kreislauf- und Ressourcenwirtschaft
www.terratec-leipzig.de

GRÜNES GELD

5.–6. April 2019 in Stuttgart
Kontakt für Aussteller: ECOeventmanagement
Verbrauchermesse für nachhaltige Geldanlagen im Rahmen der Invest
www.gruenes-geld.de

[FACHMESSEN / TERMINE / VERANSTALTUNGEN]

HELDENMARKT

6.–7. April 2019 in München
Veranstalter: Forum Futura UG
Messe für nachhaltigen Konsum
www.heldenmarkt.de

FAIR HANDELN

25.–28. April 2019 in Stuttgart
Veranstalter: Landesmesse Stuttgart GmbH
Internationale Messe für Fair Trade und global verantwortungsvolles Handeln
www.messe-stuttgart.de/fairhandeln

LET'S CLEAN UP EUROPE

Mai 2019
Veranstalter: Verband kommunaler Unternehmen e.V.
Europaweites Aktionswochenende zum Thema Abfallvermeidung
www.letscleanupeurope.de/home/

GLOBAL FESTIVAL OF ACTION FOR SUSTAINABLE DEVELOPMENT

2.–4. Mai 2019 in Bonn
Veranstalter: SDG Action Campaign
Internationales Festival, Fachforen und Konferenz dazu, wie die 17 Ziele für nachhaltige Entwicklung (SDGs) umgesetzt werden können
https://globalfestivalofaction.org/

RE:PUBLICA

6.–8. Mai 2019 in Berlin
Veranstalter: republica GmbH
Konferenz der Digitalbranche mit diversen Veranstaltungen zum Thema „Digitalisierung & Nachhaltigkeit"
https://re-publica.com/de

THE SMARTER E EUROPE
INTERSOLAR EUROPE / EES / EM-POWER / POWER2DRIVE

15.–17. Mai 2019 in München
Veranstalter: Freiburg Wirtschaft Touristik und Messe; Solar Promotion GmbH

[FACHMESSEN / GLOSSAR / REGISTER]

Unter dem neuen Dach The smarter E werden die Fachmessen Intersolar und ees, sowie die neuen Messen EM-Power und Power2Drive und alle begleitenden Veranstaltungen zusammengefasst.
www.thesmartere.de

GREEN WORLD TOUR

18.–19. Mai 2019 in München
Veranstalter: Autarkia GmbH
Messe für nachhaltige Produkte, Technologien, Dienstleistungen und Geschäftsmodelle mit begleitendem Vortragsprogramm
https://autarkia.info/green-world-tour-aussteller/

BERLINER ENERGIE-TAGE

20.–22. Mai 2019 in Berlin
Kontakt: Energie- und Umwelt-Managementberatung Pöschk
Leitveranstaltung der Energiewende in Deutschland mit über 50 Fachveranstaltungen, mehr als 300 Referentinnen und Referenten und Fachmesse.
www.energietage.de

DEUTSCHE AKTIONSTAGE NACHHALTIGKEIT

30. Mai–5. Juni 2019 bundesweit
Veranstalter: Rat für nachhaltige Entwicklung (RNE)
Initiativen, Stiftungen, Schulen, Kindergärten, Universitäten, Kirchen, Unternehmen, soziale Einrichtungen, Umwelt- und Entwicklungsverbände, Kommunen, Stadtwerke, Behörden, Ämter und Ministerien und Privatpersonen können ihre Aktionen zum Erreichen der SDGs in einem Portal eintragen.
www.tatenfuermorgen.de

RNE JAHRESKONFERENZ

4. Juni 2019 in Berlin
Veranstalter: Rat für nachhaltige Entwicklung (RNE)
19. Jahreskonferenz des Rates für Nachhaltige Entwicklung (RNE Jahreskonferenz)
https://www.nachhaltigkeitsrat.de/termine/19-jahreskonferenz-des-rates-fuer-nachhaltige-entwicklung/

[FACHMESSEN / TERMINE / VERANSTALTUNGEN]

INNATEX INTERNATIONALE FACHMESSE FÜR NACHHALTIGE TEXTILIEN

27.–29. Juli 2019 in Hofheim-Wallau
Veranstalter: MUVEO GmbH
Internationale Naturtextilmesse für Fachbesucher, die neben dem klassischen Bekleidungssektor auch zahlreichen weiteren textilen Produktgruppen wie Accessoires, Heimtextil, Stoffen, Spielzeug u.v.m. eine einmalige Vertriebs- und Kommunikationsplattform bietet.
https://innatex.muveo.de/messe/

HUSUM WIND

10.–13. September 2019 in Husum
Veranstalter: Messe Husum & Congress GmbH & Co. KG
Fachmesse der Windenergiebranche (on- und offshore) und/oder für an regenerativer Energieerzeugung und –verwendung Interessierte
https://husumwind.com

HELDENMARKT

14.–15. September 2019 in Stuttgart
Veranstalter: Forum Futura UG
Messe für nachhaltigen Konsum
www.heldenmarkt.de

GREEN WORLD TOUR

14.–15. September 2019 in Berlin
28.–29. September 2019 in Hamburg
Veranstalter: Autarkia GmbH
Messe für nachhaltige Produkte, Technologien, Dienstleistungen und Geschäftsmodelle mit begleitendem Vortragsprogramm
https://autarkia.info/green-world-tour-aussteller/

GRÜNES GELD / FAIRGOODS / VEGGIENALE

5.–6. Oktober 2019 in Frankfurt am Main
Kontakt für Aussteller: ECOeventmanagement
Verbrauchermessen für nachhaltige Geldanlagen, nachhaltige Produkte und vegane Ernährung
www.gruenes-geld.de

[FACHMESSEN / GLOSSAR / REGISTER]

GREEN WORLD TOUR

5.–6. Oktober 2019 in Münster
Veranstalter: Autarkia GmbH
Messe für nachhaltige Produkte, Dienstleistungen und Geschäftsmodelle mit begleitendem Vortragsprogramm
https://autarkia.info/green-world-tour-aussteller/

CONSOZIAL – KONGRESSMESSE DER SOZIALWIRTSCHAFT

6.–7. November 2019 in Nürnberg
Veranstalter: Bayerisches Staatsministerium für Familie, Arbeit und Soziales
Die ConSozial ist die Leitveranstaltung, Kongress & Messe, für Fach- und Führungskräfte der Sozialwirtschaft. In Tandem-Vorträgen berichten soziale Organisationen und gewerbliche Unternehmen von gemeinsam realisierten Projekten.
www.consozial.de

HELDENMARKT

9.–10. November 2019 in Berlin
Veranstalter: Forum Futura UG
Messe für nachhaltigen Konsum
www.heldenmarkt.de

3. DEUTSCHER CSR KOMMUNIKATIONSKONGRESS

14.–15. November 2019 in Osnabrück
Veranstalter: Deutsches Netzwerk Wirtschaftsethik – EBEN Deutschland e.V. in Kooperation mit der Deutschen Public Relations Gesellschaft und B.A.U.M. e.V.
Die gelungene Kommunikation von Verantwortung, aber auch Verantwortung innerhalb der Kommunikation sind unabdingbar für den Unternehmenserfolg. Grund genug, diesem Thema einen eigenen, spezialisierten Kongress zu widmen.
https://www.csr-kongress.de

GREEN WORLD TOUR

23.–24. November 2019 in Frankfurt am Main
Veranstalter: Autarkia GmbH
Messe für nachhaltige Produkte, Technologien, Dienstleistungen und Geschäftsmodelle mit begleitendem Vortragsprogramm
https://autarkia.info/green-world-tour-aussteller/

[FACHMESSEN / TERMINE / VERANSTALTUNGEN]

DENA KONGRESS

25.– 26. November 2019 in Berlin
Veranstalter: Deutsche Energie-Agentur GmbH (dena)
Der dena-Kongress ist ein Energiewende-Kongress. Er vernetzt Entscheider, Experten und Macher der Energiewende aus Wirtschaft und Politik und bringt relevante Energiewende-Themen auf den Punkt.
www.dena-kongress.de

GREEN WORLD TOUR

7.–8. Dezember 2019 in Düsseldorf
Veranstalter: Autarkia GmbH
Messe für nachhaltige Produkte, Technologien, Dienstleistungen und Geschäftsmodelle mit begleitendem Vortragsprogramm
https://autarkia.info/green-world-tour-aussteller/

DER DEUTSCHE NACHHALTIGKEITSTAG

Dezember 2019* in Düsseldorf
Veranstalter: Stiftung Deutscher Nachhaltigkeitspreis
Fachkongress und Preisverleihung „Der Deutsche Nachhaltigkeitspreis".
www.nachhaltigkeitspreis.de/kongress/

BIOGAS CONVENTION

10.–12. Dezember 2019 in Nürnberg
Veranstalter: Fachverband Biogas e.V.
Tagung, Workshops und Fachmesse zum Thema Biogas.
www.biogas-convention.com/de/

2020

INTERNATIONALE GRÜNE WOCHE

Januar 2020* in Berlin
Veranstalter: Messe Berlin GmbH
Eine der größten (industrienahen) Schauen zum Thema Landwirtschaft, Ernährung und Gartenbau –auch zum Thema Bio und ökologischer Landbau.
https://www.gruenewoche.de

[FACHMESSEN / GLOSSAR / REGISTER]

E-WORLD ENERGY & WATER

Februar 2020* in Essen
Veranstalter: con|energy agentur gmbh; Messe Essen GmbH
Internationale Fachmesse und Kongress zu den Themen: innovative Lösungen für die Energieversorgung der Zukunft – von der Erzeugung über Transport und Speicherung bis zu Handel, Effizienz und grünen Technologien. Themenschwerpunkt 2019: Smart City & Climate Solutions
www.e-world-essen.com/

BIOFACH / VIVANESS

Februar 2020* in Nürnberg
Veranstalter: NürnbergMesse GmbH
BIOFACH ist die Weltleitmesse für Bio-Lebensmittel; VIVANESS ist die internationale Fachmesse für Naturkosmetik
www.biofach.de

IFAT

4.–8. Mai 2020 in München
Veranstalter: Messe München GmbH
Weltleitmesse für Wasser-, Abwasser-, Abfall- und Rohstoffwirtschaft www.ifat.de

NRF – NATIONALE RESSOURCEN-FORUM

5. November 2020
Veranstalter: Umweltbundesamt in Kooperation mit dem VDI Zentrum Ressourceneffizienz GmbH
Ein Diskussionsforum im Themenfeld „Schonung natürlicher Ressourcen". Das NRF übernimmt eine wichtige Think-Tank-Funktion und unterstützt die Vernetzung und die Initiierung von Akteurs-Allianzen.
www.umweltbundesamt.de/themen/abfall-ressourcen/ressourcenschonung-in-der-umweltpolitik/nationales-ressourcen-forum-start

* Der genaue Termin stand bei Redaktionsschluss noch nicht fest.

[GLOSSAR]

Glossar wichtiger Begriffe

AGENDA 21

Die Agenda 21 ist ein weltweites Aktionsprogramm zur nachhaltigen Entwicklung, das die Vereinten Nationen auf der Konferenz für Umwelt und Entwicklung (UNCED) in Rio de Janeiro 1992 verabschiedet haben. In der Agenda 21 sind Handlungsempfehlungen formuliert, die z. B. auf den Umweltschutz, Ressourcenschonung, Armutsbekämpfung und Gesundheitsschutz abzielen. Die Regierungen der 172 Staaten, die die Agenda unterzeichnet haben, sollen in Kooperation mit NGOs konkrete nationale Nachhaltigkeitsstrategien und Maßnahmenkataloge entwickeln. Auf kommunaler Ebene spricht man von der „Lokalen Agenda 21", die unter dem Motto „Global denken – lokal handeln" steht. 2015 haben sich die Vereinten Nationen auf neue nachhaltige Entwicklungsziele geeinigt, man spricht auch von der Agenda 2030 (siehe *UN Sustainable Development Goals*).

ARBEITSSCHUTZ

Ziel des Arbeitsschutzes im Sinne Arbeitsschutzgesetzes (ArbSchG) ist die Verhütung von Unfällen bei der Arbeit und arbeitsbedingten Gesundheitsgefahren sowie die menschengerechte Gestaltung der Arbeit. Dazu gehört auch der „soziale Arbeitsschutz" wie Mutterschutz, Jugendschutz etc. Im Rahmen des Nachhaltigkeitsmanagements sollen Arbeitnehmerinnen und Arbeitnehmer gesund und sicher arbeiten können.

BIODIVERSITÄT

Die Biodiversität umfasst drei Aspekte: zum einen die Artenvielfalt, zweitens die genetische Vielfalt innerhalb der Arten sowie drittens die Vielfalt der Ökosysteme und Landschaftsregionen. Die Vernichtung von Lebensraum (Rodung, Versiegelung der Landschaft, Gewässerverschmutzung etc.) gilt als größte Bedrohung der Biodiversität, gefährdet ist sie aber auch durch die Folgen des Kli-

[FACHMESSEN / GLOSSAR / REGISTER]

mawandels. Wichtige politische Schritte sind die Biodiversitätskonvention („Convention on Biological Diversity") und die Gründung des Weltbiodiversitätsrats IPBES (Intergovernmental Science-Policy Platform on Biodiversity and Ecosystem Services) mit Sitz in Bonn.

BIOKRAFTSTOFFE

Biokraftstoffe sind nicht-fossile, flüssige oder gasförmige Brennstoffe, die aus organischem Material (Biomasse) hergestellt werden und die als Kraftstoff zum Betrieb von Fahrzeugverbrennungsmotoren bestimmt sind.

BIO-LEBENSMITTEL

Die EG Öko-Verordnung von 2007 definiert, was Bio-Lebensmittel in Abgrenzung zu Lebensmitteln aus konventioneller Landwirtschaft sind: Sie müssen aus ökologisch kontrolliertem Anbau stammen, dürfen nicht gentechnisch verändert sein und werden ohne Einsatz von chemisch-synthetischen Pflanzenschutzmitteln, Kunstdüngern oder Klärschlamm angebaut. Tierische Bio-Produkte müssen von Tieren abstammen, die artgerecht gehalten und in der Regel nicht mit Antibiotika und Hormonen behandelt werden.

CODE OF CONDUCT/VERHALTENSKODEX

Der Code of Conduct ist Zusammenstellung von Verhaltensregeln, die sich Unternehmen freiwillig selbst auferlegen. Er definiert in der Regel Werte und Normen eines Unternehmens und legt Verhaltensstandards fest. Oft ist der Kodex der erste Schritt im Compliance-Management von Unternehmen oder auch Bestandteil der CSR-Strategie. Die Anweisungen dienen nicht nur Beschäftigten, sondern auch Geschäftspartnern und Dienstleistern als Handlungsorientierung.

CORPORATE CITIZENSHIP

Corporate Citizenship ist eine Managementidee aus den USA und meint das bürgerschaftliche Engagement von Unternehmen, die verantwortungsvoll handeln wollen und sich auch über ihr eigentliches Kerngeschäft hinaus aktiv für die Region, in der sie wirtschaften, engagieren. Zum Beispiel indem sie an ökologischen, sozialen oder kulturellen Projekten beteiligt sind, die der lokalen Zivilgesellschaft zu Gute kommen.

CORPORATE SOCIAL RESPONSIBILITY/CSR

CSR meint die gesellschaftliche Verantwortung von Unternehmen, die sozialen, ökologischen und ökonomischen Auswirkungen der Geschäftstätigkeiten, in die

Unternehmensführung und in die Wechselbeziehungen mit den Stakeholdern zu integrieren und die Geschäftsprozesse anhand der Wertschöpfungskette entsprechend auszurichten. Oft werden in der unternehmerischen Praxis CSR und Nachhaltigkeit synonym verwendet.

CRADLE-TO-CRADLE-PRINZIP/C2C

Das „Cradle-to-Cradle"-Konzept haben der deutsche Chemieprofessor Michael Braungart und der US-Architekt William McDonough entwickelt. Es beschreibt die Vision einer abfallfreien Produktion. Alle Roh- und Nährstoffe sowie Materialien sollen dauerhaft (potentiell unendlich) in natürlichen/biologischen oder technischen Kreisläufen gebunden sein. (siehe auch *Kreislaufwirtschaft*)

CSR-RICHTLINIE-UMSETZUNGSGESETZ

Das „Gesetz zur Stärkung der nichtfinanziellen Berichterstattung der Unternehmen in ihren Lage- und Konzernlageberichten" ist am 9.März 2017 in Kraft getreten. Es besagt, dass große Unternehmen (mehr als 500 MA) und Institute verpflichtet sind, über nichtfinanzielle Aspekte zu Umwelt-, Arbeitnehmer- und Sozialbelangen zu berichten. Die Berichterstattung umfasst dabei auch die Achtung der Menschenrechte und die Bekämpfung von Korruption. Das Gesetz setzt eine entsprechende EU-CSR-Richtlinie um.

DEUTSCHER NACHHALTIGKEITSKODEX

Der Deutsche Nachhaltigkeitskodex (DNK) ist ein internationaler Berichtsstandard für Nachhaltigkeitsaspekte. Der Kodex macht unternehmerische Nachhaltigkeitsleistungen sichtbar und besser vergleichbar, kann von kleinen und großen Organisationen jeder Rechtsform genutzt werden und bietet eine transparente und verbindliche Basis für die Bewertung von Nachhaltigkeit in Unternehmen. Der Rat für Nachhaltige Entwicklung hat den Kodex 2011 beschlossen und seit dem mehrfach aktualisiert.

DIVERSITY MANAGEMENT

Diversity Management ist Teil des Personalwesens/HR-Managements. Grundsätzlich soll eine produktive Gesamtatmosphäre geschaffen und die Vielfältigkeit der Beschäftigten – in Bezug auf Herkunft, Kultur, Alter, Geschlecht, sexuelle Orientierung, Religion, Weltanschauungen, Lebensführung etc. – für den Unternehmenserfolg nutzbar gemacht werden. Es dient der Verbesserung von Chancengleichheit und als Instrument, frühzeitig und umfassend gegen Diskriminierungen vorzugehen. Im Zuge des demographischen Wandels, des Fachkräftemangels, eines internationalen und multikulturellen Arbeitsumfeldes erhält Diversity Management in der Praxis mehr und mehr Relevanz.

ELEKTROMOBILITÄT

Elektromobilität umfasst Fahrzeuge, die von einem Elektromotor angetrieben werden und ihre Energie überwiegend aus dem Stromnetz beziehen, also extern aufladbar sind. Die Elektromobilität ist eine zentrale Säule der angestrebten Verkehrswende hin zu einem klimaschonenden Verkehrssystem.

ERNEUERBARE ENERGIEN

Erneuerbare oder regenerative Energien wie Wind- und Wasserkraft, Sonnen- und Bioenergie oder Geothermie sind Energieformen, die nicht auf endliche Ressourcen zurückgreifen. Die Nutzung erneuerbarer Energien vermindert die Emission von Treibhausgasen. Ihr Ausbau ist deshalb eine zentrale Säule der Energiewende.

FAIRER HANDEL

Fairer Handel ist eine Handelspartnerschaft, die auf Dialog und Transparenz beruht und mehr Gerechtigkeit in internationalen Handelsbeziehungen durchsetzen möchte. Über die Verbesserung der reinen Handelsbedingungen hinaus, z. B. durch das Festlegen eines Mindestpreises unabhängig vom Weltmarktpreis, sollen auch die Produktions- und Lebensbedingungen verbessert werden. Kinder- und Zwangsarbeit sind verboten. Kleinbauern, Plantagen- oder Fabrikarbeiter erhalten eine angemessene Bezahlung und profitieren u.a. von Arbeitsschutzmaßnahmen und sozialer Vorsorge.

GENERATIONENGERECHTIGKEIT

Im Kontext der Nachhaltigkeitsdiskussion ist Generationengerechtigkeit die gerechte Verteilung von Ressourcen unter den derzeit lebenden Generationen und zukünftigen Generationen. Das jetzige Leben und Wirtschaften soll die Chancen kommender Generationen nicht verringern, man spricht auch von „enkelgerecht".

GLOBAL REPORTING INITIATIVE (GRI)

Die GRI, die 1997 als gemeinnützige Stakeholder-Stiftung gegründet wurde, entwickelt Richtlinien für die Erstellung von Nachhaltigkeitsberichten in Großunternehmen, KMU, Regierungen und NGOs. Diese umfassenden Richtlinien finden weltweit Anwendung und haben sich international als Standard der nachhaltigen Berichterstattung etabliert. Die Prinzipien und Standards können die ökonomische, ökologische und soziale Leistung von Organisationen messen. Durch Transparenz soll Standardisierung und Vergleichbarkeit von Nachhaltigkeit in Unternehmen erreicht werden. Die Leitlinien liegen derzeit in der vierten Fassung vor.

GREEN ECONOMY

Unter Green Economy versteht man eine Wirtschaftsweise, die sowohl auf ökonomische Profitabilität als auch auf ökologische und soziale Nachhaltigkeit ausgerichtet ist. Faktoren einer Green Economy sind: Ressourcen- und Energieeffizienz, Emissionsreduktion sowie die nachhaltige Gestaltung von Produkten, Versorgungssystemen und Infrastrukturen. Im Zuge der UN-Konferenz für nachhaltige Entwicklung in Rio (siehe auch *Agenda 21*) hat das Bundesumweltministerium zusammen mit dem Bundesministerium für Bildung und Forschung eine Agenda zur Green Economy gestartet.

GREEN FINANCE/GRÜNES FINANZWESEN

Grundlegend beschäftigt sich „Green Finance" mit der Frage, wie sich das Finanzsystem im Hinblick auf eine nachhaltige Entwicklung neu ausrichten muss. Konkreter wird unter „Green Finance" grüne Finanzierung verstanden, d.h. die Frage, was der Finanzsektor zum Erreichen der Klimaziele beitragen kann (Klimafinanzierung). (Privat)Investoren sollen mithilfe gezielter Anreize animiert werden, verstärkt in „grüne Anlagen" zu investieren. Darüber hinaus fordern viele auch ein „Divestment", d.h. das Zurückziehen von Kapital aus z.B. nachweislich klimaschädlichen Technologien.

GRENZEN DES WACHSTUMS/LIMITS TO GROWTH

Unter dem Titel „Limits to Growth" stellten 1972 Dennis und Donella Meadows vom MIT eine international vielbeachtete Studie des Club of Romes vor, die bis heute als eines der Gründungsdokumente der Umweltbewegung gilt. Die Kernaussage der Studie ist, dass das ständige Wachstum der Weltbevölkerung, der Industrie, des Rohstoffverbrauchs, der Nahrungsmittelproduktion und der Umweltverschmutzung die Welt bereits in der Mitte des 21. Jahrhunderts an ihre Grenzen bringt und zum Kollaps führt.

KLIMANEUTRALITÄT

Als klimaneutral werden Handlungen und Prozesse bezeichnet, bei denen das atmosphärische Gleichgewicht nicht verändert wird, d.h. wenn keine klimarelevanten Gase entweichen oder bereits ausgestoßene Gase an anderer Stelle kompensiert werden. Grundlage für die Beurteilung sind die Emissionen klimarelevanter Gase, insbesondere CO_2 und N_2O (Lachgas).

KREISLAUFWIRTSCHAFT/CIRCULAR ECONOMY

Die Kreislaufwirtschaft ist ein Wirtschaftsmodell, das dem Gedanken „endlicher Ressourcen" Rechnung trägt. Produkte werden so lange wie möglich genutzt, geteilt, wiederverwendet, repariert, aufgearbeitet und recycelt. Auf diese Weise sollen Energie- und Materialkreisläufe in der Produktion und im Verbrauch weitgehend geschlossen und somit auch Rohstoffverbrauch, Abfallproduktion und Schadstoffemission reduziert werden. Das Gegenteil der Kreislaufwirtschaft ist die in der industriellen Produktion zurzeit vorherrschende Linearwirtschaft, die auch Wegwerfwirtschaft genannt wird. Dabei wird der Großteil der eingesetzten Rohstoffe verbraucht und nicht wieder verwendet, da die Produkte nach ihrer Nutzung deponiert oder verbrannt werden.

LIEFERKETTENMANAGEMENT/SUPPLY CHAIN MANAGEMENT

Die Lieferkette ist die mehrstufige Kette von Unternehmen, die von der ersten Wertschöpfungsstufe bis hin zum Endprodukt Leistungen oder Produkte erbringen. Ziel eines nachhaltigen Lieferkettenmanagements ist es, dass Unternehmen sich freiwillig verpflichten, Sozial- und Umweltstandards in ihrer Lieferkette zu verankern und ihre Einhaltung zu überprüfen. Die wichtigsten Standards betreffen die Themen: Menschenrechte, Arbeitsnormen, Umweltschutz und Korruptionsbekämpfung.

MIKROPLASTIK

Als Mikroplastik bezeichnet man mikroskopisch kleine feste und unlösliche Kunststoffteile (kleiner als 5mm), die entweder durch Abrieb, Zerfall größerer Plastikgegenstände oder -fasern (sekundäres Mikroplastik) entstehen oder direkt in der Industrie, z. B. in der Kosmetikindustrie, eingesetzt werden (primäres Mikroplastik). Die Belastung der Ökosysteme insbesondere der Meere, Gewässer und des Boden durch Mikroplastik rückt immer mehr in die Öffentlichkeit, sodass einige Staaten bereits den Einsatz von Mikroplastik in Körperpflegeprodukten verboten haben (z. B. Großbritannien, USA).

NACHHALTIGKEIT

Nachhaltige Entwicklung ist langfristig orientiert und berücksichtigt die Bedürfnisse kommender Generationen. Nachhaltigkeit ist mehr Leitidee und Norm als

[GLOSSAR]

operative Zielvorgabe. Als konsensfähig gilt die Interpretation von Nachhaltigkeit im Sinne des 3-Säulen-Modells aus Ökologie, Ökonomie und Soziales.

NACHHALTIGKEITSBERICHT

Der Nachhaltigkeitsbericht ist ein wichtiger Bestandteil der Informationspolitik des Unternehmens. Er ist zugleich ein Steuerungsinstrument des eigenen Nachhaltigkeitsmanagements und der Kommunikation nach außen, gegenüber Stakeholdern, Kunden etc.. Unternehmen berichten darin zu ihren Leistungen hinsichtlich Umwelt, Gesellschaft, Arbeitnehmerinnen und Arbeitnehmern, Menschenrechten und Korruptionsbekämpfung. Seit 2017 ist der „nicht-finanzielle Bericht" für mittelgroße und große Kapitalgesellschaften Pflicht.

NACHHALTIGKEITSMANAGEMENT/CSR-MANAGEMENT

Das Nachhaltigkeitsmanagement erweitert das ältere Konzept des Umweltmanagements in Unternehmen um die Elemente Qualitäts-, Risikomanagement, die Wahrnehmung von Anliegen der Mitarbeiter, die sozial- und umweltverträgliche Ausrichtung der Zulieferkette und die Bekämpfung von Korruption. Ziel ist es, Nachhaltigkeits-Aspekte in allen Unternehmensbereichen zu implementieren, entsprechende Projekte voranzutreiben und die Kommunikation zu steuern.

PARISER KLIMAABKOMMEN

Das Pariser Klimaabkommen wurde am 12. Dezember 2015 auf der UN-Klimakonferenz (COP 21) beschlossen. Die Länder einigten sich auf ein allgemeines weltweites Klimaschutzbündnis, das völkerrechtliche Pflichten für alle Staaten festlegt. Die Vereinbarung, in Nachfolge des Kyoto-Protokolls (COP 3, 1997), soll den Anstieg der Erderwärmung auf deutlich unter zwei Grad Celsius begrenzen. Um die Erfüllung der Ziele sicherzustellen, findet alle fünf Jahre eine globale Bestandsaufnahme statt. 2017 kündigt der US-Präsident Donald Trump an, dass die USA aus dem Pariser Klimaabkommen austreten werden.

PLANETARE BELASTUNGSGRENZEN/PLANETARY BOUNDARIES

Die „Planetary Boundaries" sind ein datengetriebenes, wissenschaftliches Verifizierungsmodell, mit dessen Hilfe die Belastung der Ökosysteme messbar gemacht werden sollen. 2009 publizierte ein internationales Forschungsteam rund um Johan Rockström vom Stockholm Resilience Centre den Artikel „A safe operating space for humanity" und definierte darin neun zentrale Parameter des Ökosystems und deren Grenzwerte, deren Überschreitung die Lebensgrundlage der Menschheit gefährde. Die neun Belastungsgrenzen sind: Klimakrise, Ozeanversauerung, Ausdünnung der Ozonschicht, Stickstoff- und Phosphorkreislauf, Süßwasserverbrauch, Abholzung und andere Landnutzungsarten, Artensterben, Partikelverschmutzung der Atmosphäre und Verschmutzung durch Chemikalien. Ein Großteil der Belastungsgrenzen gilt heutzutage global und auch regional als überschritten.

RESSOURCENEFFIZIENZ

Ressourceneffizienz bedeutet die schonende Nutzung von technisch-wirtschaftlichen und natürlichen Ressourcen. Insbesondere im Zusammenhang mit der steigenden Rohstoffknappheit ist der sinnvolle Einsatz von Ressourcen nicht nur Teil des konkreten Umweltschutzes, sondern auch eines weiterführenden Nachhaltigkeits-Konzepts, das die Bedürfnisse kommender Generationen berücksichtigt.

SOCIAL ENTREPENEURSHIP/SOZIALES UNTERNEHMERTUM

Das wirtschaftliche Handeln im sozialen Unternehmertum ist auf sozialen Mehrwert ausgerichtet, nicht auf Gewinnmaximierung. Es geht darum, sinnhafte unternehmerische Lösungen für gesellschaftliche Herausforderung zu finden, bzw. Missstände ganz zu beheben – insbesondere in den Bereichen Armut, Bildung, Gesundheit, Zugang zu Technologien oder Umweltschutz. Social Enterprises verwenden marktwirtschaftliche Methoden und erzielen viele Einkünfte unabhängig von Fördermitteln und Spenden. Profite werden in der Regel für soziale oder ökologische Zwecke reinvestiert. Der Erfolg von Social Entrepreneurship wird anhand des gesellschaftlichen Nutzens (Social Impact) bewertet.

STAKEHOLDER-DIALOGE

Der Stakeholder-Dialog ist ein Instrument des CSR-Managements in Unternehmen und Institutionen. Medien, Kunden, Geschäftspartner, Umwelt- und Sozialverbände, Politiker und Investoren prüfen mehr und mehr, ob Unternehmen verantwortlich handeln. Für Vertreter des Unternehmens kann ein offener Dialog mit den verschiedenen Anspruchsgruppen daher eine sinnvolle Maßnahme sein, die eigenen CSR-Leistungen auf Glaubwürdigkeit, Transparenz und Umfang zu prüfen.

UMWELTGUTACHTER

Umweltgutachter sind natürliche oder juristische Personen, denen nach dem Umweltauditgesetz (UAG) das Recht zuerkannt ist, Industrie-, Dienstleistungsunternehmen oder andere Organisationen nach dem europäischen Öko-Audit-

[GLOSSAR]

System (EMAS) zu zertifizieren und entsprechende Gutachten über die Qualität der Umweltleistungen eines Unternehmens auszustellen. Dabei wird überprüft ob alle Vorschriften der EG-Öko-Audit-Verordnung und die Daten und Informationen der Umwelterklärung eingehalten worden sind.

UN GLOBAL COMPACT

Der UN Global Compact ist eine Vereinbarung, die zwischen Unternehmen und den Vereinten Nationen geschlossen wird. In der Vereinbarung erklärt ein Unternehmen seinen Willen, bestimmte soziale und ökologische Mindeststandards einzuhalten. Die Standards sind in 10 Prinzipien formuliert. Unternehmen sollen: Menschenrechte schützen, sich nicht an Menschenrechtsverletzungen mitschuldig machen, die Rechte ihrer Beschäftigten, sich gewerkschaftlich zu betätigen, respektieren, für die Beseitigung aller Formen von Zwangsarbeit, Kinderarbeit und Diskriminierung eintreten, Initiativen ergreifen, um größeres Umweltbewusstsein zu fördern und umweltfreundliche Technologien vorantreiben und gegen jede Art der Korruption eintreten.

UN KLIMARAHMENKONVENTION/UNFCCC

Die Klimarahmenkonvention (United Nations Framework Convention on Climate Change/UNFCCC) ist ein multilaterales Klimaabkommen. Sie wurde auf der Konferenz für Umwelt und Entwicklung (UNCED) in Rio de Janeiro 1992 verabschiedet und trat 1994 in Kraft. Sie ist mittlerweile von 195 Staaten ratifiziert worden, darunter auch von den Hauptverursachern der Treibhausgasemissionen: den USA, Russland, der Europäischen Union, China und Indien. Mit der Konvention verpflichten sich alle Vertragspartner regelmäßig über ihre aktuellen Treibhausgasemissionen zu berichten und Klimaschutzmaßnahmen umzusetzen. Höchstes Gremium ist die Conference of the Parties (kurz COP), auch UN-Klimakonferenz oder Weltklimagipfel genannt, die jährlich zusammentritt. Das Sekretariat der UNFCCC sitzt in Bonn.

UN SUSTAINABLE DEVELOPMENT GOALS (SDGS)

Die 17 Ziele für eine nachhaltige Entwicklung der Vereinten Nationen sind am 1. Januar 2016 in Kraftgetreten und gelten für 15 Jahre. Die SDGs skizzieren eine ehrgeizige weltweite Agenda, um Armut und Hunger zu reduzieren, die Gesundheits- und Trinkwasserversorgung zu verbessern, Bildungschancen zu erhöhen, Gleichberechtigung zu ermöglichen, den Klimaschutz voran zu treiben, das Ökosystem der Meere zu erhalten und vieles mehr.

[FACHMESSEN / GLOSSAR / REGISTER]

Register

Alex, Dr. Jens 38
Arntz, Dr. Melanie 8, 41, 43-51
Assenmacher, Harry 111-117, 118-124

Bäckerei Schwarze 8, 18
Bartels, Tim 7-9, 40-51, 52-63, 118-124, 153-161
Bertelsmann Stiftung 73-82, 252
Bitkom 7, 15, 22, 40, 42
BMW 60, 154
Bopp, Martin 83-86, 87-90
Borderstep Institut für Innovation und Nachhaltigkeit 16, 251
Bund für Umwelt und Naturschutz (BUND) 111, 118
Bundesarbeitgeberverband Chemie (BAVC) 184-189
Bundesdeutscher Arbeitskreis für Umweltbewusstes Management (B.A.U.M.) 170, 175-178, 248-249, 258-259, 264
Bundesinstitut für Berufsbildung 41
Bundesministerium für Arbeit und Soziales (BMAS) 109, 238-239
Bundesministerium für Umwelt, Naturschutz und nukleare Sicherheit (BMU) 175, 210, 211, 214, 224, 242, 243, 244, 271
Bundesministerium für Wirtschaft und Energie (BMWi) 40, 210, 211, 214, 250
Bundesregierung 65, 76, 179, 184, 204, 210, 220, 226, 235-238

Bundesverband der Deutschen Industrie (BDI) 244
Bundesverband der Energie- und Wasserwirtschaft (BDEW) 33
Bündnis für nachhaltige Textilien 179-183

Chemie³ 184-189
CO2OL 120
CSR-Kompetenzzentrum Rheinland 190-194

Dettling, Dr. Daniel 91-99
Deutsche Bahn 55, 66, 128
Deutsche Bundesstiftung Umwelt (DBU) 168, 177, 224, 246-247, 258-259
Deutsche Gesellschaft für Internationale Zusammenarbeit (GIZ) 183, 200
Deutscher Industrie- und Handelskammertag (DIHK) 210, 211, 214, 242-243, 250
Deutscher Naturschutzring (DNR) 16, 17, 19, 21
Deutscher Verein des Gas- und Wasserfachs (DVGW) 34
Deutsches CSR-Forum 240-241, 260
Deutsches Global Compact Netzwerk (DGCN) 101, 107, 195-200, 259
Deutsches Netzwerk Wirtschaftsethik (DNWE) 201-205, 252, 264

Edeka 83, 96
elobau 66, 67

Ertl, Hubert 41
Europäische Union (EU) 95, 100
European Business Ethics Network (EBEN) 201, 205, 264

Fink, Larry 94
FIR 34, 35, 36, 37
Flohr, Karin 87-90
Florida, Richard 92
ForestFinance 111-117, 118-124
Forschungsinstitut für Wasser- und Abfallwirtschaft der RWTH Aachen (FiW) 31, 32
Forum Nachhaltige Geldanlage 93
Fraunhofer-Institut für System- und Innovationsforschung (ISI) 244-245
Fraunhofer-Institut für Zuverlässigkeit und Mikrointegration (IZM) 16
Freudenthal, Sylke 153-161
Frey, Carl 40, 41, 45, 46
Friedrich, Axel 52-63
Friedmann, Milton 91
future 101, 106

Gege, Prof. Dr. Maximilian 176, 178
Germanwatch 18, 19
German Water Partnership (GWP) 33, 38
Global Nature Fund (GNF) 84, 85
Graeber, David 42
Grunwald, Armin 9

Handwerk mit Verantwortung 206-209
Herzog, Thomas 166
Hipper, Armin 67
Hobelsberger, Christine 100-107
Hochschule Bonn-Rhein-Sieg 191, 192
Hoffmann, Jörg 170, 248

Ihr Bäcker Schüren 65
Industriegewerkschaft Bergbau, Chemie, Energie (IG BCE) 184-189
Industrie- und Handelskammer Bonn/Rhein-Sieg 190-194

International Labour Organization (ILO) 139, 151, 165
Institut für Arbeitsmarkt- und Berufsforschung (IAB) 41
Institut für Automation und Kommunikation (ifak) 36, 38
Institut für ökologische Wirtschaftsforschung (IÖW) 30, 83, 100-107
Institut für Zukunftspolitik 99

Janssen, Dr. Jürgen 183
Janzing, Bernward 15-23
JobRad 68

Klimaschutz-Unternehmen 210-213
Knebel, Alexander 31-39
Köhn, Marina 20
Kosmos Verlag 88
Kretschmann, Winfried 95

Lange, Dr. Steffen 7, 24-30
Lautermann, Dr. Christian 100-107
Luten, Anna 96

Marx, Karl 91
Matthes, Britta 41
memo 65, 66, 68, 69, 70
Metz, Alfred 128, 129, 130
Micus, Friedrich-Wilhelm 143-152
Mittelstandsinitiative Energiewende und Klimaschutz (MIE) 214-220
Ministerium für Umwelt, Klima und Energiewirtschaft Baden-Württemberg 226-232
Ministerium für Wirtschaft, Energie, Industrie, Mittelstand und Handwerk des Landes Nordrhein-Westfalen 190, 191, 193
Müller, Dr. Gerd 179

Naturschutzbund Deutschland (NABU) 87-90, 156, 157, 158

[FACHMESSEN / GLOSSAR / REGISTER]

Öko-Institut 54
Organisation für wirtschaftliche Zusammenarbeit und Entwicklung (OECD) 29, 180, 203
Ogrinz, Dr. Andreas 189
Osborne, Michael 40, 41, 45, 46
Ott, Hermann 19

Pieck, Michael 190-194
Postdam-Institut für Klimafolgenforschung (PIK) 97

Quinten, Marcel 214-221

Rat für Nachhaltige Entwicklung (RNE) 226, 250, 262, 269
Remmers, Burkhard 162-171
Reuter, Dr. Katharina 64-72
Rinn Beton- und Naturstein 125-132, 236

Saar-Lor-Lux Umweltzentrum GmbH 214-221
Santarius, Prof. Dr. Tilman 7, 9,19, 24-30
Schilcher, Dr. Christian 73-82
Schmidt, Xaver 189
Schramm, Johannes 128, 129, 132
Solheim, Erik 97
Stadtreinigung Hamburg (SRH) 133-142
STIHL 94
Symrise 143-152, 236

Thalhofer, Hans-Ulrich 214-221
Turing, Alan 24

Ummenhofer, Julia 133-142
Umweltbundesamt (UBA) 16, 17, 20, 63, 83, 85, 86, 87, 242-243, 266
Umweltgutachterausschuss (UGA) 242-243

Unabhängiges Institut für Umweltfragen (UfU) 83
UN Global Compact 101, 107, 165, 195-200, 203, 259, 275
UnternehmensGrün 64-72, 222-225
Untersteller, Franz 230, 231
UPJ 83, 154, 260

VAUDE 64, 65, 66, 177
Verband der Chemischen Industrie (VCI) 184-189
Verkehrsclub Deutschland (VCD) 53, 58, 124
Veolia Deutschland 153-161
Veolia Stiftung 153, 161
Vincent, Timothy C. 206-209
Volkswagen (VW) 83, 95

Wehle, Volker 226-232
Welling, Berthold 189
Wenger, Lucas 35, 36
Werner & Mertz 89
Wilkhahn, Wilkening + Hahne 162-171, 248
Wirtschaftsinitiative Nachhaltigkeit Baden-Württemberg (WIN) 226-232
Witter, Christina 143-152
World Wide Fund For Nature (WWF) 18, 83, 85, 114

Zahrnt, Angelika 42
Zentralverband des Deutschen Handwerks (ZDH) 214-221, 252
Zentrum für Europäische Wirtschaftsforschung (ZEW) 8, 43-51
Zentrum für Nachhaltiges Unternehmertum (ZNU) 209
Zentrum für Wirtschaftsethik (ZfW) 204-205
Zuse-Gemeinschaft 31-39

Die unabhängige
Zeitschrift: 4 Mal im Jahr

Jetzt N-Journal gratis testen!

Telefon: 0941 56840
www.nachhaltigkeit-wissen.de

Nachhaltigkeit auf den Punkt gebracht

Wissen, was los ist.

Nutzen, was läuft.

Der unabhängige Informationsdienst: jeden Monat neu

Jetzt UmweltBriefe gratis testen!

Telefon: 0941 56840
www.umweltbriefe.de